文明时空下的

全球通用语

A Survey of the Global Lingua Francas in Space & Time of Civilizations

苏前辉◎著

中国社会科学出版社

图书在版编目（CIP）数据

文明时空下的全球通用语/苏前辉著 . —北京：中国社会科学
出版社，2015.8
ISBN 978 - 7 - 5161 - 6485 - 3

Ⅰ.①文⋯ Ⅱ.①苏⋯ Ⅲ.①外语—研究 Ⅳ.①H3

中国版本图书馆 CIP 数据核字（2015）第 152654 号

出　版　人　赵剑英
责任编辑　宋燕鹏
责任校对　季　静
责任印制　李寡寡

出　　　版　中国社会科学出版社
社　　　址　北京鼓楼西大街甲 158 号
邮　　　编　100720
网　　　址　http://www.csspw.cn
发 行 部　010 - 84083685
门 市 部　010 - 84029450
经　　　销　新华书店及其他书店

印　　　刷　北京君升印刷有限公司
装　　　订　廊坊市广阳区广增装订厂
版　　　次　2015 年 8 月第 1 版
印　　　次　2015 年 8 月第 1 次印刷

开　　　本　710 × 1000　1/16
印　　　张　15.5
插　　　页　2
字　　　数　280 千字
定　　　价　58.00 元

写在 2012 年前夕的启笔之际

2009 年的贺岁片《2012》令人震惊，如此美好的世界顷刻间化作一片火海，人们惊恐万状，纷纷朝着世界之巅的中国西藏奔逃，因为那里有承载人类未来希望的方舟。这方舟，其实是一种文化，一种能够友爱包容、春风化雨的文化；这方舟，其实是一种语言，一种能够沟通心灵、启迪心智的语言。

写在 2014 年岁末的收笔之际

在这一年，东亚地区矛盾重重，西亚地区恐怖势力再度抬头……对于具有丰富人文资源的亚洲，在民族国家尚未发展成熟的情况下，立刻又随欧洲一体化运动进入了全球化时代，两步并作一步走，与非洲和拉美相比，这一地区出现太多的矛盾与冲突是再正常不过的。不过值得警醒的是，民族国家意识一旦冲过了头，民族主义思维就会走入极端，所产生的非理性行为非但会危及该地区人民的生产、生活，也会给全球正常秩序带来灾难。

东亚总体来说是理性的。相信这一地区的政治家们能够凭借共享的东方智慧，逐渐走出极端民族主义的阴影，探索出一条普惠、普适的和平与发展模式，惠及亚洲，惠及世界。

再说语言

语言，不仅仅只是交际工具，也代表着一个民族的认同，体现着一个国家的软实力。一个国家，一个民族奋发进取，为世界的文明进步造成积极的影响，是值得称道的。在当今这个全球一体化空前加速的时代，人类必须在共同安全的前提下，建立命运共同体，在和谐相处中，共谋发展，在发展中实现和解和融合。在全球这个大家庭中，每一个成员（民族）都有责任为之努力，为之贡献。

我们有理由相信，在这一思维的指引下，人类将形成共同的价值理念，建构体现这一理念的文化思想，继而创造一种人类共享的话语体系，最终形成融入全球各大语言文化精髓的共同语言，即"全球通用语"。

序　一

前些时日，前辉邀我为他的新书作序，我对此感到十分高兴与荣幸。4 年前，当前辉来北大历史系做访问学者时，我忝为他的指导教师。由此相识，继而相知。这些年来，前辉的认真、踏实、敏锐与真诚都给我留下了深刻的印象。前辉是研究语言的，与我的专业世界史有着一定的距离，所以我不便对他的大作妄加评论。不过，当我翻阅过他的这本新作之后，我还是能感觉到，前辉是想从世界历史发展的角度，来研究语言从区域性向全球性的发展历程，并力图把它与世界文明的发展结合起来，从而更好地体现从民族语言到全球通用语的特点与规律。我不知在语言学界这可否被看成是一种创新的尝试，但至少对我而言，确有耳目一新的感觉。

从属性上看，一个民族的语言，是该民族认同的一个重要标志，它在很大程度上体现出了这个民族的软实力及国际地位。某一民族的语言，从形式上有可能随着这个民族被另一个更为强势的民族"征服"[①]而消失，但在内容上却与另一门语言实现了融合，继而建立了共享的文明。因此，地球上不论哪一区域的文明，都是人类的共同财富，这当中自然包含了语言。而当民族与国家结为一体的时候，语言的重要性就愈加凸显出来。

从世界历史上看，任何一门语言实现其地域或世界的通用性，都不是一蹴而就的。从希腊语、拉丁语、汉语和英语，无不经过长时间的传播和推广，才形成在不同历史时期具有重要影响力的通用语言。而在当今时代，按法国外交部长贝尔·韦德里纳的说法，由于美国"在各个方面具有了主导性和支配性"：它不仅在经济、军事和技术上具有统治地位，而

---

① 　这里的"征服"绝非狭隘的、排他的和灭绝性的，或许叫作同化更为贴切。

且"在思想，理念，语言和生活方式上具有了主宰作用"①。因此，英语便成为了影响最大的全球通用语。

然而，我们也看到，"今天的美国在很多方面正在受到挑战，它的信心已经动摇，它的威望已经损害"②。未来的世界正在朝着一个多极化的趋势发展。可以这样认为，在未来的多极世界中，英语一统天下的局面将遇到强有力的挑战，代表世界其他地区文明的语言必将发挥越来越强大的影响力。因此，正如未来的全球文化将呈多元化发展的特点一样，作为未来的全球通用语，也必将带上这样一种印记：即以某一语言为主体，同时融入若干他者语言的成分，蕴涵一种平等、尊崇的人文精神，广为天下人享用；同时，在不同区域，人们还将继续使用体现自身认同和归属的民族语言，这就是"双语制"。

与此同时，在未来的世界，可能将有若干种语言会逐步消失，这也将是一种很正常的现象。因为就如同涓涓细流终要汇入大海一样，一种新的、涵盖各种不同区域文明的全球通用语，也将在这一过程中形成与发展，并为世界各地人们所接受。人类社会的文明将随之进入一个新的阶段。

仓促起笔，感悟不周。寥寥数语，不想为前辉的大作添彩，仅想就前辉"筚路蓝缕，以启山林"的精神表示一份支持与敬意。

高　岱
2014 年 9 月于北京大学才斋

---

① 《巴黎认为美国是一个"超级大国"》，《国际先驱报》1999 年 2 月 5 日；《法国寻求摆脱美国控制》，《纽约时报》1999 年 11 月 7 日。

② 同上。

序　二

前辉又要带着我们出发了！这次是语言的旅行。

与十年前的那次出发显然不同，但旅行的目标却又极其相似。十年前我去美国，他去英国，都是为期一年的学术访问。记得出发前他曾经和我讨论过有关国际通用语的问题。我对通用语偶有所闻，也在大学时代读过一本书，叫做《Changing English》，但还是感到茫然，莫衷一是。前辉的英国之行显然有备而去的，十年磨一剑，今天终于走到了一个收获的季节！这部学术专著给我带来了某种严肃的惊喜，最出彩的莫过于两点：语言和历史。我以前自认为是"语言学家"，不是"历史学家"，但是读了这部书突然发现自己对语言一窍不通，反而在历史方面有所收获。原因是这本书弥补了我语言知识的一大缺憾：历时语言学。如果可以，我愿意称其为"语言历史学"。有专家称，一个人对世界的认知模式有两种：一个空间模式；另一个是时间模式。人刚刚出生那会，逐渐就具备了空间感，构成最基本的认知；但是人的时间感并不是与生俱来的，而是需要经过后天的训练才能形成。同样一门知识只了解其横面，而不知其纵面，极有可能对这门知识一知半解。因此我认为其中最出彩的要数本书给我们带来的历史感，这种历史感当中最令人得到启发的莫过于这样的感受：1500 年以来一个民族语言逐步成为全球通用语的历史论证过程。几乎所有的事物与现象都有自身的历史，语言也不例外；但是，这些事物与现象的历史情况却各有不同，而语言的历史却是充满了神秘和令人探索的欲望。

熟悉欧洲历史的人都知道，1500 年前的欧洲出现了文艺复兴，人们的思想开始脱离上帝的安排；此后的启蒙运动，欧洲人的思想得到进一步解放，在他们的脑海里这个世界已经不是上帝言语的那个世界了；他们急切用的眼睛观察这个世界，自己的大脑思考这个世界，于是发明了许多工具来辅助人们去了解这个世界；于是航海技术得到了前所未有的发展，他们借用包括中国的指南针在内的技术，探索亚洲、却无意中发现新大陆，向世界各地殖民；更重要的是随着他们的帆船而去的是欧洲的语言和文化也开始在世界各地传播。通用语正是在这种历史的逻辑支配之下形成的。在探索、殖民的过程中，欧洲人不仅借助了科技手段，实际上他们也在用自己的语言文化来探索这个世界，如英语与殖民地语言文化的有机融合就是某种意义上的探索；在对殖民地资源进行掠夺的过程中，欧洲语言也加入文化殖民的行列，深刻影响着殖民地的文化发展，其影响之深刻甚至使得殖民地人民对欧洲的文化已经到了"外化于行，内化于心"的地步，以至于到了后来殖民地人民取得独立地位之后的后殖民时代，这种影响也难以摆脱。另一方面，这种影响所抵达的不仅仅是殖民地国家。工业革命以后"欧洲中心论"文化心态使然，通用语的概念也在欧洲人脑海里起到了不小的作用，至今我们还可以经常看到赛义德所描述的"东方主义"现象此起彼伏，尽管我们也能够听到欧洲人对自我为中心的批评与反思。全球化时代的来临又让我们看到了这样一幅图景：经济一体化带来的阵痛、文化交流与冲突频现、英语极其附着文化价值观的盛行都在强化着英语作为通用语的地位。而进入新世纪，随着中国的和平崛起，汉语国际化也在全球化的浪潮中泛起阵阵涟漪，人们憧憬着汉语是否也会成为未来的全球通用语，这也是情理之中的事。或许多年之后汉语会有所可为，但在时间的长河中，那将是在未来回望历史时的一个瞬间，一如世界语言的天空中曾经划出过一道彩虹的拉丁语一般。在久远的未来，人类语言的格局将是什么样子，现在还无法预测，但有一点是肯定的：作为未来的全球通用语，一定是以某一语言为主体，同时融入若干他者语言的因子，蕴含一种平等、尊崇的人文精神，广为世人享用。

　　本书带领我们穿越历史展开了语言之旅，而对于未来，语言之旅仍在继续。也许书中有的观点可能会引起一定争议，但对于这本书的出版我实在难掩心中的欣喜之情！

昆明理工大学教授

王庆奖

2014 年 9 月 10 日于昆明大学城

目　录

前　言

《文化时空下的全球通用语》，意在以历史为经，以地域为纬，将语言连衬文化这张大网，由点及面，抛向全球，撒向未来。当语言的民族性和历史性结合在一起，展开的便是一个文化背景下语言的故事。

萨丕尔说，语言是"人类所特有的、非本能的、借助一系列自然产生的符号来表达思想、情感及需求的手段"①。人们正是借助词语和话语所指向的共同体验，分享现实、思想和经验知识，并把它们纳入人类共享的世界知识中去。要在世界范围内整合和分享这一宝贵的知识财富，建立一个共同的话语体系，即"全球通用语"，就成了人类共同的心声。

全球通用语的形成，绝非一朝一夕。事实上，语言的通用性发展，自人类诞生之日便已经开启。部落、部族之间思想和技术的交流需要借助语言。交流一经产生，彼此间话语的相互影响便促成了语言共性的出现，继而产生了通用性。后来在某一区域出现了王国，其主流语言就逐渐流向这一区域其他的部落和种族，同化了这一区域其他的语言，导致了早期通用语的出现。在王国与王国之间的接触与交流中，强势国家的语言逐渐在该区域脱颖而出，形成了该区域的主导力量，随之在多个国家中实现了通用性，这就是"国际通用语"。"全球通用语"的出现，应该以现代意义上民族国家的诞生和地理大发现为标志，这与全球化时代的开启大致同步。全球化促使世界范围内不同种族、不同地域之间人们的彼此接触。在全球这个舞台上，西方大国相继登场，先是西班牙、葡萄牙，之后是荷兰、法国、英国，再就是俄罗斯和美国，纷纷将自己的语言推向世界。鉴于英语国家（先是英国，后来是美国）在世界上政治、经济、军事、文化和技术领域占据了绝对的优势地位，英语顺理成章地成了全球范围内人们交流

---

① 爱德华·萨丕尔：《语言论》，商务印书馆 1921 年版。

的共同媒介，即"全球通用语"。在全球化运动进一步深化的今天，区域性的，乃至全球性的超国家组织方兴未艾，鉴于英语的全球通用地位，人们自然而然地将英语列为第一工作用语。从当前情势看，英语的全球通用有着不可逆转之势，但也并非永远地必然如此。

得益于文艺复兴释放的巨大能量，在将西方文明推向全球的同时，西方国家规定了现代性的意义，为全球化建立了注脚。半个多世纪以来，西方文明的优势与缺陷均展露无遗，以此为基础建立的"现代性"和"全球化"继续发酵，其正当性受到越来越多包括西方学者在内的质疑。在20世纪初以来的一百多年间，人类在现代物质文明的建设方面可谓成就卓著，但对精神文明与伦理道德的破坏也是史无前例的。时代呼唤对人文精神的回归，精神文明亟须健康发展，其关键在于人类的自我完善，在于对个体价值与尊严的重新认识。由于整个人类是由不同地域、不同文化传统、不同宗教信仰、不同意识形态的民族或者群体组成，这就需要展开切实有效、平等自觉的全球文明对话。在当今世界，盛行多年的霸权主义、强权政治思维已经不合时宜，体现平等、仁爱思想的新的价值观念正在形成。一旦人类价值观发生了变故，话语格局必然随之发生新的改变，这是极其自然的。

世界上从来就不存在永恒的通用语。回顾通用语的历史，古埃及语、阿卡德语、梵语和波斯语、希腊语和拉丁语，他们在各自的时代无不璀璨无比、独占鳌头，但都无一例外地在属于各自的时空中划过一道彩虹之后相继消逝。"在21世纪的今天，即便像英语这样有着广泛领地的语言，也不可能做到无坚不摧"①，因为人口增长、贸易与文化权力的格局不可能永远不会发生变化，更何况任何一种语言传统随时都有可能孕育出重大的创新。

就国力而言，时下的美国仍是第一号世界强国，其影响力仍然是压倒性的，英语的全球通用地位还将维持很长一段时期。但是，新的情势也在萌芽，欧盟的GDP已经与美国旗鼓相当，中国也正处于高速发展期，另外还有其他的竞争者，比如印度等。这些国家正在积聚力量，未来的世界

---

① [英]尼古拉斯·奥斯特勒：《语言帝国——世界语言史》，上海人民出版社2011年版，第3页。

将呈多极化的格局。① 在这一格局里，英语的全球通用语地位会不会被其他语言取代呢，比如汉语、德语、印地语，或其他？答案是不言而喻的。我以为，正如未来的全球文化将呈多元化发展一样，全球通用语也必然带上这一印记，那就是以某一语言为主体，同时融入若干他者语言的成分，蕴涵一种平等、尊崇的人文精神，广为世人享用；同时，在不同区域，人们还将继续使用代表自身认同的民族语言。也就是说，未来的时代将是双语时代。随全球一体化的深度发展，最终世界上的语言将融为一种语言。即便如此，各区域也仍会呈现出不同的方言，那正是标准全球通用语获取养分的泉源。

在现阶段，人们已经接受了对国家民族语言和全球通用语折中的"双语制"原则，两者体现各不相同、互不重叠的功能：前者满足认同和归属的需要；后者体现国际交流的功用。随全球化运动的进一步深化，人们的国籍渐渐变得不那么重要，"世界公民"意识将成为人类共识，国家民族主义最终为地球人类主义所取代。届时，原来国家层面的权力集中到了超国家或国际的层面，国家要求公民忠诚的做法在全球化层面已不复存在，个体借助于"全球通用语"在更加宽广的舞台上为了充分的施展自我而自由流动。一旦一个前所未有的数量庞大的人群学习使用这种通用语，普遍的交流也将迎合这种趋势。在这种情况下，又将有若干的语言面临消失。对此，我们自不必惶恐。因为就语言而论，它自古就有"聚变"和"裂变"两种发生方式。当人们趋于和解的时候，聚变就成了常态。

有语言学家认为，由于语言的未来和过去充满了意外的变迁，"语言的历史本身无法诠释历史，或者预见未来"②。然而，从语言通用性研究的过程中，人们总可以发现一些规律。毕竟，历史的最大功用就在于昭示未来。

2011 年 6 月于北京圆明园遗址公园

---

① ［美］艾米·蔡：《大国兴亡录》，新世界出版社 2010 年版，第 1 页。
② 同上。

引　言

　　《圣经·旧约》上记载，人类的祖先最初讲的是同一种语言，操同一种语音。当他们移居东方时，在一个叫示拿地的地方，发现了一大片异常肥沃的土地，因而就在那里定居下来，修起城池，建造繁华的巴比伦城。

　　人类的日子越过越好。他们决定在巴比伦建造一座通天塔，就是说，这座塔的高度能够通达天上，他们的意思是，建这么一座高塔既可以使他们自己名扬四方，又能聚集天下所有的人。由于大家语言相通，同心协力，阶梯式的通天塔修建得非常顺利，很快就高耸入云。

　　这天，上帝恰好降临人间。看到人们建造通天塔的场景，看到人类齐心协力，统一强大，他感到十分担忧。他认为，这些人既是同一民族，又讲同一种语言，如果让他们建成这座通天塔，那么以后他们将无所不能，而为所欲为。这是上帝所不愿看到的。为此，上帝决定变乱人类的口音，让他们相互间语言不通，无法交流。

　　上帝来到示拿地，变乱了正在建造通天塔的人们的口音，人们互相间听不懂对方的语言，无法沟通，工地上顿时一片混乱。建塔的工程无法进行下去，原本的宏伟计划终于半途而废。从此，这些操各种口音的人再也无法团结起来，他们之间纷争不断。后来，这些人慢慢分散到了世界各地……

　　这个故事试图为世上出现不同语言和种族提供解释。

　　事实上，语言的纷乱并非是上帝造成的；而是因为隔绝，民族与民族之间的隔绝，地区与地区之间的隔绝。各种语言诞生的过程大致是相似的：随着人类的进化，人们在劳动中学会了使用工具，与此同时，人的发音器官也逐渐完善；随着高一级工具的发明，出现了群体劳动和用语言指挥群体劳动的社会现象；在人群和部落间交流的过程中，语言渐渐发展形成。然而，由于受到高山、大海、甚至河流的隔绝，人们只能各自说各自的话。

翻开《中国大百科全书》上的"世界语言分布图"，几十种颜色分割了五大洲。"绿语言"不知晓"红语言"，"黄地块"听不懂"蓝地块"。据估计，今天世界上有4000—8000种语言。德国出版的《语言学及语言交际工具问题手册》提供的具体数字为5561种。这一数字当然不包括已经在世界上消失了的很多种语言文字，比如哥特人和玛雅人的语言文字，以及赫梯语、卢维亚语、达尔马提亚语、苏默语，和中国的突厥文、回纥文、察合台文、于阗文、焉耆—龟兹文、粟特文、巴思巴文、契丹大字、契丹小字、西夏文、女真文、东巴图画文字、沙巴图画文字、东巴象形文字、哥巴文、水书、吐火罗文等文字，以及粟特语、吐火罗语、哥巴语、西夏语、东巴语、契丹语、女真语、于阗语、巴思巴语、察合台语、鄂尔浑—叶尼塞语等语言。而且，在这5561种语言中，"有许多种语言——据估计有二分之一——正在面临着逐渐消失的危险"（汉斯，2009：6）。北欧的几个小国虽然都有自己的母语，但英语已经像中国的普通话一样普及，长此以往，随着国际交往的频繁，英语会越用越多，母语却越用越少，几代人之后，难免遭遇满语一样的命运。中国的情形也如此，据《中国大百科全书》记载，中国各民族现有语言60多种，文字40种，其中大多数处在消亡的前夜。原因很简单，这些语言的使用人群在逐渐萎缩，据80年代公布的数据，门巴语只有6000人，京语5000人，保安语5000人，鄂伦春语4000人，赫哲语1000人。语言的消亡虽是憾事，但平心而论，也许不是坏事。在这小小的星球上，五千多种语言，似乎也太多了，人类为什么要有这么多语言？也许，人类文化的进步往往以某些语言的消亡为代价。

纵观世界历史，民族国家的崛起和衰亡直接决定着某种语言的前途和命运。历史上，曾先后出现过跨地区、跨国家使用的语言，如：希腊语、拉丁语、阿拉伯语等，但是由于全球化程度不高，只能算作区域通用语（regional language），充其量达到准国际通用语的程度。近代随海洋大国的诞生，又出现了跨洲际的西班牙语、葡萄牙语、荷兰语、法语、英语和俄语，可将其称作国际通用语（international language）。自此，世界逐渐进入全球化时期，在这一时期，多种西方语言群雄逐鹿。在其后的岁月中，其他语言随其使用母国国际地位的式微而式微，唯有英语脱颖而出，成为覆盖区域最广、涉及领域最多的真正意义上的全球通用语（global language），这标志着世界进入了全球化时代。21世纪中国的再度崛起，使得汉语大踏步走向世界，此为潜在的国际通用语（to-be global language）。可以预见，未来很长一段时间将是英、汉双语共存的时代，也许遥远的今后会出现单语时代，英汉两种候选语言孰能胜出，目前尚存在诸多的不确定性……以上提到的通用语（也包括区域通用语、国际通用语全球通用语）有的已经消失，有的已经退出，有的仍在台上，有的即将登台。未来的未来，仍有诸多大戏会上演。

　　我们的世界坐落在一个旋转的星球上，世间万物的千变万化从来就没有停息过。新东西来得目不暇接，旧事物走得悄无声息；看得见的是突如其来的结果，看不见的是潜移默化的过程。世界万物在变，人类的语言也在变。原本没有语言，后来有了好几千种：有些语言一分为二，有些又合二为一；旧语法渐渐无人知晓，新词汇忽然满街流行……人类语言究竟要向何处去？世界上最终会剩下哪几种语言？这些语言又将是什么形态？人类会不会在经历了太久、太久的隔阂之后，重新进入类似建通天塔时的那种使用共同语言的时代？的确，在人们即将进入2012年的时刻，有关"世界末日"的喧嚣不绝于耳。也许人们在经历了太多的不解和误解，乃至仇恨和苦难，即将面临人类共同命运的时刻，会摈弃前嫌，真诚地拥抱在一起，共同建造拯救人类的巨型"方舟"。也许，人们会觉得人与人之间的隔阂坚冰应该打破，从真诚的沟通、其乐融融的相处中，重新获得无穷的力量，去构筑人类共同的辉煌。

　　这些话题确实饶有趣味，犹如在一个智慧的花坛里，任我们尽情地去播种五颜六色的期盼。

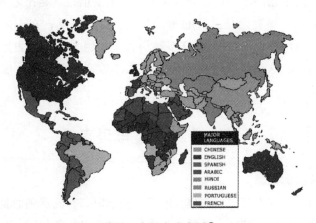

世界八大语言分布图①

---

①　来源：http：//www.aimond.cn/uploads/allimg/101125/2 – 1011251539290 – L.gif。

第一章

人类、语言与文化

语言是人类的一项重大发明，语言的诞生将人类与其他动物彻底区分开来。语言具有文化和工具的双重属性，它在帮助人类实现交际的同时也在传递着重要的文化信息。

人类使用语言的历史至少有十万年以上。随着人类认知和沟通能力的逐渐发展，语言也在以一种极慢的渐进方式演变着、进化着——"从粗胎语，到原初语，到后原初语，到前现代语，再到现代语，大约五个阶段"。（罗伯特，2010：3）语言的变化主要有聚变和裂变两种形式。在聚变的时期，语言特征会在某一地区的语言之间扩散，经过很长一段时期，当地语言会聚变为一个共同的原型。之后，一旦具有扩张与裂化特征的裂变期到来，这个共同原始语就会裂化为多个新的语言。相比之下，裂变是比较短暂的，而聚变则是主要的和长期的。可以预见，在未来的几百年中，全球化浪潮将使现存的 5000 多种语言中的绝大部分消失殆尽，这就是聚变的结果。这种聚变将使某种或某几种语言脱颖而出，成为全球通用语。

第一节　人类与语言

一　人类的起源

当我们论及人类文明、文化、语言等问题时，首先遇到的是人类的起源。人类是怎样产生的？人类诞生于何处？人类诞生于何时？在远古，对于这些问题的回答只能游离于臆想和猜测之间，于是在世界各地出现了各种造人的神话和传说。这些神话大多数认为人是神根据自己的模样用泥土之类的物质创造出来的。中国古代神话故事中，女娲取黏土抟人，用青藤条沾泥浆甩出人。古埃及也流传着用泥土造人的传说：一个牛头人身的怪神哈奴姆在陶器场里用泥塑人。坐落于大洋洲的新西兰，也有类似造人的故事，毛利人说自己的祖先是了不起的神灵，他用自己的血与红色的黏土搅拌在一起，塑造出人。在西方流传最广的是《圣经》中的神话：上帝用土造就了亚当，派他管理伊甸园。后来，为了避免亚当感到孤独和无助，上帝从亚当身上抽取一根肋骨，又造了个女人，这就是后来的夏娃。他们成了人类的祖先，后人都由他们繁衍而来……如此种种。当然，这些有关人类起源的故事，仅是故事而已。

　　追溯人类的起源，必然要谈到生物的演化和地球的历史。地球在其形成过程中构成了许多不同的地层，地质学家按地层形成的先后，将地层分为五个代，即太古代、元古代、古生代、中生代和新生代。代下有纪，纪下有世。生物在各代的演化情况大致如下：在最遥远的太古代（46 亿年前—25 亿年前）初期，地球上没有生命，在中期，大约距今 33 亿年前，出现了最早的生物——原核细胞的菌类。在元古代（25 亿年前—6 亿年前）前期，出现了真核细胞的藻类，后期开始出现原始的腔肠动物、软体动物和节肢动物。在古生代（6 亿年前—2.25 亿年前）早期，三叶虫繁盛；中期，鱼类繁盛；晚期，出现了两栖动物。中生代（2.25 亿年前—0.7 亿年前）是爬行动物的时代，恐龙在陆地和海洋大量繁殖，称霸于世。在中生代的侏罗纪，产生了最早的鸟类和原始哺乳动物。新生代（7000 万年前—300 万年前）是哺乳动物时代。在新生代第三纪的始新世出现了灵长类，渐新世出现了最早的猿类，中崖世产生了从猿到人过渡期间的生物——腊玛古猿。此后，经过几百年乃至上千万年的进化，到第四纪更新世（300 万年前—1 万年前）之初，形成了现代人类。

　　人类在成为完全成形的人之后，又经历了早期猿人、晚期猿人、早期智人、晚期智人四个阶段。据目前所知的材料，最早的石器出现在 300 万年至 200 万年前，这是完全成形的人出现的可靠年代，也就是"早期猿人"阶段。从出土的石器看，早期猿人活动的主要区域在东非地区，此时人的脑容量估计为 560 毫升。"晚期猿人"，也称"直立人"，其生存年代为从 180 万年至 20 万年前，分布面广，遍及亚、非、欧及大洋洲地区。在亚洲有：中国的元谋猿人，蓝田猿人，北京猿人，印度尼西亚的直立猿人、莫佐克托人。非洲主要有阿尔及利亚和摩洛哥的阿特拉猿人，坦桑尼亚奥杜威峡谷的 OH9 号人，肯尼亚库彼弗拉的 KNM—ER3733 号人等。

在欧洲的德国及附近地区有海得尔堡人。此时的人，头骨的形态比较原始，脑容量为750毫升—900毫升，能直立行走，故称"直立猿人"。"早期智人"，又称"古人"，生活在30—5万年前。早期智人的化石在欧、亚、非三大洲都有发现，最典型的当属德国地区的"尼安德特人"，他们的脑容量为1100—1600毫升，比晚期猿人大多了，有的甚至超过现代人（1400毫升）。这说明人类经过几十万年的劳动，体质和智慧都有很大发展。"晚期智人"，又称"新人"，他们的分布比早期智人更为广泛，不仅遍及亚、非、欧，甚至延伸到大洋洲和美洲，在中国的广西、四川、云南、北京、内蒙古、吉林、江苏、浙江、台湾等地区都有分布。

人类分布范围的扩大，是脑力和生产活动能力增强的结果。由于这种广泛的分布，人类遇到的气候条件差异很大，加之不同地区食物来源的各不相同，人们发展出一种独有的、与当地生存条件相适应的特性，人种随之发生了地方性变异。人类学家根据皮肤的颜色，头发的形状和颜色，眼、鼻、唇的形状等外貌特征，将世界上的现代人类划分为黄种（又称蒙古人种）、白种（又称高加索人种或欧罗巴人种）、黑种（又称尼格罗人种或赤道人种）和棕色人种（又称澳大利亚人种）四个人种。原始人在极其艰苦的条件下，经过长期的生产劳动和社会实践，逐步创造了人类早期的精神文明。虽然这时的文明尚处在初级水平，但却为后来的文明奠定了基础。在现今社会的生产、生活、科学、艺术等诸多领域，人们依然不难找到它的痕迹。

二　原始人的思维与语言的诞生

劳动催生了语言，"言语区分了人和物"。（让－雅克，2003：1）

从理论上讲，人类诞生之后就应该有思维了，因为他们具有其他高等动物所不能企及的本领，比如制造石器、捕捉和驯化野兽。但是，原始人的思维方式和思维水平肯定与现代人相去甚远，这是因为思维是大脑中的一种运动物质，是人类社会存在于人脑中的反映。人类社会随人类的发展而日趋复杂，人的思维也肯定随之变得愈加复杂。现代人日常运用的思维——综合分析、归纳演绎、判断推理，继而得出结论，原始人是很难实现的。

原始人的思维具有如下特点。

只有具体思维，没有抽象思维。由于他们的思维都来源于自然界中具

体存在的事物，他们没有数字的概念，只知道大、小、多、少之类的区别
而已。

只有感性认识，没有理性认识。他们对于大自然的某些现象，如雷、
电、火等具有深深地敬畏感和神秘感，继而变得崇拜而迷信。

集体观念极强，自我意识却十分淡薄。这是因为原始人在面对凶猛的
野兽时，需要发挥集体的力量。他们在集体劳动、相互协作中，形成了集
体主义思想。

思维与感情或表情的连动。表情与原始人生存所必需的动作，比如觅
食、搏斗、防御之类是互相联系的，喜、怒、哀、乐都与实际生活紧密相
连。研究表明，表情的发展也是随着人类的进化而加深并发展的。表情在
人类进化的初期是一种重要的信息传递。"激情逼出了第一句言语。"（同
上，14）原始人群在狩猎时，必然要发出呼喊、表情、手势等。通过手
臂、手肘、手指等的不同动作，表达了不同的意思。劳动工具的出现，使
人类终于从猿类中分化出来了。人类要生存，只有依靠群体的力量，依靠
社会化的力量，这就需要人们相互之间的交流和沟通，交流和沟通的需求
促成了语言的诞生。

人类的劳动促进了人类的进化，人类语言的发端和发展始终伴随人类
的进化过程。在这个进化过程中，能够满足发出音节语言条件的人体机制
上的特征有以下几点。

直立姿势的确立。直立首先使人的吻部变短，使口腔与喉部逐渐接近
直角。这样就可能灵活地构成多种阻碍，控制气流，发出更多的声音。此
外，直立行走使大脑上升到全身的最高位置，使人的视野扩大，刺激了思
维能力的发展，为人类发出音节语言奠定基础。

发音器官的完善。从对人类进化过程每个阶段的比较得知，早期智人
的喉头与口腔的夹角大于 90 度，喉头直接插入口腔，这样的声道结构难
以通过舌头的改变来改变声道的形状，因而发不出清晰的声音。到了晚期
智人时期，原始人的口腔大大缩短，喉头位置显著下降，舌位部分自由活
动的灵活度随之增大，这为清晰声音的发出提供了生理条件。

大脑语言中枢的形成和发展。解剖学的研究结果表明，人的语言能力
需要大脑的颞叶、顶叶、额叶以及枕叶的协同活动才能发挥功效，其中至
关重要的是颞叶，因为这是人类大脑语言中枢所处的区域。语言中枢决定
了音节语言的产生，由于任何其他的动物不具备这种语言中枢，它们永远

不能形成类似人类的语言。再则，到了旧石器时代的晚期，晚期智人的脑容量已和现代人基本相同，比早期智人增加了一倍，此时思维能力的发展水平达到了空前的程度。人脑中枢的基本形成和脑容量的大幅增加，为语言的产生提供了必要的条件。

随早期人类的舌、口、辨声系统、话语控制能力和脑组织结构及机制的进化，人类的心思已经发展到用形态方式来表达行动和关系的程度。于是，出现了早期的言语活动。语言产生的初期可能只有少数的惊叹词和名词，主要表示惊慌、热情的叫喊或一些具体事物的名称，其中许多词可能是模仿所指称的东西而发出的声音，或者与那些事物有联系。经过缓慢的口语发展过程，在400—500代以前，出现了语法和一些抽象的概念。到了现代人时期，人类的语言能力越来越强，渐渐地能够说出比较复杂的话语了。

语言标志着原始人完全脱离了动物界，并开始了创造自己文明的进程。人类语言的成熟标志着"人性"达到了顶点。所谓"人性"，就是"语言性"。所谓"人的世界"，就是"语言符号的世界"。正是有声、分音节语言的出现才使得世界变得如此清晰和细密。这种形式的语言堪称人类历史上的第一次信息革命的成果，正是这一有声、分音节语言的成熟，才使现代人获得了方便而有效的信息传播工具，执掌了开启文明殿堂的钥匙，人类社会才能驶上高速发展的快车道。

三　文字的发明

语言，有广义和狭义之分。狭义语言包括口头语言、书面语言和书面语的物质载体——文字。狭义语言还可分出最狭义语言一目，它不包括文字。广义语言既包括了狭义语言，也包括了准语言（或称副语言、类语言）。根据诉诸器官的不同，准语言又可分为听觉语言（伴随声音、音乐语言、其他声响符号），视觉语言（表情、体态、动作、聋哑人手语等；各种图表、公式等；绘画语言；舞蹈语言；电影电视广泛运用的蒙太奇语言；各种符号、标识等；其他视觉符号），触觉语言（盲文等）。

在所有的语言形式中，由于文字既能记录信息，又能传递信息，文字的发明对人类社会的发生和发展起到了非常重要的作用。然而文字的演进却是一个十分漫长的过程，在文字诞生之前，人们为了记忆和交流的需要，创造了结绳记事、刻木记事等方法。随着原始人记忆方法的逐渐发展，到新石器时代出现了图画文字。这种文字没有读音，画法很简单。常见的图画文字是各种具体的事物，如日、月、星辰，山川、河流、树木、庄稼、人、动物、各种工具的形象等。在纸张出现之前，它们大多画在树皮、皮革或岩石上。图画文字作为最直观、最容易的文字形式，广为原始部落所使用。就是到了近代，图画文字的使用在世界各地的原始部落中也是比较普遍的，如北美的印第安人、爱斯基摩人、西伯利亚的一些民族、非洲及大洋洲的一些部族。

图画文字后来演变成了三种文字形式：象形文字、会意文字、字母文字。

一、象形文字：以古埃及的象形文字为代表。这种文字并不描绘语音，而是直接描绘对象自身，或以象形的方法来描绘对象。

二、表意文字：以汉语为代表。这种文字以象形字为基础，向表意以及一半表意、一半表音的方向发展。这一书写形式既真实地描绘了语音，又诉诸人的眼睛。

三、字母文字：以英语为代表。这种语言形式将语音切分成一些元素，如元音、辅音之类，一切可以想到的词与音节均能组合。这是一种分析而非描绘的方式。

让－雅克·卢梭认为："这三种文字形式恰好对应三种社会状态，对应使人群聚合为民族的三种可能的方式。描绘对象的方式适合于原始民族（savage peoples）；用符号来表示词语及命题的方式适合于野蛮民族（barbarian peoples）；字母的方式，适合于文明民族（civilized peoples）。"（同上，27）理由是"商人们因为要游历于众多的国家而被迫发明这些语言所共用的字母，这种分析而非描绘语音的方式"（同上，28）。这种观点存在着对东方文化的无知和偏见，其基点在于西方文化中心主义。

语言的形成具有强烈的历史性和地域性（或称"时空性"）。从历史性来看，各种语言都在承接先前语言的基础上接受社会的约定俗成和思维方式的直接影响而继续向前发展，代表东、西方两大文字流派的英语和汉语都以图画文字和象形文字为先行，后来西方文字向字母文字转型（如英语）；而东方文字则向会意文字转型（如汉语）。从地域性看，每种语言无不接受周边语言的影响或改变，英语所采用的拉丁字母吸纳了中东、北非和地中海沿岸地区多种语言的由象形文字演化而来的字母，如希腊语等；而汉语则在中国疆域不断扩展、各民族大融合的同时吸纳了该地区各个民族的思维方式和表达形式。说到会意，英语中通过复合法和词缀法构成的词，就反映出会意的特点，在一定意义上也可以称为"会意文字"；汉语在 20 世纪初曾经尝试过拉丁字母化，但要将反映该民族文化特性的汉字推倒重建，事实上是行不通的。著名西方汉学家高本汉曾说："中国人抛弃汉字之日，就是他们放弃自己文化基础之时。"（苏新春，2006：172）众所周知，文化基础的形成需要漫长的若干代人的时间，绝非一日之功。"语言的发展不是要消灭现存的语言和创造新的语言的方法，而是用扩大和改进现存语言基本要素的方法来实现的。"（斯大林，1979：518）其实，文字是否字母化与该民族的文明与否并无必然的联系，日本民族依然使用汉字，但日本却一样实现了工业化，其经济总量长期居于世界前列，能说他们不文明吗？在非洲、西亚、拉丁美洲和大洋洲多个原西方国家的殖民地，使用的官方语言也是字母文字，但文明程度依然很低，这又如何解释？

第二节　语言与思维

　　思维，指人脑对现实世界能动的、概括的、间接的反应过程，也指人类在进行这一反应时进行比较、分析、综合以认识现实的能力。

　　思维包括认识的感性阶段和理性阶段。当认识活动处于感性阶段时，采用的往往是形象思维或非语言思维，到了理性阶段时则是借助于抽象思维或语言思维。鉴于感性认识只能反映客观事物的表面现象和外部联系，不需要语言的参与，因此它为人和动物所共有。而理性认识是对感觉到的材料进行整理、加工和改造，是一个综合的过程。理性认识离不开概念，有了概念才能进行判断，有了判断才能进行推理，然后得出合乎逻辑的结论。概念、判断、推理等思维方式，分别由词或词组、句子、句群等语言单位来表现。人们借助语言将感性认识上升为理性认识，继而找出不能直接感知的事物的本质和事物之间的内部联系，这种思维唯人类所特有。

　　人们所说的思维，通常都是指以语言为工具的抽象思维。当我们思考一些复杂的问题时，总能感到有一个默默自语的过程，这其实就是正在运用语言进行思维。这种介入思维的语言也许会因人而异，但若没有它，我们的思维便无法进行。斯大林也曾说："语言是同思维直接联系的，它把人的思维活动的结果、认识活动的成果用词和句中词的组合记载下来，巩

固起来，这样就使人类社会中的思想交流成为可能了。"（同上，514—515）

一　关于语言与思维关系的不同认识

语言与思维的关系问题一直是学术界争议颇多的问题之一，因为它牵涉面很广，且涉及大脑这个"黑箱"以及人类高度复杂的心理结构和心理机制。归纳起来主要有以下三种代表性观点。

1. 思维决定语言

这种观点也称"独立论"，认为语言是人类所特有的用来表达意思、交流思想的工具，是一种特殊的社会现象；而思维则是人脑的一种机能，是人的大脑反映客观世界的过程，是一种全人类性的社会现象，因而它们属于不同的范畴。思维是活动，而思想才是内容；语言本身不仅仅是形式，而是形式和内容（意义）的统一体。语言在充当思维的工具和手段时，物质材料和精神内容又掺入其间。因此思维和语言属于不同的概念和范畴，并不存在所谓的语言思维共同体。

其理论根据是现代文化人类学和心理学。在早期的原始社会可能存在一个前语言的阶段，这个阶段的人类思维属于动作思维和表象思维类型。按历史的、经验主义的说法，语言的表征能力来自于思维（表象）的表征能力，语言的功能仅仅是传递思想。早在古希腊时代，亚里士多德（Aristotle）就提出过思维决定语言的理论。他说："说话是心理经验的符号，而文字又是说话的符号。人类不会有相同的文字，也不会有相同的发音，但这些文字和声音所代表的心理经验以及这些经验所反映的事物，对大家都是共通的。"（桂诗春，2000：554）17 世纪的唯理主义语言学家也认为，人作为有理性、有思想的动物创造出语言来就是为了表达思想。瑞士著名心理学家皮亚杰（J. Piaget）认为，语言与思维的关系是思维先于语言，思维决定语言。（何俊芳，2005：51）功能主义学派则从归纳和目的的角度来加以论述，如洛克（Locke）、罗素（Russell）、格莱斯（Grice）等哲学家。他们认为，"语言仅仅是信念和思想的附属物，语言的功能和目的只是传递思想，而思想在很大程度上独立于其传递的媒介——语言"。（Carruthers，1998：7）

这种理论的合理性在于正确评估了思维发展中的前语言阶段语言独立于思维的状况和语言的交际性功能，然而却忽略人类进入语言阶段思维与语言的联系性特征和语言的认知功能。在人类思维发展的过程中，虽然确实存在着没有语言的阶段，但这不能说明人类思维永远只停留在这个阶段，它是向前发展的。Vygotsky 曾指出，婴孩到了两岁左右，原来是分别发展的思维和语言开始汇合，并形成新的行为形式。（桂诗春，2000：584）因此，仅凭思维发展中的前语言阶段这个论据，就草率地得出语言独立于思维这个结论似乎有悖逻辑。再则，语言既可以表达和传递思想，更可以促进思维。Vygotsky 认为，"言语、社会经历和学习这三者之间的关系是相当紧密的……因此，语言的作用是指导和调节我们的行为，或者说，语言不仅是传递信息的工具，而且还是组织和控制行为的工具"。（Clark，1998：163）"语言中的语篇和句子作用于并行加工的大脑之后，可以产生一种认知重组……使我们能够在行为和认知成果上远远超过其他大多数动物。"（Dennett，1995：370）因此，仅凭语言的交际功能就认为语言与思维相互独立是片面的。

2. 语言决定思维

语言决定思维或称"一体论"，这种观点认为人类劳动中自然生成的语言是思维和意识产生的最主要的推动力，语言与思维是一个不可分离的统一的整体。这一理论最具代表性的人物萨皮尔（E. Sapir）和沃尔夫（B. L. Whorf）认为，人的认知和世界图式受制于语言的支配，他们提出了语言的绝对性和相对性的假设。语言绝对性假设认为，人们对客观世界的认识必须通过语言，思维是由语言来决定的。语言相对性假设认为，由于语言的不同，人们对客观世界的认识也不同。其实，这种语言绝对性假设和语言相对性假设是完全一致的，都是语言决定思维的观点。哲学家丹尼特（Dennet，D. C.）也信奉沃尔夫的理论，认为人类一旦习得了语言，并且语言所带来的新的观念和思维方式重组了大脑的并行结构，人类的思维就会产生。（同上，64）还有人从物质构成的角度来进行分析，认为"思维是语言的'内核'，而语言是思维的'外壳'；思维的存在凭借语言，而语言则是思维的工具。人用语言材料去进行思维活动，没有语言，则不能思维"。（陈原，2000：63）这种观点的提出对于人们解决语言与思维，特别对于研究不同民族的语言特点以及语言与思维的关系，提供了重要的启示。

然而，这种观点总的来说还是比较偏激的。按照该理论的观点，语言是人类所特有的用来表达意思、交流思想的工具，是一种特殊的社会现象，而思维则是人脑的一种机能，是人的大脑反映客观世界的过程，是一种全人类性的社会现象，因而它们属于不同的范畴，自然也就不存在所谓的语言思维统一体。再则，从以下现象中也可以证实无语言的思维的存在：①无语言的动物也可以思维（Fordor，1975：56）；②产生于语言之前的行为思维可以不需要语言（陈良志，1989：35）；③高级的抽象思维可以不需要语言（刘奎林，1989：54）。

3. 语言与思维既独立又联系

由于现实中既存在离不开语言的思维，也存在可以离开语言的某些思维，因此，恰当的做法是采取折中的立场和态度。

语言与思维相互影响相互作用，两者间关系极为密切。从思维的过程到其结果的表述，都少不了语言的参与，非借助语言。而不能为人所理解。从这个意义上说，"语言是思想的直接现实"，千真万确。无论是何种民族，哪个个体，在认知基础上获得了语言之后，语言和思维之间就形成了相互作用、相互影响的双向关系。二者的发生和发展总是纠结在一起，不可分离。语言促进思维的发展，思维的发展对语言的发展又有反作用。"就任何一个思维过程而言，思维质量对言语作品的质量有极为重要的影响。反之，语言形式的质量高低也直接关系到思维质量的优劣乃至思想表达效果的好坏。"（戴昭铭，1996：117—118）

二　中西语言与思维方式

思维方式是主体在反映客体的思维过程中定型化了的思维形式、思维方法和思维程序的综合和统一。（荣开明，1989：30）一定的思维方式在一定的自然条件和社会历史条件下产生，随自然条件和社会条件的变化而有所变化。但由于思维方式是一种比较稳定的思维结构模式和思维程序，它一旦形成，就往往呈现出一种"思维定式"，或称"思维惯性"。它是人们认知事物的具有普遍效应的方式和方法，人们就是借助这种方式和方法去构筑自己的文化世界。不同地域、不同人类群体之间思维方式的差异是造成语言差异的一个重要原因。

中西民族的思维方式具有一定的差异性，这种差异性在语言文字方面有明显的表现。

汉民族的传统文化和哲学思想强调整体、统一，即自然界、人类社会的整体概念和普遍联系。这种整体性的认识论表现在方法上，就是强调直觉性、形象性，重视直观经验，对事物的认识，对问题的阐述多依靠比喻、象征、联想、类推的方法，在思维方式上表现出重整体、重形象、重直觉的偏好，其优势在于先整体后局部，但缺陷是局部往往被忽视。"《周易》把传统思维方法概括为'观物—取象—比类—体道'，这种方法崇拜直觉领悟和类比推论，从相互关联中整体把握，不讲究逻辑推理和理论体系的形式构造，不注意万物之间存在这一系列不同的层次和过渡环节。用这种方法获得的知识一般具有模糊性、跳跃性、非系统性，当然缺乏准确性和科学性，用这种方法构成的概念或范畴也大多具有多义性与流变性，容易产生理解上的分歧。"（司显柱，2002：6）从文字上看，作为表意文字的汉字仍带有相当程度的象形文字的特点。词汇只有一种形式而没有诸如复数、词性、词格、时态等曲折变化，其词语组合成句依靠语序和虚词。在语法方面，汉语的词法和句法都重意合，不重形式分析。汉语的语法对现实世界具有相当的"临摹性"，语言的结构直接反映现实的时间结构，语序与思想之流完全自然地合拍，这充分反映了汉民族思维直观、直觉、感知的方法特点，与西方民族富于逻辑的思维方法相比较，具有明显的具象性倾向。

　　西方的哲学背景是亚里士多德严密的逻辑形式及其后来从 16 世纪到 18 世纪弥漫于欧洲的理性主义。在认识论上，主张主客分离，物我两分，将宇宙作为外在之物和客体加以研究，将大自然视为人类的对立面和征服对象。在思维中强调形式，擅长抽象、演绎、逻辑推理。英美等西方民族思维模式的特点在于对事物认识的精确性、系统性和客观性。但西方思维存在的弊端在于其综合思维的不足，正如阿尔温·托夫勒在《第三次浪潮》中所反省的那样：我们强调把问题分解成各个部分的能力，而对各个部分重新综合的能力却很少给予鼓励。多数人从受教育起就善于分析，而不善于综合。这就是为什么我们对未来的设想（包括对自己在内）是这样支离破碎和杂乱无章。这种思维方式反映在语言上，就可看出拉丁字母 A、B、C、D 等作为象形文字高度抽象的产品，仅仅代表一种声音的符号，本身没有任何含义。在语法的方面，英语等西方屈折语主要地就不靠直接临摹来组织语言，而是通过形态和句法范畴的限制来组织语言。（曹志耘，1994：51）判断句中 be 动词的无所不在，和句子结构中各种成分之间关系的明确，充分说明英语的精确性、严谨性和逻辑性。与简洁、自由的汉语语法相比，重形合的西方语言就显得烦琐，这也就使得其语法在一定程度上缺乏灵活性。

第三节　语言与文化

从人类学的角度看，人不仅是"社会的人"（social man），还是"文化的人"（cultured man）。人的物质生活和精神生活始终发生在特定的社会氛围之下，文化无所不存，文化无所不在。然而，文化到底为何物？文化又是如何决定语言的呢？

英国文化人类学家爱德华·泰勒，在他 1871 年出版的《原始文化》一书中，首次提出了文化的概念："文化是一种复杂体，它包括知识、信仰、艺术、道德、法律、风俗以及其余社会上习得的能力和习惯。"后来，美国一些社会学家、文化人类学家，如奥格本、亨根斯以及维莱等人，对泰勒的定义作了修正，在所涵盖的范围中增加了"实物"。在我国的《辞海》中，文化的定义是："从广义来说，指人类社会历史事件过程中所创造的物质财富和精神财富的总和。从狭义来说，指社会意识形态，以及与之相适应的制度和组织机构。"由此可见，文化的辐射范围包罗万象，凡人类所创造的一切经验、感知、知识、科学、技术、理论以及财产制度、教育、语言等都属于文化现象。大则宇宙观、时空观、人生观、价值观，小则衣食住行、婚丧嫁娶、一切社会的生活方式、行为方式、思维方式、语言方式、等级观念、道德规范等，都属于文化的范畴。纷繁复杂的文化现象是一个系统整体，它由无数个文化系统的要素构成。文化现象的形成需要具备社会的普遍性，个体的心理和行为可以反映一定的文化特征，但这还不是文化现象，至多只能算作是一种行为有机体的表现形式。只有当个体的文化心理、文化行为成为社会的普遍观念和行为模式时，或者说成为一定社会和社会群体的共同意识和共同规范时，才能够成为文化现象。

作为一种社会现象，语言系统必然受到存在于语言之外的社会要素的制约。换言之，语言系统内部诸要素无一不与社会大系统的诸要素发生联系，而且这种联系不是简单的对应，而是纵横交错，彼此渗透，全方位的联系。因此，社会的变革必然导致语言的演变。再则，由于文化具有鲜明的地域性和民族性，亦即文化个性，不同的文化之间自然会呈现不同的文化形态。这些文化形态的差异折射到语言层面上，则表现为语言的差异。

于是，出现了不同的语言样式和表达习惯。

一　语言与文化的关系

关于语言与文化之间的关系，长期以来在语言学界争论不休。最具代表性的观点有三：①文化决定论（马克思主义学说）；②语言决定论（萨丕尔—沃尔夫假说）；③语言文化互限论（格里姆肖的观点）。第1、2种观点将语言与文化之间的关系简单化，而第3种观点较为可取。这是因为语言在受到文化限定的同时，也在限定着文化，尽管这种相互间的限定在程度、着重点和表现形式上并不完全对等。作为文化组成部分的语言，还具有传播文化的功能，这种双重性质确定了语言与文化的不可分割性。因此，语言与文化之间的关系可以认为是：作用与反作用关系；反映与被反映关系。

1. 作用与反作用的关系

语言是文化整体的一个部分，语言系统是文化大系统中的子系统，文化大系统不能独立存在于语言系统之外，反之亦然。语言在文化的发生、发展、完善、传播中发挥着重要的作用，社会中的政治、经济、教育、法律、宗教以及生活的方方面面都不能脱离语言而运转。美国文化人类学家L. A. 怀特指出："全部文化或文明都赖于符号。正是使用符号的能力使文化得以产生，也正是对符号的运用使文化延续成为可能。没有符号就不可能有文化，人也只能是一种动物，而不是人类。"（何俊芳，2005：95—96）

然而，无论语言的地位有多重要，它毕竟只是精神文化的一部分，并不包括全部的精神文化，也不包括物质文化，更不包括人类的文化活动历史。文化对语言的影响作用是十分明显的，语言在发生、发展和变化的过程中无时不受到文化的影响和制约；反过来，语言也有记载、反映和塑造文化的作用。语言与文化之间存在着作用与反作用，即相互影响、相互制约的关系。

2. 反映与被反映的关系

从语言的功能看，它主要充当人类交际的工具，但语言的使用者在使用过程中也赋予了该语言一定的对客观世界的认识和生产、生活中所积累的经验等，也就是说，一定的语言形式还可以反映出特定的社会经济、思维方式、价值观念等文化内涵。一方面，语言是人对社会现实的认识，人们通过语言表达他们对世界的看法，从而体现了语言的反映功能；另一方面，对世界的看法，即世界观，也充分地在人们使用的语言中得到反映，使语言具备了被反映的功能。语言的这种反映与被反映的关系不仅使语言与现实具有互动的功能，也不断地丰富着语言的表现形式，同时也展示了语言所体现的思维方式和价值观念。

二　语言的人文性特征

语言是人类社会中极其复杂的一种事物，是人之所以为人的独特标志之一，人类社会有赖于它的维系，这反映了语言所具有的重要的人文属性。语言的人文性，指语言结构体能通过自身的存在状态、分布范围、活动单位、变化方式等表现出它所赖以生存的民族文化生态环境中种种因素的属性。汉语基于汉民族思维的辩证性、天人合一的哲学观所表现出来的重神摄、重意会的特点是汉语的人文性，西方语言基于西方思维的精密性、客观性所表现出来的现实规则外化的特点也是人文性。

人文性是语言的普遍属性，而文化内涵是具体语言所体现出来的所属文化的意义和特征。前者抽象，表现为一种功能；后者具体，表现为实在的文化要素。只要悉心观察和分析，往往都能通过语言感触到文化的存在。语言反映文化；文化影响语言。不同民族的语言展示出不同民族的文化形态，这种文化形态上的差异不可避免地会呈现在语言系统的不同层面上。语音具有突出的物质属性，在最初的音义结合上自然的、习惯的因素较多，其文化属性也会在语音的使用习惯上体现出来；语法属于语言中抽象的规律和规则，它一般会与文化中的抽象性、逻辑性发生关系；词汇属于语言的旨意实体单位，对文化的反映比较直接而直观，往往能直接对应某个具体的文化事件。不论是词义还是词形，单个词还是词语群体，词的概念是指义还是表现感情色彩，在词汇身上都能表现出各不相同的文化表现方式与表现效果。

文化对语言的影响主要体现在如下方面。

1. 天人哲学观

人在整个世界中处于一个什么位置，这是区别不同哲学观的重要标志。在中国哲学观中，人位于世界的中心，与自然界、神仙鬼怪的关系是平等并列的，即所谓"天人合一"；而在西方哲学中，世界由神（即上帝）主宰，人带着与生俱来的"原罪"来到这个世界上，因此他们需要向上帝赎罪。这两种哲学观的根本分歧在其语言文字上有明显的体现。（曹志耘，1994：11—16）汉字中的"天"中有"人"，"人"在"天"中，"天""人"一体，并且人与天、地一样，均为大者。在实际的语言组织中，汉语也有许多天人合一的现象。"老天爷""雷公""春姑娘"是将自然界的现象加上人世间的亲属称谓，从而获得一种使自然"人化"的效果。"天子""天之骄子"则表现存在于"天—人"之间的亲属关系（即父子关系），这与西方上帝与人之间的主仆关系形成了鲜明的对照。在英语中，意为"人"的 man 通常都是小写，而 God（上帝）、Christ（基督）、Christianity（基督教）、Christmas（圣诞节）、Heaven（天）常常需用大写。这种字体上的大、小写之分将人与天、地严格区分开来，体现了二者之间的地位差别。

2. 社会伦理观

语言反映一个民族的社会特性，最典型地表现在亲属称谓系统上。汉族社会在漫长的历史时期中，形成了以大家庭为基础、以血缘关系为纽带的家族宗法制的社会结构，在语言上，生发出了汉语中名目繁多的亲属称谓，这些称谓同长幼有别、尊卑有序、嫡庶有异的伦理观念相配合，建立了十分细致而严格的称谓体系。相比之下，英语社会的血缘、长幼观念比较淡薄，大部分亲属称谓仅仅在男女有别而长幼无序，因此英语中的亲属称谓系统要简单得多，很多称谓超出了汉语涵盖的范围。如 cousin，一词就涵盖了汉语中堂兄弟姐妹八种关系，nephew 既指侄子，也指外甥，niece 指侄女，也指甥女。祖父和外祖父不加区分，一概称之为 grandfather，伯父、叔父、舅父、姑父、姨父统统称作 uncle，大伯、小叔、内兄、内弟、姐夫、妹夫都用 brother-in-law。再则，不同的民族又有不同的性别规范。英语中"以男性为规范"的原则，表明男性在社会生活中占据着支配地位；而我国云南省宁蒗县的纳西族和彝族摩梭人的语言则沿用"母大男小"的构词原则，如"树母"指大树，"树男"指小树，如此等等，反映出该民族妇女地位的优越，折射出母系制的文化内涵。

3. 认识路线

文化心理决定句子结构的形态。中国哲学、艺术和语言注重心理时空，尤其偏重于时间的逻辑事理性，即使是空间，也常常表现为流动空间。西方哲学、艺术和语言则注重自然时空，尤其偏重空间的自然真实性。这两种时空观的对立，即空间型文化心理与时间型文化心理的对立，反映在句法层面，则表现为汉语"流水句"式的时间型样态和印欧语言的空间型构造。具体说，汉语按逻辑事理的顺序横向铺排，集意合、流动、气韵三位于一体，因而在结构上往往"极层累曲折之致，呈风起云涌之貌"。而印欧语言则以限定动词为核心（焦点），控制（透视）句内各种成分之间的关系，因此句子的复杂化只能通过扩充句内各个成分的丰满度，前呼后拥，递相叠加来实现。汉语重意合，故没有印欧语言繁复的变位、变格、形态变化，汉语的结合取决于语意上的合理搭配。比较而言，印欧语言是形意融合，意在则形达，句子结构比较严谨。

文化的差异不仅体现在语言系统的词汇和句法层面上，也体现在语域（region）的层面，即不同语言区域的社会习俗和社交礼仪的方面，这里不作赘述。

4. 物质文化的变迁

随着社会文化的时代变迁，表示某一物质文化的词的意义也会发生演变。汉语中的"枪"原指标枪、红缨枪一类的旧式武器，后来发明了手枪、步枪、机关枪，就统称能发射子弹的武器。来自拉丁语 penna 的英语词 pen，在古英语中意思是"羽毛笔"，如今笔的质料都发生了改变，指钢笔、圆珠笔、铅笔等。法语词 cassette，在 18 世纪时指贵妇人用的小首饰盒，到 20 世纪用来指盒式录音带。古汉语中的"管"指钥匙，现代汉语中的"管"字，表"管理""经营"之意。大量事实说明，历史上各种文化现象都会凝聚在语言中，通过语言材料就可以追溯历史上各种文化现象的起源、传播、变迁的过程。著名历史语言学家格里姆（Jacom Grimm）曾说："我们的语言也就是我们的历史。"（何俊芳，2005：128）

第四节　语言的民族性与时代性

"语言是一种社会现象，是人与人的交际工具，也是人和文化融合一体的媒介。它随着人类的形成而形成，也随着人类的发展而发展、变化而变化。"（平洪，2000：4）不同的生活区域、认知特点、生产生活方式和社会结构状况塑造了不同的民族，不同的民族使用自己不同于其他民族的语言，这就赋予了语言鲜明的民族性；而随时代的更迭，各个民族在不同的时代使用的语言也必然打上时代的烙印，这就是语言的时代性。

民族是人类社会发展到一定阶段的产物，语言的出现早于民族的产生。但是，自人类社会形成民族以后，语言便被赋予了民族的特征，具有了民族的认同。语言与民族在发展中相互影响，相互制约。"一方面，语言的发展和变化受民族发展的影响和制约；另一方面，语言也影响民族的发展。一部语言史总是同一部民族史紧密地联系在一起的。"（何俊芳，2005：68）

通常来说，一个民族具有多个特征，如：共同语言，共同地域，共同的经济生活以及共同的心理素质，其中，语言是最重要的民族特征。

一　语言的民族特点

语言的社会属性决定了语言不但涉及人类生活的各个方面，还与人类思维有着密切的联系。不同的民族，由于所处的自然环境和生产生活方式、社会结构状况、社会经济发展水平以及所经历的文化阶段的不同，其认知特点必然有异，语言的词汇系统和语句结构等语言的表达形式和特点也就各不相同。在世界上，有的民族使用象形文字，有的使用表意文字，有的使用字母文字，还有的甚至就没有文字。在我国北方游牧民族的语言中，反映牲畜名称以及相关动作行为的词条就分得非常细，因性别、年岁的不同意味着名称的不同；而南方一些从事农业生产的民族，粮食作物、蔬菜、花卉等植物的名称则比较丰富。语言不仅反映民族现在的特点，还能记录过去不同时期的社会特点。即使是远古社会的某些特点，在现代语言中也可以找到痕迹。现代汉语中"天父""地母""雷公""电母"等词汇反映了古代汉文化阴阳学说的特点以及人们对这些自然现象的恐惧和崇拜心理。经历了漫长封建社会的中国，尽管在新中国成立后实现了男女平等的政策，现代汉语中表达"重男轻女""男尊女卑"观念的词汇仍然保留着。在英国的诺曼王朝时期，法国人征服了英国，法语顺理成章地成了英国上流社会的流行用语，而涉及生产劳动、牲畜等用语则统统用英语表述，最显著的例子就是：肉食采用法语，牲畜就采用英语。

总之，语言能够综合反映一个民族的个性特征和时代特点，因而它具有鲜明而浓厚的民族气息。当同属一个民族的不同个体在使用共同的民族语言相互交流时，该语言所体现的民族特点、思想文化、风俗习惯，就汇集成为一种特殊的民族感情。

二　语言的民族感情

每一种民族语言都是一个相对完善的系统，都是其使用者历代智慧的结晶，都能表达使用者认识活动的各种成果、复杂深刻的思想和丰富细腻的感情。语言作为民族的重要标志之一，是维系民族感情的重要纽带。每个热爱自己民族的人，挚爱本民族的语言，甚至为之自豪、骄傲，是合情合理的事。但若这种感情陷入过度的自我迷恋，乃至不惜贬低其他民族的语言，那就是狭隘的民族主义，一种语言民族主义的表现形式。

语言民族主义与其他类型的民族主义一样，"是一种非常富有弹性，甚至空洞无物的意识形态。因此它能为极其矛盾的客观目的服务：它既可以用于肢解国家，又可以用于建立国家；既可以用于建立一种普救学说，又可以用于激发地方主义……这是一个包罗万象的空壳"。（何俊芳，2005：84）语言民族主义是民族中心主义的一种翻版，具体表现为语言优越论。比如，有的人将某种语言看作最合乎逻辑、最易于表达哲学思想的语言；有人把某种语言看成最适合用于科学领域的语言；有的人把某种语言看作最容易发音、最优美动听的语言，甚至是乐感最强的语言，如此等等。这种秉持语言优越论的观念过去有，现在还有。

其实，种族的进化和文化的发展与语言形式之间并没有必然的联系。文化有"发达"和"落后"之别；而语言只存在结构上的区别，没有"发达"与"原始"之别。（刘润清，1995：165）沃尔夫曾一针见血地指出："欧洲语言及思维习惯处于显赫的地位，也是经济和历史原因造成的。其文化已经达到现代文明水平的少数几种语言，意欲扩展至整个地球，使成百上千奇异多彩的语言种类遭受灭顶之灾。虽然这一企图是事实，但依此声称这些欧洲语言代表了某种优越性是毫无根据的。"（高一虹，2000：210）

民族主义情绪极容易转化为语言上的偏执，借以发泄对其他民族的偏见、歧视、乃至敌视。但如果一个民族培育出良好的心态，与其他民族建立了尊重与互信，这种偏执和压迫将不复存在。民族之间有了友好的关系，语言的生态就能得到良好的维持，这才是人间正道。

三　不同民族间语言的吸收与同化

一般来说社会、文化相对开放的民族，其语言也比较容易吸收外来成分来丰富自己；而社会、文化相对封闭的民族，其语言也相对封闭。不同民族之间的交往和交流是非常有益的，因为他们可以借此从其他民族的语言中汲取营养。现代语言学家伦纳德·布龙菲尔德指出：各族语言是相互取长补短的。正如天然物体和人造物体要从一个民族传到另一个民族一样，一国的文化，包括技术、战术、宗教仪式，风俗习惯等都会传播出去。民族之间在交流实物和从事其他活动时，语言形式也随即从一个民族传到了另一个民族。（布龙菲尔德，1985：445）

一个民族的语言借用和吸收另一个民族的词语，是语言的普遍现象。然而语言的吸收同化功能，或称各种语言对外来词语吸收、消化的能力，存在着很大的差异，有的语种吸收同化功能特别强，有的很弱。这当中，社会的民族心理是重要的决定性因素。

从人类学的角度看，每个民族都有自身心理的历史积淀和深层构筑，任何人都与生俱来地带有他本国、本民族、本地域的心理遗传基因，这种遗传基因决定着他的精神气质、思维方式以及行为走向等，并因此构成了不同国别、民族地域的群体性人的特点和差异。在吸收外来词语的时候，这种民族的心理特点起着重要的作用，有的民族对新生事物十分敏感，乐于吸收新鲜的外来词语；有的民族则满足于本民族语言中已有的词汇，对新鲜的外来词麻木不仁，甚至有意无意地阻拦外来词语进入本族语。

从语言本身的规律看，词汇的纷繁与否标志着语言是否健康发展。（顾嘉祖，2002：93）任何一门语言，开放度越大，同化功能越强，该语言就越有活力，传播的面也就越广；反之，就越萧条，越萎缩。事实上，在全球化时代的今天，任何一个民族已经无法做到与世隔绝，自我封闭、固执己见只会导致思想的枯竭和语言活力的退化。当然，对于外来词汇的吸收也不可盲目，还要定期进行整理，否则必将殃及民族语言的纯洁性和规范性。

四　民族语言的趋势

作为一个相对稳定的共同体，民族属于一个历史范畴，有其发生、发展和消亡的过程。作为该共同体约定俗成的交际工具，语言也是一个历史范畴，它有其自身的发展规律。民族的消亡是形式上（或名称上）的不存在，并非实体上的不存在，不过是若干个民族共同融合成了另外称谓的共同体；民族语言的消失也并非该语言的断然消失，而是融入了一门共同使用的新的语言之中，中国的汉民族和汉语就是一个很好的例证。融合，是所有民族的最终归宿，也是所有民族语言的发展趋势。时下日益提速的全球化进程客观上就成了这一融合的催化剂。

米格尔·德·乌纳穆诺说："语言是灵魂的血液。"（Unamuno，1992：164）不同种族和宗教的人们往往彼此争斗，但如果他们有相同的语言，他们就可以彼此通过交谈和书信正常往来。正如卡尔·多伊奇在他的经典著作《民族主义和社会交流》一书中所说，民族是能够彼此广泛深入交流的群体。如果没有共同的语言，交流即使不是不可能，也会是困难的。在全球化大背景下的今天，各个国家经济社会的迅猛发展，各国之间的交往空前密集频繁，彼此交往的需要迫切要求统一共通的语言媒介体系，其发端起始于日用工业品、家用电器、各种技术设备符号或标识的国际社会的共同制定——事实上，"符号与标识在当今世界已经很难找到彼此迥异的文化内涵了"。（闫文培，2007：223）随着社会文明的不断发展，不同文化之间的相互了解和理解、认同与接纳将不断加深，彼此文化中的文化要素和语言成分也会得到共享，也就是说，全球一体化趋势的日益增强最终必然导致文化的趋同与语言的交融，全球共同语的出现是最终的必然结果。

第二章

区域通用语、国际通用语及全球通用语

据考古学家和人类学家考证，人类在至少十万年前就已经发展出语言来了；而举世公认的最早较为系统的文字则诞生在公元前 3200 年的两河流域（底格里斯河和幼发拉底河）。众所周知，语言具有文化和工具的属性，它承载着一个民族的文化与思想，又为人们用以交流思想和信息。由此，凡有人类社会的地方都有对应的语言。但是由于人们生活区域的不同，加之交通与通信不便的缘故，不同的地方保持了各自相对孤立的语言。随着人类的文明和进步，不同区域人们之间的交往不断增强，文化上处于强势地位的民族的语言在某一区域就逐渐取得广泛的认同，成为了这个地区的"区域通用语"。文艺复兴之后，随民族国家的兴起，人类进入了现代社会，形成了以科技为核心的现代文化。现代文化的最大特征在于它的国际性，国际间的交往需要借助一门共同语来完成，于是"国际通用语"出现了。随着 20 世纪 90 年代经济全球化即全球经济一体化的迅猛发展，文化全球化或全球文化认同已呈浩浩荡荡之势。在此背景下，当今为数众多的语言中哪种语言能够脱颖而出，成为未来的"全球通用语"呢？

第一节　语言的故事

一　语言的发端与进化

语言，作为交流思想、传递信息的媒介（或称作"工具"），为所有的动物群所拥有。在所有的动物群中，社会化程度最高、发声器官最为全面、符号系统最为丰富的族群当属人类。人类拥有最为完善、最为多样化的语言交际系统。

地球的出现距今已有 46 亿年，人类的出现大约是 400 万年前。随着远古人类的进化，人类渐渐发明了一些比较复杂的工具，也创造了用于表达思想、交流信息的语言。古人类学家普遍认为，语言的起源和进化与人类的起源和大脑的进化应该是同步的，最初的语言始于 200 多万年前的能人（Leakey，1994：159；Wilkins & Wakefield，1995：161 - 226）；也有人（如 Holloway，Falk 等）推断，人类语言或许最早可以追溯到 300 多万年前的南猿的交际系统，因为人类言语是灵长类动物呼叫系统的延续和发展（Holloway，1983：105 - 114；Falk，1980：72 - 778）。

大脑的进化是人类获得语言能力的一个关键的必要条件；而发音器官的进化则是人类获得语言能力的另一个关键的必要条件。大脑进化的意义在于人类悟性的获得，语言就是这种悟性[1]的外在标志。（赫尔德，2011：6）人类语言何时产生，取决于发音器官何时进化到能发出其他灵长类动物发不出的语音。由于人类的喉在喉管中的相对位置比任何其他灵长类动物都低得多，声道也长得多，故能发出 [i]、[a]、[u] 这三个其他灵长类动物发不出的关键元音。（陈国华，2004：24—40）这表明，人类具有了优于所有动物的语言优势。据分析，150 多万年前直立人的颅底开始弯曲，喉的位置也略微下移，其声道能够发出一部分人类语音；直到大概30 万年前，古智人（Archaic homo sapiens）颅底的弯曲度才达到智智人（Homo sapiens sapiens，也就是现代人）的水平，其声道结构已基本形成现代人的样子，能发出全范围的人类语音，也就是说能发出任何语言的任何音。由此可以推断，某种初始语大致产生于 150 多万年前直立人出现之后；现代语（即智智人的语言）的前身——原始语产生于 30 万年前的古智人出现之后。

虽然人类语音发音系统的完善是产生现代人类语言的重要基础，但仅此是不够的。人类语言有两个基本的组成部分：语言符号和这些符号的使用规则。一部分社会成员用一个特定的语音片段命名，并使社会的其他成员明白这一语音片段表示的是这类事物的名称。这种心理和口头的社会行为一经形成，随之而来的就是语言符号的出现。随着人类技术的进步和工具的多样化，单个符号传达的信息已经不能满足人们生产、生活的需要，这就需要人们获得指称具体语境之外事物，以及通过有限符号的不同组合

---

① 根据 [德] J. G. 赫尔德的观点，悟性是人类创造语言的非本能的内在力量。

表达无限的不同思想的能力，这就是语言的移植性和创造性。"符号的运用使得心灵的作用扩大了，而这反过来又使符号变得更完善。"（赫尔德，2011：16）人类一旦通过语言获得这种思维能力，就能把它运用到非语言文化活动中并表现出来。人类这种能力的获得，可以从10—4万年前中层旧石器时代石器种类的多样化（由手斧向刮削器过渡）中反映出来。也就在这个时期，人类开始思考生命与死亡的问题，并且对死后的世界形成了种种看法。若要进行这种抽象的思考，就必须借助相当发达的语言。这就表明，在10万年前至4万年前之间，人类已经有了一些相当发达的原始语；从大约4万年前起，这些原始语在词汇和语法上迅速丰富起来，开始向现代语过渡。

原始词的出现标志着人类的交际系统从以信号为基础到以符号为基础的转变，但当时的数量极为有限，而且每个词单独使用，意义和功能在很大程度上仍然依赖于语境。这数量不多、单独使用的原始词尚不足以构成语言，因为语言必须要有语法，词序就代表最基础、最普遍的语法内容，而原始词单独使用，虽有语境但无词序。后来词汇渐渐丰富起来，不同的词组结和到一起就需要有一定的规则，这就形成了一定的语法关系，于是，原始语出现了。词序的约定俗成逐渐演化出了其他的语法手段，主要是功能词（虚词）和曲折变化。每出现一种新语法手段，语言就发生一次飞跃，经过若干次的飞跃，原始语就进化成了现代语。

二　语言的分化与融合①

语言是一种人类行为，人类到哪里，语言便随之被带往哪里，人类的扩散其实就是语言的扩散。从分子生物学和人类遗传学方面的证据看，当今世界各地的所有人类皆出自非洲，这就是"走出非洲"理论。根据这一理论，非洲现代人在10—5万年前"走出非洲"，4万年前到达欧洲，成为现代欧洲人的祖先；另一部分早期现代人走出非洲后，取道印度次大陆和印度支那，一路南下，最后在大约5万年前抵达南太平洋地区；还有一支则一路北上，在大约6—4万年前到达东亚，取代了当地的古智人，成为现代东亚人的祖先。后来居住在东北亚的一部分现代人越过白令海

---

① 著者以"分化"和"融合"替代罗伯特·迪克森的《语言兴衰论》中采用的"裂变"和"聚变"。

峡，于 3 万年前—1.2 万年前进入北美，之后扩散至整个美洲。人类向不同地区的扩散致使当初"共同的始祖语"或"原始的共同语"产生分化，形成不同的语族；而不同语族之间的交往和接触又促使他们各自的语言发生融合，最终又将"形成一个共同的原型语"。（罗伯特，2010：60）

1. 分化

语言的分化指语言之间差别增多或在数量上由少到多的情况。随着人口的扩散进入新的领土，迁徙到不同地区的人们为了适应当地的气候和地理环境，被迫改变自己的劳动方式和生活习惯，加之交通与通信不便造成的相互隔绝，语言的分化就发生了。劳动方式和生活习惯的改变，使生活经验增加，也使他们使用的语言形式发生变化及新语言出现。这种分化的发生是比较急速的，仅仅在几代人之间就能完成。

语言的分化往往以方言的分化为先导。某一方言产生后，如果长期持续下去，在一定的历史条件下，就可以形成独立的语言，这些由共同来源分化出来的语言叫亲属语言。亲属语言往往具有共同历史来源和地域特征，彼此间有一定联系，或说具有一定的相似性。19 世纪，欧洲的比较学派根据语言间的亲属关系将世界上的语言分为 9 个语系，分别为：汉藏语系（Sino-Tibetan family）、印欧语系（Indo-European family）、乌拉尔语系（Uralic family）、阿尔泰语系（Altaic family）、阿非罗—亚细亚语系（Afro-Asiatic family）[1]、伊比利亚—高加索语系（Ibero-Caucasus family）、达罗毗荼语系（Dravidian family）、澳泰语系（Tada-Austronesian family）、澳斯特罗—亚细亚语系（Austro-Asiatic family）。

此外，由于政治和种族等因素而导致的社会变故也会促使语言发生分化。也就是说，语言的分化与社会的发展关系密切，社会的变故必然导致语言发生分化。来自拉丁语的罗曼诸语言提供了可靠的例证。"居住于今天的法国、意大利、西班牙、葡萄牙和罗马尼亚地区的居民在罗马帝国崩溃以后各自发展成独立的民族，他们所说的拉丁语方言也就随之发展成独立的语言，'说法语来自拉丁语，就是说法语是拉丁语在若干年中在某一地区所取的形式'。这些事实都清楚地说明语系的形成和语言分化之间的联系。"（徐通锵，2008：33—43）类似的情况也发生在东方，"汉字对日语不尽适合，所以日文补充了假名音节字母。朝鲜语的音节复杂，不适合

---

① 阿非罗－亚细亚语系，旧称闪—含语系 Hamito-Semitic family（闪米特—含米特语系）。

采用音节字母，所以创造了谚文音素字母"。（周有光，2011：15）。

2. 融合

语言的融合指一种语言同化、取代另一种语言，是伴随操两种不同语言的部落、民族互相接触或融合而产生的一种语言现象。在融合期，"语言特征会在相互接触的语言之间扩散，变得越来越相似。这些相似性会逐渐聚合成一个共同的原型语"。（罗伯特，2010：60）分化的完成可能只需要几百年或几千年的时间，而接下来的融合则需要持续几万年才能使界限变得逐渐模糊。

两种语言融合的结果，不会得出一种新的第三种语言。"实际上，在融合的时候，通常是其中一种语言成为胜利者，保留自己的语法构造和基本词汇，并且按自己发展的内在规律继续发展，另一种语言则逐渐失去自己的本质而逐渐消亡……诚然，在这种情况下，胜利的语言会从失败的语言中吸取一些词来丰富自己的词汇，但是这并不是削弱它，相反地，是加强它。"（斯大林，1979：520）语言的融合往往经过双语现象的过渡阶段，其结果是其中一种语言取得胜利，成为表层语言，另一种语言归于消亡，成为底层语言。"在语言的融合同化过程中，那些生活方式比较安定，对当地营生机会比较适应，而技术文化程度又比较高的部落和人民的语言的构成要素，在那些形式的语言里，占着比较重要的地位。"（德雷仁，1999：9）中国历史上曾发生多次武力上的被征服，文化上的实际征服，根本原因就在于征服民族（蒙、满）的文化发展水平处于较低水平。因此征服者的语言相反接受了被征服者语言的同化，有的正面临淘汰。例如清军入关以后，满、汉两种语言逐渐融合，最后汉语取得统治地位，满语只保留少数底层遗迹，如糕点名称"萨其玛"等。

近几个世纪来，西方文明主导全球，原住民接触到了英文、西班牙文和葡萄牙文等。虽然他们也会学习、使用自己的文字，但外来的优势语言借助于现代的传播媒介（如报纸、杂志、广播、电视、互联网等）提供的文字材料是他们母语的好几倍，久而久之，处于劣势地位的语言便逐渐走向消亡。在美洲、澳大利亚和新西兰，原住民都有自己的语言，但在英语的冲击下，所有本地语言都日渐衰退，最终被优势语言所取代；在西伯利亚，由于俄语的影响，楚科奇语（Chukchee）正在逐渐消失；坦桑尼亚语在斯瓦希里语（Swahili）的侵袭下走向消亡。这样的例子不胜枚举。

三 语言的现状与趋势

语言的出现展示了人类非凡的创造性。随着人类活动能量的增强，语言在传播和嬗变的过程中逐渐分化，形成了新的读音方式，出现了大批新词，产生了新的语法、句法规则（包括许多不规则用法）。今天世界上有五六千种语言。追根溯源，这些语言都来自同一原始母语，大致沿着人类进化的轨迹，发端于一个共同的遗传繁殖群（genetic stock），经历了约两万余年的演化而形成的。[①] 当今的人类各集团（或称"语言群体"）已经形成了一个相互依存的整体，他们的语言也构成了一个全球语群，并成为现代世界系统的一个层面。（艾布拉姆，2008：4）

1. 现状

语言的起源与人类的起源几近一致，其全球的传播也与人类历史大致吻合。在漫长的历史长河里，语言的传播伴随人类的迁徙和扩张而展开，其途径主要是军事征服、商务往来和信仰皈依；近一个世纪以来正式教育成为语言传播最常用的传播渠道。语言教育得益于政治、经济、文化背景的助力，效率得到了极大的提升，这就使得强者越强、弱者越弱，直至消亡。

从语言的角度看，当今的世界人口并非63亿人，而应该只有6000多个群体。在这6000多个群体中，他们的影响力相当的不平衡。使用汉语的人数超过13亿人，约占世界总人口数的1/5；紧随其后的是英语和西班牙语，其使用人数分别达到约3亿人；剩余的则是那些使用人数微乎其微的语言群体：世界上大约一半以上的语言，其使用人数不足5000人；更有甚者，有1000多种语言的使用人数在10人以下。这就是说，当今世界语言系统中，约有98%的语言属"边缘语言"（peripheral languages），使用人数不足世界人口的10%；而处于中心位置上的语言，或称"中心语言"（central language）约有100种，使用人数占世界总人口的95%。（尼古拉斯，2011：3）他们通常是所在国家的官方语言。从语言学习的总体来看，以母语为中心的人通常选择使用更广、语言系统中位置更高的语言，这就进一步强化了世界语言系统的等级分野。大量中心语言集团通

---

① 关于人类语言的起源，现在存在多种说法，但主流的仍是"共同原始母语"一说，其根据主要来自于进化遗传学、比较语言学和考古学方面提供的研究成果。

过其多语使用者，与位于"超中心"地位的某个超大语言集团，即指 12
种"超中心语言"（supercentral languages）① 联系起来，从而实现了远距
离交际和国际交际的便捷和高效。于是，就形成了今天的语言格局。

（1）汉语：也称"普通话"，即现代标准汉语，指中国大陆的"普通
话"、台湾地区的"国语"、东南亚的"华语"，而相对于非汉语的语言又
常被称为"中文"或"华语"。在 13 亿中国人中，96% 的人母语为汉语，
4% 的少数民族在正式场合也使用汉语，此外，还有数千万旅居海外的华
侨也使用汉语。汉语具有悠久的历史，使用人群数量最庞大，近年来在世
界各地的推广势头正盛。

（2）印地语：其使用人群仅次于汉语，为 12 亿。由于历史的和民族
的原因，英语依旧是第二语言，与印地语共同竞争主流地位。

（3）英语：英语是超超中心语言。虽然以英语为母语的人口在世界
上并不占优，但是它却是覆盖区域最广、运用领域最多的语言。英语成为
全球通用语不足百年，但英语仍然有可能在未来相当长的时期内继续占据
全球语群的核心。

（4）阿拉伯语：阿拉伯语大致覆盖了 22 个国家和地区的阿拉伯世
界，其人口总数约 1.5 亿，是北非和中东地区广泛使用的第一语言。但阿
拉伯语用途单一，目前在很多地区只剩下宗教的功能。因此，在其他地区
无法与其他超中心语言竞争。

（5）西班牙语和葡萄牙语：覆盖的区域几乎是整个中美洲和南美洲，
西班牙语和葡萄牙语的使用者分别达到 2.5 亿人和 1.5 亿人，现在仍保持
着"世界语言"的地位。

2. 趋势

人类创造了语言，语言成就了人类。

假如没有语言的辅助，人类的思考将无法展开，人类的经验将无法传
承，人类的创造将无法进行。当一个人类群体掌握了某种语言，这种语言
就能够传递知识和信仰：当我们进行学习、交流思想的时候，语言这一无
形的财富就能够赋予我们无穷的力量和智慧，让我们站在前人成就的基础
上继续前行。从某种程度上讲，语言预定着人类可能的动向。

---

① ［荷］艾布拉姆·德·斯旺的"超中心语言"分别为：英语、法语、西班牙语、德语、
俄语、葡萄牙语、日语、马来语、阿拉伯语、印地语、汉语和斯瓦希里语。

　　全球语言系统由与政治、经济、文化、生态相对应的所有世界上的语言构成。现今的全球语言格局，很大程度上来自于先前的征服和统治以及现今的权力与交换关系。世界系统分为"核心""半边缘"和"边缘"。（艾布拉姆，2008：21）这三个层次部分地对应着超超中心及超中心语言、中心语言和边缘语言。（同上）。从经济学的观点看，语言是一种特殊的物品，具有"集体物品"（collective goods）的特征，并能产生"外部联络效应"（external network effects），成为一种"超集体物品"或"超超集体物品"。① 语言的这些特征，可能会导致人们抛弃某种语言，转向另一种语言。语言的影响力反映了它的交际价值，决定了它在语群中的地位。

　　由于各个语言民族生活区域和发展水平存在差异，语言集团之间的关系就不可能平等。人们往往愿意选择学习能够产生交际价值的优势语言，但他们又不愿意放弃代表自己"民族认同"（national identity）的本土语言。他们最大的担心在于：如果越来越多的本土语言使用者转而效忠优势语言，本土语言就会逐渐被抛弃，这是他们不愿看到的结果。当前解决这一矛盾最佳的办法就是"双语并行"。可以预见，这种"双语并行"将会持续未来很长的一个时期。

　　当然，人类在进步，语言也随之在不断地演变。任何一种语言无不同时处于被同化或分化这两种因素的影响之下。在人类进化的早期，即它的幼年时期，语言的分化因素占优势。那时地球上人口稀少，交通不便甚至完全缺乏，各地域之间联系不便或根本就没有联系，人们彼此之间经济生活的隔离造成了语言的隔离。而今天日新月异的世界，现代化的交通、通信的革命性进步促进不同地域、不同文化的人们之间的联系。由此引发了科技、经济、文化的国际一体化，这种一体化的全面深入催生了今天的全球化，其进程之迅猛前所未有。国际化和全球化的结果便是各种语言的深度融合，同样的表达形式或方式将出现在不同的语言中，这种被增强的语言间的同化就是语言的国际化或全球化。各种语言的不断同化和国际化单词对一切语言的大量渗入，预示着所有语言将来必然的交融，预示着一种与普适的文化和技术相对应的通用语的出现。

---

　　① 在某一区域产生效应的语言，我们称之为"超集体物品"或"区域共同语"；在世界观范围产生效应的语言，我们称为"超超集体物品"或"全球共同语"。

不言而喻，世界最终将要实现全球的一体化，人们也终将找到为全人类所接纳的共同语言。但在全球化到来之前，将要经历一个漫长的区域一体化的过程，当前出现的"非洲一体化"、"欧洲一体化"、"亚洲一体化"便是一种端倪抑或先导。人类的历史充满了分分合合，合合分分，而融合是最终的归宿，人类终将"四海之内皆兄弟"；语言也一样，由分化走向融合，融合后又会出现新的分化，循环往复，往复循环，最终又会回到起点，人类终将重新找到"共同的语言"。

第二节　语言的通用性

根据马克思的观点，语言是人类交际的工具。换句话说，人类创造语言是出于对交际的需要。在语言的使用中，常常会出现两种情况：当文化背景相同的时候，一门语言就能满足交际的需要；但如果文化背景不同，交际就会出现障碍。这时，人们就需要一门共同的语言，国际通用语就是这样产生的。

通用语（Lingua Franca）也称共同语，指帮助使用不同语言的人进行日常交流而采用的辅助语言。多语言地区的交际与交流需要借助于共同的交际媒介，那种为一个社会全体成员共同使用的、相对于方言的语言，就是通用语。

一　通用语的性质及分类

1. "通用语"的概念

（1）任何一种为某一社会全体成员共同运用的语言，都是通用语，无论这个社会是氏族、部落，还是部族、民族。通用语可以是社会发生分化之前的原始时代的语言，也可以是社会发生分化之后出现的某个社会单位的语言。依照范围划分，有大的通用语，也有小的通用语。

（2）若干个从同一社会单位分化出来的半独立的、地区性的社会单位，在一定的历史条件下统一起来，这种统一起来的语言就叫通用语。其特点是方言与共同语携手并存。

（3）若干个独立社会单位的融合，其语言统一成一种语言，对原来各个独立的社会单位而言，这就是通用语。这时的通用语，可以是区域通用语，也可以是全球通用语。

世界上通用语的形成一般有三种模式，一种是由现有材料所构成的语言的历史发展，如拉丁语和日耳曼语；一种是由于民族的融合和混合而形成的，如英语；还有一种就是由于方言经过经济集中和政治集中而集中为一种统一的通用语，这就是汉语形成的途径。（李钢，2007：3—4）

语言的发展往往以社会的发展为向导。随着近代资本主义的兴起、民族运动的发展、民族市场的形成，各方言统一成民族通用语。例如，汉语各方言统一成汉民族通用语，俄罗斯各方言统一成俄罗斯民族通用语，英吉利各方言统一成英吉利民族通用语，法兰西各方言统一成法兰西民族通用语。民族语言一经形成，就带上了浓厚的民族意识。从世界层面看，采用某一民族语作为国际通用语，必然会赋予该民族以超等的特权。因此，任何一个民族为了使自己民族的语言获得通用语的地位，往往会借助各种手段大力推广自己的语言，甚至也会将自己的语言强加于人。有史以来，民族语言的征服与反征服从来就未曾停息过。

2. 分类

从语言的通用区域来看，可能分为两大类：即国内或者本民族内使用的语言和跨国的，或者跨民族的语言。前者产生了民族通用语，而后者还可进一步划分为：①全球性语言；②国际性语言；③辅助性语言。

跨国、跨民族语言	描述特征	名称
全球性语言 Global language	若干国家的母语、官方语言；全球性的正式通用语，如学术期刊、法庭语言、国际组织工作语言；国际民间交往中比较通用的语言，如贸易、旅游活动等	英语（目前可能只有英语可以作为通用语来看待）
国际性语言 International language	若干国家的母语、官方语言；非全球性正式用语，但在一定范围内依然有效地使用；国际民间交往活动中使用范围有限	法语、德语、俄语等
辅助性语言 Auxiliary langauge	一个国家的母语，但是在其他国家也有一定比例的人口在使用；使用的范围仅作为辅助，而不是作为母语，如翻译或者外语工作者等	日语等

从以上分类中我们可以看出通用语的标准应该是若干个国家的母语，

世界范围内通用，包括官方和民间、精英阶层与非精英阶层作为辅助语言都在使用，50%以上的出版物将其作为媒介使用。

二　通用语的合法性与可行性及其人工尝试

1. 合法性与可行性

人是一种社会性动物，总是生存、活动于各种不同的群体之中。而作为交际工具的语言却塑造了整个人类社会。"比起帝王、国家、经济这些因素，语言群体才是世界历史的真正掌控者。"（尼古拉斯，2011：1）语言不仅仅是交际工具，它还是民族传统文化和民族认同的象征和载体。因此，民族语言发展的兴与衰往往被人们看作是民族文化兴衰乃至民族自身存亡的关键。随着交通和通信技术的发展，特别是全球经济一体化的客观要求，民族之间、地域之间的联系空前紧密。在这种情况下，全球通用语，这一共同的交际工具就成为人们普遍的需求。但是，这种通用语并不是通过开会决定下来的，而是历史自然形成的。哪种语言能够获得并长期保持这一重要地位完全取决于其合法性，也就是时代对这种语言所代表的文明和文化的普遍需求，其特征就在于这一文明的进步性和这一文化的普适性。

通用语的可行性取决于这种语言的开放性。语言的通用性在于推广，而这种通用语的持久生命力则在于该语言与所推广区域的本土语言之间的互际化。语言的国际化并非是单向的语言国际性输出过程。一种语言所承载的文化价值随语言在向另一个文化区域传播的过程中，必然受到该区域文化的影响，继而产生两种文化之间的双向性。文化的双向性体现在语言上，就是语言的互际化。一门语言在向异域传播的时候需要适应当地的社会环境，这种适应既包括表达方式上的调整，也包括语音符号、文字符号、新的词汇与范畴的创设，以及对当地语言、文化的吸收与消化。英语在向世界各地传播的过程中，与美国、印度、澳洲、南非等地的风土人情结合催生了许多新的语汇和用法，导致了多种变体英语的形成。它们的出现为英语注入了新的活力，提高了它的表达能力，丰富了它的文化内涵。（Barbara，2005：255）

所以说，语言的国际化，起始于单向的语言推广和文化输出，归结于语言的本土化和文化之间的双向性。

2. 人工尝试

对于争端不停、战争不止的人类社会，人们自古以来就把人与人之间心灵沟通、民族和解、天下太平的愿望寄托于"语言的集体创造，和把那些在史前社会条件下已经分化为各种不同的语言发展成为一种未来的共同语，如同人类为促进经济的统一和无阶级社会的统一一样，不能不采取科学地准备了的行动来加速这个世界性的进程"。（德雷仁，1999：17）由于现代语言传统的关系，指望全世界的各种语言立刻同化为一种共同的国际通用语显然是不现实的，唯一可行的办法就是借助人为参与和调整的手段。为此，人们一直在努力地创造着这种纯粹的国际通用语，一种具有简洁的语法和精选的词汇，易学易懂，而且完全适应现代的需要和现代生活方式的国际通用语。

自十六七世纪耶稣会的神职人员出于宗教目的，提出一种世界通用语的概念并付诸实践以来，世界通用语的思想伴随时代的进展，拥有越来越多的践行者，他们先后提出过几百个人造语言的方案，诸如世界语（基于欧洲语言）、伊多语（世界语改革版本）、沃拉普克语（Volapük，基于欧洲语言）、诺维亚语（Novial，基于欧洲语言）、拉丁国际语（基于欧洲语言）、国际语（Interlingua）、国际语E（Interlingue）、欧洲语（Europanto）、格罗沙语（基于欧洲语言）、中间语（Middelsprake，基于日耳曼语言）、日耳曼人民语（Folkspraak，基于日耳曼语言）、拉丹语、Dastmen、Loglan、逻辑语、道本语（来源于皮钦语）、safo、基本英语（基于英语）、全球语（基于英语）、即兴语（Adli）等。其中最著名的实用人工语言是波兰眼科医生柴门霍夫（Łazarz Ludwik Zamenhof）于1878年发明的"世界语"（Esperanto）。

拉扎鲁·路德维克·柴门霍夫（Łazarz Ludwik Zamenhof，1859—1917）以印欧语系的语言为基础创造的"世界语"采用了二十八个字母和十六条文规，虽简单易学，但它毕竟是一种人造的、缺乏文化根基[①]的国际辅助语，应用范围不广，图书资料稀少，不能适应现代政治、贸易和科技等领域的复杂需要，所以联合国六种工作语言中没有它的地位。目

---

① 文化是语言的重要支撑。文字符号背后的文化意蕴，以及文化意象构成的语言象征都是一门语言保持活力的基础，决定着这门语言的命运。因此，一门语言能否生存取决于文化的有与无，其流行程度如何取决于文化根基的坚实与否。

前，以世界语为母语的人士约 1000 人，能流利使用的人有十万到两百万人。而其他稍有名气的人工语言有伊多语（Ido）、大同语（Mondlango）、逻辑语（Lojban）等，但除了其忠实信徒以外，基本没人重视它们。

拉扎鲁·路德维克·柴门霍夫①

　　由于人工语言不属于任何一个国家和民族，靠这样的语言实现全世界的和平统一显然是不切实际的。即使在讲同一语言的群体内，常常也不能确保人们相互理解，和睦共处，典型的事例有美国的南北战争、西班牙的内战、前南斯拉夫的民族冲突、北爱尔兰的民族冲突，以及朝韩之间的民族冲突等。虽然今天仍然有人推崇使用如世界语这样的人工语言，但由于它受众面狭窄，文字资源有限，时至今日，仍然没有获得人们的广泛认可。

　　今天，事实上的全球通用语是英语。

三　通用语的决定性因素

　　形成通用语最基本的因素是实用，它必须是活的语言。中世纪欧

---

① http：//s2. t. itc. cn/mblog/pic/201012/15/10/12923784165609. jpg。

洲的拉丁语，国际上目前广泛使用的英语、法语、阿拉伯语、西班牙语、汉语、俄语等都曾经或仍然在充当着通用语的角色。那么，什么样的语言才能成为国际通用语？或者，国际通用语必须具备什么样的条件呢？

根据大卫·克里斯托的观点，一种语言获取国际通用语言的地位，主要取决于讲这种语言的人们的政治实力，尤其是军事实力。而这种语言能否保持并扩大其国际语言地位，则要靠其经济实力。他认为，衡量国际通用语的标准有两个：第一，这种语言在许多国家是官方语言；第二，在非母语国家被视作第一外语。（David，2001：5）尼古拉斯·奥斯特勒认为，成为世界通用语的条件，也许谁都无法回答。未来世界通用语的发展方向仍不明朗，因为今天的世界，帝国主义已经站不住脚，武力的征服不足以使别的语言发生改变，经济力量的影响力微乎其微，或许宗教才是形成语言影响力的最终根源。（尼古拉斯，2011：12）而约瑟夫·房德里耶斯认为，通用语的建立或是由于有组织的政治力量的扩展，或是由于占统治地位的社会阶级的影响，或是由于文学的无上权威；无论如何，总有一些政治上的、社会上的或经济上的原因支持着它。说到底，"只有文化才能使一种语言扩展到大众"。（Renan，1862：101）

的确，当今世界已经不再是帝国主义时代，冷战思维和意识形态之争已经结束，国家之间共同的诉求是和平与发展。这就决定了只有那种反映倡导和平、促进发展文化理念的语言才能为世界各国所认同并接纳。当代或未来哪种语言堪当世界通用语，仍然取决于其影响力，只是这种影响力的概念已经发生了变化，政治和军事的实力已经不再是决定性因素。语言的影响力取决于该语言民族的综合实力①，具体表现为：

1. 硬实力

（1）超强的经济实力：具有引领世界发展，并兼济天下的能力和实力。

（2）领先的科技水平：具有代表国际尖端的科技研发和生产能力。

（3）广泛的人口分布：该语言使用者在学科领域和全球地域的广泛分布。

---

① 指硬实力与软实力的综合体。成就国际通用语地位的硬实力是外因，软实力则是内因。

2. 软实力：

（1）具有普世意义的价值体系：人类认同并共享的价值观。

（2）先进的文化制度：总能促使文明进步的力量和保障。

（3）语言制度的先进性：保持永远的开放性，不断与时俱进。

以上因素既是国际通用语的成因，也是变数。具备了，就是成因；缺失了，便是变数。法国语言学家鲁德特说，通用语"不是一种固定的语言，也不是一种有规则地演化的语言；这是一种在稳定和演化之间具有经常变动的平衡的语言"。（Roudet，1911：263）一旦维系它的社会联系出现松懈，通用语便随之解体崩溃。（房德里耶斯，2011：308）欧洲历史上所有曾经红极一时的民族语，包括拉丁语，都自诩为"世界通用语"。可是，它们却不得不被其他更进步、更文明的民族语所代替。因此，现行通用语所体现的文化价值观必须因时而变，否则人们将轻而易举地将它抛弃，转而青睐另一种新登台的语言。进入全球化时代，各地区的区域一体化进程加快，区域通用语已经显现端倪，世界新格局的形成必将带来全球通用语角色的变更。

四　国际通用语未来趋势

"语言的发展受到社会制约，还表现在语言随着社会的分化而分化，随着社会的统一而统一两个方面。"（张静，1985：22）一个统一的社会，由于生产的发展和人口的增加，往往要分化成若干个部分。如果各个部分之间的联系日益减少而各自成为独立或半独立的社会单位，这个社会单位原来统一的语言就有可能分化为若干种方言或语言。但是，几个独立或半独立的社会群体一旦产生了经济和政治上的联系，各方言就停止分化，而逐渐接近起来，原来独立或半独立的语言便随之统一成一种共同的语言。

从语言发展的历史看，语言融合的过程通常有两种形式：强迫同化和自愿合作。前者通常发生在20世纪之前。在这个阶段，语言的融合通常是通过征服的方式，强势一方的语言胜出，成了两个不同民族统一的共同语言；而弱势一方的语言成为失败者，继而逐渐衰亡。两千多年前，希腊语凭借亚历山大统帅的军队的威力，而非柏拉图和亚里士多德的智慧获取国际语言的地位。昔日罗马帝国军团所向披靡，致使拉丁语在罗马帝国统治的版图内成为国际语言。伴随着8世纪以来摩尔人军队的征伐，伊斯兰教义在北非和中东地区广泛传播，阿拉伯语遂成为这些地区人们广泛使用的国际语言。西班牙语、葡萄牙语和法语也曾作为国际语言盛行于美洲、非洲和远东地区，这是文艺复兴之后西班牙、葡萄牙和法国通过军队强力推行殖民政策的结果。英语也一样，19世纪英国在世界范围全面扩张，建立了空前强大的"大英帝国"。英语走向世界，也变成国际语言。20世纪，美国取代英国，成为具有超强政治、经济和军事实力的大国，英语作为国际语言的地位得到进一步的巩固和加强。当然还有另一种模式，那就是军事上胜利一方的语言反而被失败者的语言所同化。在中国，汉族在历史上曾多次遭受外族的入侵，诸如北魏的鲜卑族、唐代的突厥族、宋代的女真族，都曾征服过汉族，但这些民族最后都全部或部分地并入了汉族，他们的语言也全部或部分融入汉语之中。

进入20世纪，特别是第二次世界大战之后，一百多个殖民地获得独立成为新兴国家。在语言工作上他们面临着建设国家共同语和使用国际通用语的双重任务。日常生活和本国文化需要使用国家共同语，国际事务和现代文化需要采用国际通用语。20世纪末期，世界进入"全球化时代"。世界的经济一体化促进了区域一体化（如欧盟、非盟、阿盟、东盟等）的高速发展，这当中还掺杂着发达国家的集团化（如G8），发展中国家的集团化（金砖国家组织），以及发达国家和发展中国家于2008年共同组成的二十国集团，即G20。在现阶段，语言的融合已经一改过去的斗争模式，走的是自愿合作的道路。也就是多种语言接触之后，通过自愿合作的方式（或称"语言的互际化"），彼此吸取精华，最后形成一种既非此语言，也非彼语言的第三者语言——国际语言，或称"区域通用语"，也就是全球通用语的初级阶段。

通过不同语言之间的长期合作产生了区域通用语之后，经过一个漫长的过程，最后再由区域通用语融合成为全球通用语。当然这一切实现的先决条件在于文化思想上的充分一致，和民族语言及民族文化的全面融合。正如约瑟夫·斯大林所说："为了创造条件使各民族文化融合成为一个具有一种共同语言的共同文化，必须使各民族的文化，随着它们的全部力量的发展而进化和发展。"（德雷仁，1999：386）当然，在这种融合之中，无疑是更先进、更文明的那种民族语言在这一通用语中所占成分更多些，因而也就是这一通用语中的主流。结合现代社会和平与发展的普遍诉求，以科学和源于科学的技术为主体的现代文化，人们需要达成超越民族国家意识的和平、民主、进步的广泛共识，继而完成文化一体化基础之上的语言一体化。唯有如此，才能建立起全世界的人类共同的文化和语言，全球通用语的时代也才会到来。

第三节　从区域通用语到国际通用语

一　语言的共性与语系的划分

1. 共性

根据"走出非洲说"，一小群人在七万年前走出非洲，跨越沙漠、海洋和高山，逃过冰河期，在世界各地生息繁衍开来。他们当初共同使用的是单一的原始祖语，后来由于各自所处的客观世界局部的不同而导致认知经验方面不同，久而久之衍生出了种类繁多的各种语言。但是，由于人类天赋资质本质上具有同一性的特点，加之人类语言根本相同的功能性特征，这些衍生语言之间始终存在着诸多共性。转换生成语法认为，语言是一种受人体基因控制的生理现象。从先天的因素看，人类语言的基因大致是一样的，这就决定了人类语言的基本特性也就大致相同，这就是语言共性的生理来源。从后天的方面看，不同民族在认知基本相同的客观世界的过程中所获得的知识和经验基本上是相同的，这就决定了他们的思维和人们在认知表达、记载、储存认知的过程中使用的语言在表现形式上也必然具有很大的相似、相通之处。

从跨语言比较的角度来看，有充分的证据可以表明语言的共性：第一，经典语言类型学的研究表明，只需要数量极少的类型就能够涵盖世界上所有的语言。这说明语言的数量虽大，但是各种语言使用的语法手段却很有限，其特性也是可以预测的；第二，语言类型学在划界问题上所遇到的困难恰恰说明语言在本质上是相同的，各种语言之间没有泾渭分明的界限；第三，语言类型划分与语言的亲属关系和地域关系没有直接的关联，这对语言共性论而言是一条极为重要和有力的证据；第四，生成语法和现代语言类型学所出现的融合的趋势也明白无误地表明语言共性的大量存在。（程工，1999：84）

语言是受共性原则支配的，语言的变异是有限的；所有的自然语言在本质上都是相同的语言，（屈折）形态、语序、虚词等变异的主要表现形式只是一些普遍的语法原则在个别语言中的不同实现而已。（同上，79）语言间的不同正如文化间的不同一样，仅仅是相对其具有本质意义的共性而言。人类从来就找不到无共性的个别语言，因为世界上各民族间都是可以通过语言进行交流的，语言与语言之间都是可以互译的。从这个意义上说，我们就可以将以共性为普遍原则的不同语言称为人类的"普遍语言"。

这种在人类语言中普遍存在的共性，也会因彼此间距离的远近而产生一定的差异，具体体现在以下方面。

（1）实质共性和形式共性：前者指各种语言共有的成分、结构和规则；后者指对语法规则的种种限制和对规则形式的说明。

（2）蕴涵共性和非蕴涵共性：前者把某种语言特征的出现与其他特征的出现联系起来；后者不应参照其他特征即能判断某些特征的存在。

（3）绝对共性和倾向共性：前者指没有例外的共性；后者只作为倾向性存在但有例外的共性。（夏征农，2003：4）

语言的共性在隶属于同一语系的语言中表现得尤为明显。

2. 语系

世界上的语言根据其特点和历史渊源，按照语言的亲属关系可以分为若干个语系，在同一语系内，按各语言之间亲属关系的远近，再分为若干语族，语族之下还可再分为若干语支。由于讲这些语言的各个民族曾经有过共同的起源，或者有过密切交往和语言文化的相互影响，属于同一语系的语言彼此之间在语音、语法和基本词汇上有许多相近或相似之处。

印欧语系（Indo-European family）是最大的语系，包括七个语族 100 多种语言，分布区域遍及欧洲、美洲、大洋洲和亚洲、非洲的部分国家，使用人口约占世界人口的一半。印欧语言词汇源于早期共同的形式，在某些方面（如农业）的许多用词非常相似，这种相似性在数词的结构上最为明显。在语法方面，名词有性、数、格的变化，动词有人称、数、式、时、态的变化，有的语言还有体的变化。语音方面有较多塞音，并且清浊对立。印欧语言总的发展趋势是曲折变化所起的作用逐渐减小，词序和虚词在决定语法关系时所起的作用越来越大。但是波罗地诸语言和斯拉夫诸语言等仍保留了比较复杂的曲折变化系统。

语系	语族	涵盖语言
印欧语系	日耳曼语族	西支：英语、德语、荷兰语、弗莱芒语等；北支：瑞典语、丹麦语和冰岛语
	罗曼（拉丁）语族	东支：意大利语、罗马尼亚语；西支：拉丁语、法语、西班牙语、葡萄牙语等
	凯尔特语族	爱尔兰语、苏格兰盖尔语、威尔士语、布列塔尼语等
	波罗地语族	立陶宛语、拉脱维亚语
	斯拉夫语族	东支：俄语、乌克兰语、白俄罗斯语；西支：波兰语、捷克语、斯洛伐克语等；南支：塞尔维亚—克罗地亚语、斯洛文尼亚语、马其顿语、保加利亚语
	印度—伊朗语族	印度语支：印地语、孟加拉语、旁遮普语、马拉提语、古吉拉特语、乌尔都语、伽罗语、吉卜赛语等；伊朗语支：波斯语、阿富汗语、塔吉克语、库尔德语等
	特别语族	希腊语、阿尔巴尼亚语、亚美尼亚语

汉藏语系（Sino-Tibetan family）是仅次于印欧语系的第二大语系，包括汉语和藏缅、壮侗、苗瑶四个语族，主要分布在亚洲东南部，使用人口有十几亿。中国是使用汉藏语系语言人口最多、语种最多的国家，总共有30多种，分属不同的语族、语支。其主要特点是：①除个别语言外，每个音节都有不同的声调，表示不同的意义。②单音节词根占绝大多数，大都可以自由运用。③词序和虚词是表达语法意义的主要手段。④大多数语言有相当多的表示事物类别的量词。⑤一般都有一些表示句子结构关系或者表示不同句式和语气的助词，这些助词一般置于句末。

语系	语族	涵盖语言
汉藏语系	汉语语族	汉语（世界上使用人数最多的语言）
	藏—缅语族	藏语支：藏语；彝语支：彝语、傈僳语、纳西语、拉祜语、哈尼语、白语等；景颇语支：景颇语、独龙语等；缅语支：载瓦语、阿昌语等；羌语支：羌语、普米语、嘉戎语等
	壮侗语族	壮泰语支：壮语、布衣语、泰语、傣语、老挝语、掸语等；侗水语支：侗语、水语、仫佬语、毛难语等；黎语支：黎语
	苗瑶语族	苗语支：苗语、布努语、畲语；瑶语：瑶语（勉话）等

非亚语系（Afro-Asiatic family）包括闪米特语族和含米特语族，主要分布于北非、东非和西亚地区，使用人口超过 2 亿。以阿拉伯语为主要代表，其特点是：词由词根派生而成，分为名词、动词、虚词三类，其中名词有性、数、格的变化，还有泛指和确指之分；动词有性、数、格以及时态的变化。基本语序为"谓—主—宾"。

语系	语族	涵盖语言
非亚语系	闪米特语族	南支：阿拉伯语、马耳他语等；北支：希伯来语、阿拉米语
	含米特语族	柏柏尔语支：北非诸柏柏尔语言；库希特语支：索马、加拉语等；乍得语支：豪萨语、科托科语等

此外，尼日尔—科尔多凡语系，占世界人口总数的 6%；马来—波利尼西亚语系，占 5%；达罗毗语系占 4%；阿尔泰语系占 2.5%；南亚语系占 1.5%；尼罗—撒哈拉语系占 0.6%；乌拉尔语系占 0.5%；高加索语系占 0.15%。（童之侠，2008：3—11）

在一定的地域内，因不同民族的长期共存、频繁接触、相互影响而产生了共同的语言特征，导致形成语言联盟。随通信、交通等科技水平的不断提高，当前语言的这种区域性整合出现了加速的态势。

二 文化、文明与语言

文化，是人类物质的和精神的财富。文明是文化发展所产生的积极成果的总和，是良好的生活方式和精神风尚，是物质文明、精神文明和政治文明达到较高水平的反映。语言是文化的基础，又是文化的物质外壳。

1. 文化与文明

文化是指一定的人类群体在自然、社会和人类思维领域，对群体行为和意识所达成的特定方式的思想共识。文化表示的是人们对事物理解方式和行为方式历史存在的现象确认，具有历史延续性和区域民族特定性。文明是人们对一定社会发展阶段，人类在自然、社会和人类思维领域，所有创造成果成就水平的综合认定。文明表示的是人们对事物创造性发展水平达到程度的阶段性认定，具有发展硬件的实质性和社会效益的综合性。

文化与文明既有联系，又有区别。从外延讲，文明涵盖了文化；从内涵讲，文明却也需要文化来统领和导引。没有文化的文明缺少生机和变化，通常会走向精神缺失，失却发展的目标和方向。社会文明的进步必然会促使固有文化一定方式的改变，而文化的改造也会极大地促进社会文明的进步。因此，文化与文明相互联系，相互促进，又相互制约。文化不同于文明，其区别在于：一、文化标准具有族群特点，是一定地理环境中某一人类群体独有的思想行为方式，有优劣之分；而文明标准则通用于全人类，无国家、族群之分，文明的程度可以由发展硬件的实质性和社会效益的综合性来判断。二、文化是人们行为意识存在的现象和轨迹，侧重于思想和意识的通融，具有传统性和历史继承性，文化的改造往往通过内部的变革来实现；而文明则是人们行为意识结果的体现，侧重于科学、技术、经济等物质手段，改变了重要的物质基础，也就改变了文明因素中文化的形式和内容。三、文化具有包容性，即一种文化可以与其他多种多样的文化同生共存；而文明则具有排他性，总是高等级的文明排斥低等级的文明，排他性作用客观上推动了整个人类文明的进程。

文化和文明还是社会发展过程一个问题的两个方面，二者的区别表现在：一、从内容上看，文化是人类征服自然、社会及人类自身活动、过程、成果等多方面内容的总和；而文明则主要指文化成果中的精华部分。二、从时间上看，文化存在于人类生存的始终，人类在文明社会之前便已产生原始文化；文明反映的是人类文化一定阶段的发展水平。三、从表现形态上看，文化是动态的、渐进的、不间断的发展过程；文明则是相对稳定的、静态的、跳跃式的发展过程。

总之，文化不是实现，而是象征，最终以物理世界的存在达到文明。文明是现实主义。

2. 文化圈、区域文明与区域通用语

回顾人类发展史，各区域间在不同时期形成了各具特色的文化圈，创造出自己辉煌的文明，在各自文化圈中形成了各自的区域通用语。通用语"不是一种固定的语言，也不是一种有规则地演化的语言；这是一种在稳定和演化之间具有经常变动的平衡的语言"。（约瑟夫，2011：320）

人类社会的早期文明呈点状分布，各个原始民族的群落独立发展。此时人类生存大都趋向于靠近地理上的河流，原因是有固定的水源使农业和商业较容易发展。世界上的几大文明古国都依河而建，两河流域的美索不达米亚文化、尼罗河流域的古埃及文化、印度河和恒河流域的印度文化、黄河与长江流域的中国文化、爱琴海畔的希腊文化，分别孕育了两河文明、尼罗河文明、印度河文明、华夏文明、爱琴文明。随着生产能力的提高和共同体结构的扩大，高度分散的文明点逐渐聚合为较大的文明区域。文化圈的形成和文明的区域扩张，促进了语言区域化的形成。在各个文明区域内，整合①出了各自的通用语，如苏美尔语、埃及语、梵语、汉语、希腊语等。在 15 世纪末以前，由于缺乏远距离交流的技术手段，也缺乏外向型发展的驱动力，文明横向扩展的幅度是有限的。

　　文明区域间的接触和交流最初发生在交通相对便利的欧亚大陆和北非地区，主要形式是商人的贸易往来和宗教人士、探险家的文化交流，当然历史上通过军事征战一度建立的跨地域大帝国（如阿拉伯帝国、蒙古帝国、奥斯曼土耳其帝国等）客观上也促进了不同区域间文明的交流，这些活动对于语言的传播或称"语言的区域化"也发挥了积极的作用。在今天欧亚大陆上存在着历史形成的五大文化圈：东亚文化圈、南亚文化圈、西亚文化圈、西欧文化圈和东欧文化圈。与之相对应的汉字地带的人口多达 15 亿，主要覆盖东亚及东南亚地区；印度字母地带的人口仅次于汉字地带，覆盖南亚及东南亚地区，现代印地语、孟加拉语、马拉地语、古吉亚特语、尼泊尔语、僧伽罗语、藏语等皆为其衍生语；阿拉伯字母地带从大西洋东岸起，经过北非、西南亚和中亚南部到中国的新疆地区，覆盖人群为 1 亿 1500 万人；拉丁字母地带覆盖地域最为辽阔，涵盖了英语、西班牙语、葡萄牙语、德语、法语、越南语、马来语等，其中以英语为母语的约有 3 亿人；再则就是东欧及亚洲北部地区的斯拉夫字母地带，有俄语、乌克兰语、白俄罗斯语、塞尔维亚语、保加利亚语等多达 30—40 种语言，涵盖人口约为 2 亿。

　　工业文明的出现标志着人类社会从区域性历史向世界历史转变。由于工业生产方式从根本上改变了人类受土地束缚的自然经济形态，极大地拓展了人类生存和活动的空间。这一社会发展机制上的革命性变化带动了全方位的社会形态变革，人类由传统的农业社会进入了现代工业社会。16—18 世纪来自西欧地区的科学革命、思想革命、政治革命和产业革命，以及 19 世纪西方列强疯狂的殖民化运动（或殖民地的"全球化"），形成了

---

　　①　这里的整合，包括通过淘汰的手段和融合的方式。

受欧洲列强支配的资本主义世界体系。在其后的 100 年间，大工业化所开创的世界现代化进程决定性地超越了区域性的发展阶段，进入了全球性现代化的世界历史新阶段。不言而喻，今天的世界已经进入了以经济全球化为先导，以文化全球化为根本内容的全球化时代。（王斯德，2001：3）

　　作为文化媒介和内容的语言，如何实现全球化呢？虽说各文明间的融合是最终结果，眼下的世界依然矛盾重重，冲突不断，刚刚起步的文化全球化任重道远。语言全球化（或称"全球通用语"）看似乐观，其实仍要经历一个漫长的过程。不言而喻，今天经济区域化已成为大势所趋，人心所向，并已显露出加速的端倪。与之相适应，各区域有重大影响的语言也正在扩大其区域使用范围。这些语言中，除英语外，还有汉语、阿拉伯语、印地语、西班牙语、马来语、斯瓦希里语等。语言的全球化必须，也只能以语言的区域化为前提。

三　语言的区域化的历史回顾与现状

1. 历史回顾

　　翻开世界地图，将目光聚焦于史前时代，我们会看到人类零星地分布在各块大陆上。不时地会有小股队伍离开自己的集体，翻山渡海，寻找新的家园。由于远离别的人群，这个独立的群体在适应新的生存环境的岁岁年年中，原有的语言习惯就逐渐发生了新的变化。若干代人之后，他们的语言与最初迁徙时的语言相比，可能变得面目全非。后来，或是他们走入其他人群的地域，或是其他地域的人群走入他们的地域，冲突发生了。随着群体间的交往日益频繁和深入，他们的语言渐渐实现了融合，这就形成了群体（族际）之间通用语（lingual franca）①。为了抵御来自异族的骚扰，每一族群都会建立自己的武装力量。强势的族群往往通过自己的军事力量在一定区域内推广自己的宗教和语言，于是征服者的语言就成为该区域的"中心"语言。实力的不断积累导致了文明的产生，文明的张力更增强了文化的影响力，强大的文化影响力促进了语言在更大区域内的整合传播，因为"只有文化才能使一种语言扩展到大众"。（约瑟夫，2011：310）

---

　　① Lingual franca（意大利语，意为"法兰克语言"）这一说法源自中世纪地中海地区具有不同语言背景的十字军战士和商人，现指各自说不同语言的人群进行交际时所采用的语言。

　　语言的区域化与群体之间的联系是同步开始的，但这种区域化的进程随着文明中心的建立和更迭而加速和变更。早在公元 1 年的欧亚大陆就已经出现了几个这样的"世界文明中心"，与此相对应的 3 种语言便开始在各自区域内传播开来。首先是东亚的"上古"① 汉语。源自黄河流域，尔后传遍整个远东地区。西周末年诸多部落相互并吞或联合，许多小的部落方言融合为几个较大的部落方言。秦吞并六国，一统天下，在从公元前221 年—前 219 年的三年时间里，以李斯为代表的文人进行了中国历史上第一次大规模的文字整理和统一工作，史称"书同文"，极大地促进了汉语的发展和传播。由于中国的政治统一、经济关系密不可分和文化的先进性，汉语非但没有像其他语系、语族一样发生语言的分裂；相反，在这一地区发展成为远距离交际用语，"僧侣文人借它口说笔述，朝廷用它治国施政"。（斯旺，2008：11）汉字文化向外传播主要有三条路线。一条向南，从黄河到长江，继续向南，传到了现在的广西和越南，产生了壮字和喃字。一条向东，从黄河到辽河和鸭绿江，传到了朝鲜和日本，产生了谚文和假名。一条向北，传到了我国现在的内蒙古、辽宁、吉林、黑龙江、宁夏和甘肃，产生了契丹字、女真字和西夏字。

　　其次是拉丁语。拉丁语源自罗马，遍布地中海，深入欧洲南部，北延至日耳曼人和凯尔特人居住地区。它集口头语和书面语于一身，既是基督教扩张的工具，又为罗马帝国用以治理所征服的土地，开展外交贸易，传播新知识和新技术。直到文艺复兴，拉丁语一直是这一区域无与伦比的学习和远距离交际的语言。可见，在两千多年前，拉丁语构筑了一套自成一体的语言系统，成为中世纪的西欧各国宗教、文化、科学研究等方面的通用书面语，在欧洲占据着超中心语言的地位，对后来的世界影响深远。再则就是南亚地区担负同样功能的梵语。梵语是古代印度的标准书面语，并非任何民族的本族语。它原是西北印度上流知识阶级的语言，相对于一般民间所使用的俗语（Prakrit）而言，又称为雅语。梵语，作为一种属于学术和宗教的专门用语，其文献数量仅次于汉语，远超希腊文和拉丁文。

　　一千年后，这些伟大的古典语言在各自扩展的区域内继续整合、

----

　　① 汉语的发展历史分为上古时期（公元前 11—2 世纪）、中古时期（公元 3—13 世纪）、近古时期（公元 14—19 世纪）和现代时期（1840 年以后）。

衍化。与此同时，在欧亚大陆的中心地带，第四种语言正在迅速传播。这就是形成于公元5世纪前后的阿拉伯语。它源自阿拉伯半岛，随伊斯兰教的传播和阿拉伯帝国的扩张，成为东起印度河，北到里海，沿东非海岸，穿越非洲北部直至西班牙南端这一广大地区的区域通用语。

再过五百年，即1500年前后，出现了"现代的曙光"，人类的交际模式发生了显著的变化。此时，语言系统的整合进入了一个新的阶段。由古典语言进化、衍生出来的各本土语言已经自成一体。中国长期的中央集权的政治局面以自然经济为基础，维系了汉民族内部的统一，同时也维系了汉语的统一，特别是书面语的统一。由于汉民族人口不断增加，汉文化迅速向南扩展。金、元奠都燕京，为现代北方话打下了新的基础。16世纪初，明朝朝廷停止了海外贸易和探险，汉语的传播主要取道陆路。

随伊斯兰教的侵入，阿拉伯字母传入印度，致使梵文消亡。1526年蒙古后裔建立了莫卧儿（Mughal）穆斯林帝国。此时，在印度各地出现了以梵语的天城体字母创制的多种本土语，其中德里地区使用的印地语最终成为莫卧儿王朝的本土通用语。也就大约在这个时候，阿拉伯语作为国际性语言，达到了鼎盛时期。由于《古兰经》极其强调语言的纯洁性，不能容忍任何的偏离，"它所衍生出的诸种本土语都未能发展成像汉语、梵语、拉丁语的衍生语那样自成一体的语言"。（艾布拉姆，2008：12）

此时，拉丁语衍生的多种本土语在各自疆域内茁壮成长，他们相继取得中心语言的地位。这些新兴的欧洲本土语言随探险者远涉重洋，来到非洲、亚洲、美洲。它们历经漫长的岁月，最终成为遥远大陆上的统治、贸易和信仰皈依用语。17世纪，俄罗斯开始了长达几个世纪的东扩，使俄语成为这片辽阔地域内的超中心语言。

2. 现状

今天，世界主要语言的格局又发生了新的变化。近代世界的五大主要文字经过长时间的传播，形成了五大文字流通圈，其中风头长盛不衰的当属拉丁文字。

在东亚，传统的汉字文字圈在近代萎缩了，日本、韩国减少使用汉字，朝鲜和越南则完全不用汉字。但是，汉字在中国依然是稳定的。历史悠久的汉语，使用人数占世界 1/4（达 13 亿人），除两岸三地的居民之外，还有分布在世界 140 多个国家和地区的 3000 万华人华侨。共同的语言与文化使海内外华人的联系和互动在全球化的今天更趋活跃。随中国国际地位的提高，全球"汉语热"持续升温。据有关国际统计机构提供的资料，目前在国外使用和学习汉语的人数已达近 1 亿人之多。（童之侠，2008：22）

在历史上属于印度文化圈的南亚和东南亚地区，原来的梵文字母地带发生了严重分化，西边的巴基斯坦采用了阿拉伯字母，东边的马来西亚、印度尼西亚、菲律宾和越南（原来的汉字使用国）采用了拉丁字母，从而致使原来的空间减少了一半。今天的印度民族众多，是世界的第二人口大国（达 12 亿）。多民族意味着多语言、多文字。由于没有一个人口占优而又书同文的主体民族，这就使得语言的统一难以实现。长期的种族矛盾引发了激烈的政治冲突，选择哪种语言充当正统语言，如何应对为数众多的地区语言，这些问题一直困扰着一代又一代的印度人。其结果就是，尽管在获得独立半个多世纪以后的今天，英语仍为重要的官方语言。作为世界文明古国之一的印度，出于民族认同的考虑，大多数人都希望采用本土语言来做唯一的全国性语言。按照印度政府的方针，印地语最终将成为民族共同语。由于国家的政策性推广和印地语人口的相对优势（占全国人数的1/6），作为梵语衍生语的印地语在印度正日益走强，有朝一日也有可能发展成为重要的南亚区域语言。

阿拉伯字母圈主要以中东地区的阿拉伯国家为中心，外围是北非和西亚伊斯兰教国家。近一个世纪以来，范围有所缩小。

斯拉夫字母圈主要以斯拉夫民族为主，覆盖地区为苏联各加盟共和国及其势力范围，人口约为 2 亿。采用斯拉夫字母的语言有俄语、乌克兰语、白俄罗斯语、塞尔维亚语、保加利亚语、蒙古语等。随苏联影响力的下降，斯拉夫字母圈也呈缩小趋势。

拉丁字母圈以西欧为基地，传向整个世界。自古罗马时期以来，拉丁化风潮的势头从未减弱，起初是罗曼诸语言，接着是日耳曼诸语言、凯尔特诸语言，然后是斯拉夫诸语言、波罗的海诸语言、芬兰·乌戈尔诸语言，接着是西亚的土耳其语、东南亚的马来语、印尼语、菲律宾语、文莱语、越南语，最新完成拉丁化的有苏联加盟共和国中的阿塞拜疆语、吉尔吉斯语、土库曼语、乌兹别克语。为顺应拉丁化的国际潮流，中国政府也于 1958 年推出实行拉丁化的汉语拼音方案。作为非洲主要通用语言的斯瓦希里语（kiswahili）[①]，也在欧洲殖民势力的影响下实现了拉丁字母化。据东非权威性的《语言研究学报》报道，不少语言学家根据语言发展趋势推测，认为斯瓦希里语极有可能成为整个非洲地区的通用语言。

世界文字的拉丁化有其必然性，因为"人类的语言千变万化，可是分析到最后只有为数不多的一些语音元素（音素或音位），一般在 30 个左右，多的在 50 个左右，少的只有十几个。只求字母形体相同，不求字母读音完全一致，就可以用 26 个字母写尽天下的语言"。（周有光，2011：346）当然，拉丁化不等于某种语言的全球化，拉丁化不过是不同的文字采用拉丁字母的书写方式而已。不过这种世界范围内语言文字拉丁化的实现对于全球的文字一体化也是一件可喜可贺之事，它对于未来语言的全球一体化[②]无疑具有深远的意义。

今天世界的语言版图上仍然以西方语言为主要角色，葡萄牙语、西班牙语、英语几乎覆盖了整个西半球；法语和阿拉伯语在非洲北部秋色平分；俄语仍控制着整个亚洲北部；英语在澳洲和新西兰占据着绝对的优势地位，并仍在全球的各个地区、各个领域强化着、保持着超超中心的地位；近年来，汉语地位出现了不断上升的势头。世界未来语言的走势和格局将会如何发展，让我们拭目以待。

四　当今世界核心语言的区域化特征

自地球出现人类以来，作为交际工具的语言便一直陪伴着人类。人类在不断地进化，语言也不断地在发生着演变、更替、诞生和消亡。当世界于 16 世纪进入现代社会以后，世界语言的格局随着文明中心的转移又发生了全新的变化。现在地球上人们所使用的语言有 2790 多种；而使用这些语言的人又操 7000—8000 种方言土语。其中，重要的语言约为 210 多种，且有自己的文字。（李梵，2009：3）在全球语言系统中，处于中心

---

① 最早的斯瓦希里文字采用的是阿拉伯字母，西方殖民者进入非洲后才接受拉丁字母，目前斯瓦希里语的使用人数为 5000 万。

② "语言全球一体化"的提法是一个易于引起争议的话题，纵然能实现，那也是未来十分久远的事。

位置的语言约 100 种，使用人数占世界人口的 95%。超中心语言①有 12 种，它们是汉语、英语、阿拉伯语、印地语、西班牙语、葡萄牙语、日语、法语、德语、俄语、马来语和斯瓦希里语。（同上，8）

当今世界核心语言的格局很大程度上来自于先前的征服和统治以及现今的权力与交换关系。"使用最广泛的语言——英语、汉语、西班牙语、法语、阿拉伯语和俄语，都是或曾经是帝国的语言，这些帝国曾积极促进其他民族使用它们的语言。"（塞缪尔，2010：41—42）权力分配的变化促使语言的格局发生变化。

20 世纪 90 年代以后，俄语语群迅速瓦解。中欧和西欧的苏联卫星国获得完全自治后，先后相继放弃俄语。苏联的加盟共和国"独立"后，恢复使用各自的民族语言。在这一地区，俄语逐渐丧失超中心地位，而英语大有取而代之之势。在欧洲，以德语为母语的人数最多，包括今天德国、奥地利、瑞士北部地区和卢森堡。19 世纪末，德语已经成为最重要的商业和科学用语之一。第一次世界大战战败后，德国丧失了海外殖民地。第二次世界大战后，随着大多数德意志人后裔被逐出中欧和东欧，德语的使用程度在地域上萎缩了，但在一定程度上仍保持着科学、商业和艺术领域中的超中心地位。1990 年德国统一，德语的使用人数超过法语，极大地提高了含德语的言语库的交际价值。今天，地处欧洲中心的德国成了该地区的经济中心，其文化和政治声望已大为提高。可以预见，未来的德语在欧盟语群中的地位还会再度提升。

阿拉伯语主要通过军事征服、通商贸易以及信仰皈依进行传播。它是北非和中东地区广泛使用的第一通用语，但在其他地区与其他超中心语言竞争中败下阵来，只剩下了宗教的功能。为了实现民族复兴，今天的伊斯兰国家出现了两种倾向，一种是弃旧图新、立足现代的土耳其思维；一种是旧业重光、恢复古代的伊朗思维。两种截然相反的革命，竟然都获得成功。这在伊斯兰教世界引起历史向何处去的时代彷徨。（周有光，2006：81）

得益于殖民时代的成功，西班牙人和葡萄牙人几乎将整个南美洲和中

---

① ［荷］艾布拉姆·德·斯旺的"超中心语言"实质上就是"大区域语言"，指由历史形成，享有较多使用人群和较广使用领域，为远距离交际和国际传播所使用的语言。在 12 种超中心语言中，除斯瓦希里语之外，其他各语的使用人数均超过 1 亿。

美洲攫为己有，使西班牙语和葡萄牙语率先获得并继续保持着真正"世界语言"的地位，使用者分别为 2.5 亿和 1.25 亿。北美地区除魁北克以外，则为来自西半球北部的英国殖民者的语言所独霸。其他殖民者的语言，包括法语和德语，也逐渐让位于英语。随着英国殖民者踏进澳洲大陆，澳洲原住民的本土语言逐渐萎缩。后来也有使用别的母语的人移入，但丝毫不具备撼动英语地位的实力。在南非和非洲的其他地区，只要有英国人介入，英语都能显示出强有力的竞争优势。

与英国人一样，法国人也通过海外殖民传播和推广法语，其区域主要在非洲、东南亚的印度支那和加拿大的魁北克省。随民族解放运动的展开，在亚洲和非洲的多个前法国殖民地相继获得独立，法语渐渐败下阵来，或是为英语取代（如东南亚的印支国家和西北非地区），或是面临巨大的挑战（在北非阿拉伯国家）；另一条途径就是文化影响，这主要发生在欧洲次大陆。在 17—19 世纪，法语一直是通行于欧洲各国的国际语言。第二次世界大战后，法语的影响逐渐减弱。目前，法语的跨国作用主要体现在欧盟之中，仍是欧盟日常行政和政治的主要用语。自英国 1973 年加入欧共体以来，英语就一直不断地在蚕食着法语的统治地位。而且，欧盟的参与国越多，英语的竞争性越强。

在亚洲和非洲的一些地区，前殖民者的语言依然充当着超中心语言；而在另一些地方，本土语言顶住了殖民语言的压力，发挥着超中心语言的功能，如印度的印地语，东南亚的马来语和印尼语，非洲的斯瓦希里语。

作为超超中心语言①的英语，其国际地位先是由英国，后由美国强大的政治、军事、经济和科技实力所成就的。今天的英语，是英国、美国、加拿大、澳大利亚、新西兰、爱尔兰、南非，以及若干加勒比国家的第一语言，也就是官方语言。此外，全世界有 70 多个国家给英语予官方地位，同时它还是包括中国、俄罗斯、德国、西班牙、埃及和巴西等国在内的 100 多个国家的第一外语。而且，英语还在世界的许多国家和地区实现了一定程度的本土化（或称："互际化"）。毫无疑问，英语已经成为当今的全球通用语。但是，"这种状况不会永远不变。'历史的终结'还遥遥无期"。虽然当下中国经济的发展正在催生世界范围的汉语热，汉语在国际商业贸易中的使用越来越广泛，但是"英语仍有可能在相当长的时间内

---

① 斯旺的"超超中心语言"概念实质上就是作者文中的"全球通用语"。

继续占据全球语群的核心"，因为"语群的嬗变会滞后于政治格局的变动"。（艾布拉姆，2008：21）也许持续发展的中国未来有一天会成为世界的主流文明，英语的优势地位也会让位于汉语，但可以肯定的一点是：未来的很长时期内将是英语和汉语"双语共舞"；纵然在遥远的未来，汉语成为了第一全球通用语，那时的汉语也将有别于今天的汉语，一种融合多种现代语言的先进成分，充分实现了世界各地本土化和与多种本土语言互际化的新型汉语。但无论如何都必须清楚地认识到，"通用语言是处理语言差异和文化差异的方式，而不是消灭它们的方式。它是交流的工具，而不是认同和社会群体的根源"。（塞缪尔，2010：40）只有这样的语言，才能获得国际社会的真心接纳。

第四节　全球化与全球通用语

语言，作为一种交际工具，体现的属性原本既无阶级性，也无政治性。民族国家的出现，不同语言的使用就出现了明显的界限；不同意识形态的群体间，为了自己主流地位的确立，话语权就成了扩展话语空间的利器；在全球化时代的今天，意识形态的冲突逐渐让位于文明间的冲突①，哪种语言的使用能够获得全球通用性地位，就成了世界几大文明群体竞相追逐的目标。

一　全球化的历史及其特点

1. 全球化的发端及其认知

当代著名社会学家费孝通把"全球化"概括为"全球各地人民的密切关联"，认为全球化可以追溯到 15 世纪末的航海大发现。（费孝通，2000：12）实际上，全球化萌芽于人类"联系的需求和加强"，从原始群团发展成氏族部落，由部落联盟演变为民族国家，直到形成大国势力范围或区域文化圈，这就是一个通过联系由小到大、由地方性到地区性的文化

---

① ［美］塞缪尔·亨廷顿认为，冷战结束后，国家之间的对抗和协调模式已由意识形态转向了文明。人们正在根据文化来界定自己的认同，这代表了美国的主流意识。亨式的"文明冲突论"是一个有争议的说法，笔者认为，全球化时代的主要矛盾中文明的冲突客观存在，世界的走向是融合，而冲突则为融合的开始。

扩展与社会同化的过程。华夏民族的形成、中国的建立、疆土的拓展及中华文化的传播，其过程均呈现出扩大化、地区化的明显趋势，中国文化就是这样跨越中国的疆界，扩展到朝鲜、日本及东南亚地区的。南亚的印度、西亚的阿拉伯、地中海的古罗马、奥斯曼等，无一不是通过联系、兼并、传播、同化而出现的地区化现象。这种联系随时代的演进，必将在广度和深度上不断拓展，最终被现代的全球联系所取代。航海技术的提高，以机械化大生产为特征的工业革命，使西方生产力领先的国家向世界各地的扩张成为可能。它们对世界市场的拓展和向亚非国家的殖民活动标志着全球化进程的开端。第二次世界大战之后，运输和通信技术的革新使物质与信息的流动得以突破种种空间障碍。经济交往规模的扩大和频次的提高，促进了经济组织的革新，以跨国公司为代表的经济力量对生产要素和世界市场进行了新的整合。由于经济和文化密切的关联性，全球经济一体化趋势的发展，必然导致"文化和文明的全球整合"。因此，全球化实际上"是人类社会经济、政治、文化在全球范围的一体化"。（杨金海，2000：7—12）从本质上讲，全球化实际是一种以经济为先导、以价值观为核心、以政治为辅助、以广义的文化为主体的社会合理化与一体化浪潮，其最终结果就是能够在某种"普遍性"设计中，瓦解任何一种保持自身特殊努力的文化自足体，进而完成对于世界文化前景的"普遍化"构造。（陈家定，2004：5—7）

当前对全球化存在一种误读，认为全球化不过是发源于西方世界的一种扩张性诉求，目的在于把全球秩序纳入西方文明框架之中。根据美国政治学家福山的观点，西方的自由民主作为一种人类的理念具有无比的合理性和正当性，无论在任何方面都理应取得主宰世界的正统性。这种观点本质上是一种文化趋同论，即世界统一于自由民主。前美国总统国家安全事务顾问布热津斯基在其《失去控制》一书中公然宣称：削弱民族国家的主权，增强美国文化的"榜样"力量和意识形态力量，是美国维持其霸权地位必须实施的战略。英国著名学者汤林森在其《文化帝国主义》一书中也坦陈，"现代化确实是一种文化强制的形式"，并认为"全球化的效果，势必削弱'所有'民族国家的文化向心力"，而全球文化"同质化"（西方化）则是人类的"文化宿命"。在他们眼中，全球化是殖民时代和冷战时期西方大国谋求世界霸权战略的延续，不同之处只是把昔日的炮舰政策和核讹诈换成了唇舌往还的贸易谈判和貌似温情脉脉的文化输出罢了。由于语言是价值系统、知识系统、思想行为规则的外化形式，简言之，一种文化系统的负载形式，语言就成了现代帝国主义实现全球霸权的利器。美国商务部前高级官员戴维·罗特科普夫将世界文化的"美国化"（Americanization）概括为："如果世界趋向一种共同的语言，它应该是英语；如果世界趋向共同的电信、安全和质量标准，那么它们应该是美国标准；如果世界正在由电视、广播和音乐联系在一起，节目应该是美国的；如果共同的价值观念正在形成，它们应该是符合美国人意愿的价值观。"（李智，2005：77）

　　全球化确实表现出一定程度的趋同倾向，但"趋同"绝不等于"趋一"。其原因在于，"全球化过程本质上是一个内在地充满矛盾的过程，它是一个矛盾统一体；它包含一体化趋势，同时又包含分裂化的倾向；既有单一化，又有多样化；既是集中化，又是分散化；既是国际化，又是本土化"。（黄卫平，1998：50）在全球一体化的进程中，地球上各种不同的文化（包括物质文化和精神文化），通过各种形式、各种范围、各种程度、各种途径的交往与碰撞（有时甚至免不了厮杀），互相影响、互相渗透、互相融通，从而在某些方面或某些部分达到统一，实现一体化，对于那些难以一体化（或者说不可能一体化）的方面或部分，可以在保持个性化、多样化、多元化前提下，通过互相理解、彼此尊重，达成某种价值共识和价值共享，从而促成全球性的人类文化的共同繁荣。

　　2. 文明冲突，文明对话与全球认同

　　今日世界，民族林立。据不完全统计，全世界有 70 多亿[①]人口，有 2000 多个大小民族。世界各地地理环境、自然条件、历史背景、社会发展、经济状况、科技水平、生活方式的差异，孕育了不同的种族和民族，磨砺出各具特征的民族个性，催生了截然迥异的文化传统。随着人类社会的发展和人类思想的进步，人们的生活变得日益开放，不同国家和地区、不同种族和民族之间因生存的需要或偶然的邂逅而开始发生交往并日益频

----

　　①　2011 年 10 月 31 日凌晨前 2 分钟，全球第 70 亿名人口降生在菲律宾，标志着该日世界人口已经达到 70 亿。据联合国人口基金会 1995 年 7 月 11 日在伦敦发表的世界人口报告说，1995 年世界人口总人数为 57 亿。到 2015 年世界人口将达 71—78 亿，到 2025 年将超过 80 亿，到 2050 年将达到 94 亿。据科学家的分析，到 2080 年世界人口将达到顶峰，为 106 亿，在此后将逐渐下降，到 21 世纪末降至 103.5 亿。

繁和密切起来。于是，跨文化交际（Intercultural Communication），即不同民族文化彼此间的相互交往与互动便应运而生。不同质文化的接触最终只会导致两种结果：①冲突：水火不容、排斥异己；②交融：互相学习、接纳异己。当这种交往处于初级水平，较多出现的是冲突；当交往达到较高水平时，即认识到对方的合理性和正当性，较多出现的是交融。从人类文化发展的总体情况看，冲突是阶段性的，融合是结论性的。人类曾经经历过的冲突有多种类型，有群体内和群体间的，有民族内和民族间的，有区域内和区域间的，意识形态内和意识形态间的，今天世界所面临的最大冲突是不同文化或文明之间的冲突。所谓"文化冲突"，指的是因文化差异而导致的文化价值观上的尖锐矛盾和强烈对抗，它往往是不同国家、民族之间的巨大文化差异所造成的文化冲击发展到极致的结果。根据现代化理论蕴涵的一个假定，即发展必然会朝向一个共同的方向进步，从长远的观点看，世界将融合为一个单一的文明。但值得警觉的一个问题，是文化融合的力量是否大于冲突的力量。在 21 世纪，对国际安全的最大威胁不是经济的或政治的，而是文化的。近年来世界较为典型的事例有中东巴以冲突、伊拉克战争、利比亚战争、朝鲜六方会谈、伊朗核问题、叙利亚内战、南海问题、钓鱼岛问题等，这些问题长期悬而未决，充分反映了东西方不同文化、不同价值观的激烈冲突；表面上看，似乎都是政治问题，但政治观点或立场的不同正是不同文化、不同世界观和价值观的突出反映。此外，直接的冲突也比比皆是。

面对文明冲突即将到来的警告，文明对话便不仅是一个愿望，更是必需。交往的发生本来能使双方都受益，而处于弱势的一方往往受益更多。因此"文化侵越"（Culture Intrusion）一词，也由原来的贬义词过渡到了现在的中性词，原本指世界主导文化即个别发达国家的文化对世界各国、各民族文化的渗透、侵蚀乃至占据主宰、霸权的地位；现在已经转义为文化的越界渗入，即某个国家民族的文化超越自己的疆域而进入乃至揉入其他国家民族的文化并产生文化效应的现象。它既指跨文化交际的过程（即不同文化之间的交往与互动），也指跨文化交际的结果（即不同文化之间的相互吸纳与融合）。（闫文培，2007：5）不过有一点必须强调指出，实施"文化侵越"的最终效果如何主要取决于强势一方的态度，傲慢与偏见只能导致抵触和反抗，彼此间的信任与尊重则带来合作和共赢。此时，平等对话就是唯一的选择。

　　要先进行有效的对话，就必须处理好彼此之间的政治、经济、外交关系。而首当其冲的任务就是要了解其他民族或国家存在于表层结构和深层结构的文化传统、思维模式、世界观和价值观等，以便在对话中消除民族隔阂、克服文化误解。此外，还需要研究作为思想和文化载体的语言，了解和掌握不同民族的语言特色及其文化内涵。一种富于成效的对话绝非意味着一种说服或压服对方的技巧；相反，"它将通过分享对方的价值而建立相互理解并共同创造一种全新的生活意义"。世界民族的多样性（Ethnnical Diversity）成就了世界文化的多元化（Cultural Pluralism），这种文化的差异是我们共同的宝贵资源，因为它能够扩展我们双方的视野。通过对话，我们可以在互动基础上建立起互惠关系，从而"学到未知的东西，倾听不同的声音，向不同的视野开放，反省我们的预设，分享真知灼见，发现彼此心领神会的领域并为人类繁荣开辟出最佳路径"（杜维明，2004：85）。

　　随着经济全球化的迅猛发展，文化全球化已成浩浩荡荡之势。文化全球化背景下，全球文化认同呼之欲出。全球文化认同是民族文化认同的提升和升华。民族认同（Ethnic Identification）是建立在民族血缘和共同生存地域基础之上的认同，是民族身份或民族归属的确认，它依赖和维系于共同的文字、思想背景、宗教信仰、人文历史、价值取向、生活方式、行为准则以及奋斗目标。所谓全球认同（Global Identification），则指"全球范围内各民族人民追求贸易效率和幸福指数最大化，应对资源、环境、人口等一系列全球性危机而逐步形成的一系列法规、惯例和共识"。（傅华 2006：12）它的建立是以民族认同为前提和基础，它的形成需要以各个国家的民族认同所形成的价值取向和社会秩序为必不可少的要件。由此可见，从现阶段来说，民族认同比全球认同具有更为重要的意义。

　　文明预设了人类文明的多元性。它承认平等和差别。没有平等，交流就缺乏共同基础；没有差别，也就没有交流的必要。如果说平等确立了跨文明对话的基础，差别便使这项共同事业显得更加必要、值得和富有意义。正是不同传统中存在的共同价值将我们维系到一起，成为人类大家庭中的一员。由于人类文明的多元性可以使我们营造一个开放的、充满活力的共同体，因此，我们反对毫无个性的普遍主义，也拒斥狭隘的民族中心主义、宗教排他主义和文化沙文主义。我国著名社会学家费孝通提出的"各美其美，美人之美，美美与共、天下大同"的理念，点明了文明对话所应遵循的基本原则，无疑也是我们共同为之努力的宏伟目标。

二　文化的自觉与文明的演进

1. 文化的自觉

众所周知，文化是人类在社会历史实践中所创造的物质财富和精神财富的总和，包含三个主要方面：哲学、科学和艺术。从时间概念划分，文化可以分为传统文化和现代文化。传统文化是民族、国家或地区的文化遗产。每一个民族都有自己长期积累起来的传统文化。由于各自具体条件的不同，各民族的传统文化具有各自的特色。又由于各自所处的社会发展水平的差异，传统文化之间又存在先进与落后的区别。现代文化代表着现代知识的最新成就，是由诸多文化因子逐渐发展而来的新生事物，为全世界人民所"共创、共有、共享"。现代文化的产生得益于通信和交通的革命性进步，也就是说，它是文化全球化的必然产物。现代文化的主体是科学，和源于科学的技术。人类的文化发展在原始文化之后可以分为三个时期：早期以宗教为主体，中期以哲学为主体，后期以科学为主体。现代文化既有物质、又有精神。物质与精神相互依存、相互促进彻底改变着人类的生活。

从区域分布看，当今世界主要存在着4大文化群：①东亚文化；②南亚文化；③西亚文化；④西欧文化。西欧文化传到美洲成为西方文化。东亚文化、南亚文化和西亚文化合称东方文化。以上种类的文化各自都具备了悠久的历史，形成了各自独特的传统。然而，现代社会是一个动的概念、而非一个静的概念，它是一个相对概念、而非一个绝对概念。现代社会具有"国际性"和"进步性"两大特征，是一个永远面向世界、走向未来的社会。在文化全球一体化加剧的今天，每一个民族都不可避免地需要进行深刻的文化自觉，从而完善自我，迈向未来。建设现代社会，可以抛开传统，也可以利用传统。传统薄弱的国家不妨走前一条路；传统丰厚的国家最好走后一条路。利用传统的好处是，行远自迩、驾轻就熟，符合习惯、事半功倍。（周有光，2006：47）可是，利用传统，必须警惕食古不化、以古害今，将某些或某部"经典"奉为绝对神明而一字不能动。一提到传统文化便义无反顾地坠入国粹主义的泥坑，那是危险的文化倒退，是注定没有出路的。所谓"文化自觉"①，指的是：生活在一定文化历史圈子的人对其文化有自知之明，并对其发展历程和未来有充分的认识。换言之，"文化自觉"是文化的自我觉醒，自我反省，自我创建。通过反省自身文化弱点，拥抱世界；通过反省自身传统弊端，走向未来。

2. 文明的演进

文明不同于文化，但又与文化联系紧密。文明是以文化为基本前提的、人类所创造的物质财富和精神财富的总和，是人类在认识世界和改造世界的过程中所逐步形成的思想观念以及不断进化的人类本性的具体体现。从纵向来看，人类文明大致经过了如下三个阶段。

（1）原始文明：指人类处于蒙昧状态的原始社会时期，虽然生产力极其低下，但是，火和工具的使用增强了人类的生存能力。家庭、族群等社会性结构的建立和完善，促进了语言的产生，确立了人类群体智慧的作用和地位，为人类拓展创造和后续文明的发展打下了基础。

（2）农业文明：指奴隶社会和封建社会发展时期，工具的改革和农牧、农业与手工业的大分工促进了生产力的发展，剩余产品的增多促成了等级制度的建立、产品交换的发生，以及文化、教育和宗教的发展，同时，也为商业的发展和工业的兴起创造了条件。在这个时期，在社会组织和文化领域产生了许多好的思想，但，由于特权阶层对下层民众的奴化压制，人性及创造性难以得到发挥。

（3）工业文明：指以资本主义为标志的现代社会，思想启蒙让人类获得了基本的平等和自由，教育、科学有了较大发展。"推理"让位于"实证"，"科学"取代了"玄学"。蒸汽动力和电力的出现，使机械操作成为可能。由原来的双手直接制造产品，改变为双手制造机械，由机械制造产品。产品质量提高、数量增多，使社会生产力得到极大的提高，人类的物质财富迅速增长。交通和信息技术的进步，拉近了地球空间的距离，经济开始走向全球化。该阶段存在的问题是，人们对自然过度掠夺性的索取，造成自然生态环境的巨大破坏。因政治主张和国家利益而结成了不同的国家集团，其间矛盾的冲突引发了 20 世纪上半叶的两次世界大战。此时的世界，矛盾重重，诸多尝试性建立的国际组织影响力不强，对全球性

---

① "文化自觉"这一概念为我国著名社会学家费孝通先生于 1997 年在北大社会学人类学研究所开办的第二届社会文化人类学高级研讨班上首次提出，着重强调对自己文化的反思。

重大事务协调不力。

（4）信息文明：指"二战"以来一切新的科学、新的技术，特别是新的信息技术带来的革命性变化。原子能的利用使能源发生了根本变化，电脑延展了人脑，石化提供了人造纤维，人造卫星将人类的活动扩展到了太空。伴随科技革命，人类思维发生了空前的更新和调整。当今的世界潮流是：对抗向对话转变，争夺向互助转变，破坏向建设转变。

从趋势看，人类今后还要经过三个大的发展阶段，即：文化文明、理性文明和价值文明。"文化文明"，就是在经济、信息全球化的基础上，全人类以开放的心态，对世界各个民族的文化进行认真而充分的研究，整合资源，促进融合，建立全球社会管理协调机制，提升并推动政治公平、自由、民主、科学、诚信、博爱等社会建制和行为理念的规范和发展，进一步拓展人类共同智慧。理性文明——就是在目前对自然创造的基础上，用自然创造提升生力，用社会创造变更生产关系，用思维创造优化组合协调前两者，让人们崇尚创造，淡化物质枷锁，回归理性，实现可持续发展，实现全人类最基本的物质自由，实现自然与人类社会的美好和谐。此阶段的目标是人类宗教、社会创造、思维创造有极大的突破，人类文化趋向同一。价值文明——最根本的是人类智慧走向极致，行为意识能够明了天道，体现人性和万物之性，实现天地人万物合一。

三　文化的新陈代谢与语言书写符号的更迭

文化犹如人生，有发生、发展、衰退、消亡。人类的文化周期有长有短，一般而言，为 1000～3000 年。一种文化寿终正寝之后，又能萌生新的文化，这就是文化的新陈代谢。文化的新陈代谢有衰减和创新之分。"衰减"是文化新陈代谢的一种消极现象，"创新"是文化新陈代谢的一种积极现象。传统文化中的糟粕需要借助文化的创新，加以弃除，以促使文化健康发展。"文化的创新，一方面有推进的动力，另一方面又有抑制的阻力……动力弱于阻力，文化就衰退；动力等于阻力，文化就停滞；动力强于阻力，文化就能发展。一般刺激加上强大的'起动刺激'，文化就能飞跃。"（周有光，2000：80—84）这就是文化的创新规律。

文化从来就不是静止的，而是不断流动的，其流向永远是由高处向低处，从民族文化汇流成为多民族的区域文化，从单元文化汇流成为多元的全世界人类文化。文化的流动对输入和输出双方都有利。输出方可以伸展文化空间，输入方可以获得教益。当然，文化的流动往往借助宗教的传播来推进，但在空间上是伸是缩和内容上是消是长，则取决于实际的利害关系。文化的流向常常受到军事力量的影响，但文化的高与低才是根本的决定性因素。文化的汇流有三种形式：单向流动、相互交流和多元汇流。相互交流很少发生，在多数情况下呈"一边倒"的单向流动，而文化汇流的现象也经常出现。在交通不发达的年代，某一民族的先进文化传播到某一邻近的民族，与当地原有文化相结合，汇流成为这些民族共享的"区域文化"。在今天高度发达的现代，以先进的科技文化为主流，融入各地民族传统文化中的精华部分，共同传输到世界的其他地区，"滚雪球"般地汇合成全人类的"国际文化"。

　　由于文字具有承载文化的功能，文字的流动大致能够反映文化的流动。在有文字记载的人类历史的 5500 年间，先后有过 7 个区域文化圈，各以一种文字形式作为标志。其中最古老的丁头字文化圈和圣书字文化圈在经历了三千多年的生命周期后归于消亡。这两大文化圈虽然消亡了，但它们的"文化基因"却在后裔文化的细胞中得以存续。丁头字文化的基因遗传给犹太教文化、早期的基督教文化，以及伊斯兰教文化；圣书字文化的基因，遗传给了希腊文化和罗马文化。在今天的地球上，存在着 5 个区域文化圈：拉丁字母文化圈、汉字文化圈、印度字母文化圈、阿拉伯字母文化圈和斯拉夫字母文化圈。（见世界文字分布示意地图）

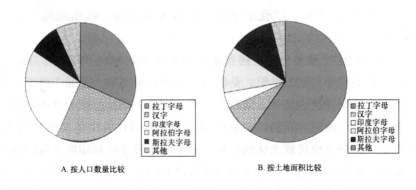

世界文字分布示意图

　　1. 拉丁字母文化圈：拉丁字母从希腊字母以埃特鲁斯坎（Etruscan）文字（形成于公元前 8 世纪）为媒介发展成为罗马人的文字，并随着罗

和融合使文化的大河不断壮大，部落文化汇集成民族文化，民族文化汇集成区域文化，最后形成全球性的现代文化。

1. 双文化时代的现状

文化有地域性，也有时效性。宏观地看，文化的发展需要经历三个阶段：神学文化、玄学文化和科学文化。神学文化的特点是崇拜，玄学文化的特点是推想，科学文化的特点是实证。

科学文化，也叫"现代文化"，具有广泛的国际性，以西方文化为基础发展而成。西方文化从"中世纪"逐步走进"现代"，经历了文艺复兴、宗教革命、产业革命、民主革命；西方文化实行政教分离、信仰自由、民主选举和教育平民化；西方文化使哲学向科学转变，促成了一系列的发明和创造，改变了人类的生活和认识。西方文化发展成为国际文化，也就是国际化的现代文化。国际文化是全人类共创、共享的开放的文化，任何个人或国家都可以参与其中，发挥自己的聪明才智，"从国际文化的客人变为国际文化的主人"。

今天，世界上并存着各种不同的文化，有原始部落的文化，有奴隶制度的文化，有封建制度的文化、有资本主义的文化。生活在先进文化中的人们高高在上，对落后文化不屑一顾；生活在滞后文化中的人们抱残守缺，自行其是。"虽然所有的文化都在前进，可是前进的速度和步伐的差距很大。在这一多层次的文化世界中，文化的冲突与融合就会在'矛盾和统一'的辨证规律中交替发生。"（周有光，2000：50）

每一个民族都有自己独特的传统文化，对自己的民族文化都有深厚的感情。但是，在当前这个全球一体化进程空前加速的时代，任何民族都无法避开覆盖全世界的现代文化。环顾世界，双文化的现象比比皆是。双文化的结合方式有：并立、互补和融合。不同的社会选择不同的结合方式。某些伊斯兰国家抵制西方，但接受英语和西方科技；东方国家保持自己的生活习俗，但男女老少却都穿起牛仔裤、观赏好莱坞大片；中国人坚守中医和中餐的同时，其都市生活却离不开来自于西方的Iphone手机、Philip电器和波音飞机；在美国、加拿大、澳大利亚等移民国家，在国家层面是以西方文化为主的多元文化，在家庭层面是西方文化和本民族文化的双文化；在韩国、中国台湾、中国香港、新加坡，体现的是儒家思想和市场经济两种文化的巧妙结合。必须指出，在形形色色的双文化中都有西方文化的存在。

西方文化之所以成为主流，因为它兼收并蓄，汇集众长，重视科技，奖励发明，思想自由、机制健全。要使落后赶上先进，要研究双文化战略，更要吸取西方文化的精神。

2. 双语言思维的形成

全球化是当今世界的潮流，它是不以人们意志为转移的现实。在全球化时代，创造一门为人们交流思想、获取信息的通用语言，也就是"全球通用语"，就成了世界各地人们的共同诉求。那么，这一通用语言需要具有什么样的特征呢？全球通用语，指在世界范围内广泛传播、使用在人们生活各个方面、运用最为广泛的语言。作为文化的一个重要部分，全球通用语的出现既需要融入前任合理的成分，更需要不断地与时俱进。根本而言，全球通用语是人们沟通心灵、共享人类精神和物质成果的工具，谁掌握它，谁就获得了融入国际社会的通行证。

全球通用语地位的确立是由历史逐渐形成的。从使用区域的广泛性、涉及领域的多样性来看，当下公认的全球通用语无疑是英语。得益于多媒体电脑和国际互联网络的领先技术，美国借助于信息化将英语推向世界，实现了英语的全球化。但在第一次世界大战之前，法语是最主要的全球通用语。法国"一战"和"二战"的两次战败，使语言的国际格局发生了改变。成立联合国的时候，英语已经超过法语，成为全球第一大国际通用语。"法语的应用不到英语的五分之一。今天多数国际会议，名义上用英法两语，事实上只用英语……在电脑互联网上，英语资料占 90%，法语只占 5%。"（同上，57—58）长此以往，法语很可能会从一种国际通用语蜕变为一种国家语言。为了融入国际社会，法国人还不得不把英语学好，这就使得法国早已成为事实上的双语国家。人数多于法国的德国人在国际层面乐于使用英语。这样一来德国也就变成了一个双语国家。欧洲由于语系和共同文化及文字渊源的关系，许多国家的人都能讲多种语言。

双语言是一项重要的现代化指标，又是文化全球化过程中的一个重要阶段。第二次世界大战之后，有 100 多个西方国家的殖民地纷纷获得独立。在语言问题上，它们都共同面临两个任务：一是确立自己的国家通用语；二是使用全球通用语。国内事务和日常生活使用国家语言；国际事务和现代文化使用全球通用语。

在东南亚，各个国家的宗教传统不同（佛教、伊斯兰教、基督教），政治制度不同（社会主义、军人专政、民主制度），书写方式不同（印度变体字母，拉丁字母）。1967 年成立东南亚国家同盟后，一直实行英语和本国语言的双语言政策。英语在东南亚不仅在国际事务中发挥作用，而且部分地进入了民间生活。被英国殖民达 200 年之久的印度，在 1950 年获得独立之后，规定"印地语"为其唯一的国语，同时准备在 15 年之后彻底放弃英语。但鉴于民族众多、语言混乱的现状，民族通用语难以迅速形成，英语继续通行于印度，并成为事实上唯一的全国通用语。现在印度对待英语的态度是：从负债变为资产，从排斥变为利用。英语已经成为印度"不成文"的全国纽带语言和国际活动语言。今天的印度是一个典型的英语和本国（本邦）语双语并行的国家。日本历来就是一个具有开放传统的双语国家，古代使用中文和日文，现代使用英语。为了紧跟信息化时代的步伐，日本全社会都十分重视国民英语水平的提高，其程度几乎是与日语相当。中国对双语言的认识起步于"国内双语言"（即普通话和方言），落脚于现在的"国际双语言"（即普通话和英语）。中国的现代化要追赶两个时代，工业化时代和信息化时代，而国际双语言又是国家现代化的重要标志，这就使我们别无选择地实施双语言战略。这一工作已经在学校、科研机构、文化部门、政府机关全面展开，并已经取得初步成效。中国台湾和中国香港具有较好的国际双语言传统，起点和现有水平均超过大陆。

如同任何生物一样，文化也有悖逆潮流的时候，也会遭遇淘汰，但它总会将自己的文化基因中的积极部分遗传给后裔文化；文字也会将自己的某些因子融入后来的或与之发生过联系的文字。全球化的结果，不可避免地也在加速业已进行着的语言消亡（Language Death），换句话说，语言消亡是全球化必须付出的代价。如果语言消亡是全球化过程中不可避免的事情，我们应该做的就是在确保"各个民族的思想以及很大程度上它们的感知相互联系起来的链带不被暴力变革强力折断"的条件下，将濒临消失语言的本质和特性传给它们所生成的语言，使原有的思维和观念接受时代的检验和整合。（洪堡特，2011：78—79）

全球化的最终结果是文化趋同，语言通用。但自全球化发端的 1500 年，至今只有 500 多年，尚处于初级阶段。不过我们得承认，全球化的进程在不断加速。面临文化融合的大趋势，人们所处的角度不同，所持的观点有异，这势必造成不同国家民族之间矛盾重重，文化之间冲突不断，而且这种冲突还会常常地表现得十分激烈。矛盾只能在真诚的沟通中逐一解决，回避不了；冲突只能通过理性的思维逐一化解，不可激化。历尽风雨，终将拥抱阳光。

第三章

陆地时代的通用语（1500 年前）

自 300 多万年前人类诞生，到在古老的近东地区出现了多种文明，再到人类即将迈入现代社会的 1500 年的漫长的历史时期，人类的活动主要局限于陆地上，故将这一时期称作"陆地时代"。

语言可能发端于 300 万年前的早期"直立人"，成熟于 30 万年前的早期"智人"。文字萌芽于 1 万年前"农业化"（畜牧和耕种）开始之后，成熟于 5500 年前农业和手工业的初步上升时期。在人类社会发展的最初五六十个世纪中，文字的发明是最重要的事件。作为反映人类思想的一种新工具，它的出现，使人类的命运发生了根本的转变。文字的重要性主要集中表现在两个方面：它为人类的连贯思维提供了心理上的把握，使人与人之间的合作能力大为提高；它使人类知识能够绵延下来，由此推动人类思维和科学技术的进步。

人类的原始文字起源于原始图画。原始文字大约形成于新石器时代（公元前 8000 年—前 6000 年），其特点是不能完备地按照语词的次序记录语言。迄今发现的最早使用的书写符号，是中东和东南欧各地发掘的公元前 3500 年的陶土碑，以及作为中国 5000 年前甲骨文祖先的半坡陶文。公元前 3500 年，古代西亚苏美尔人发明了一种象形文字，即"楔形文字"；大约公元前 3000 年，在北非埃及出现了另一种象形文字，即"圣书文字"（hiero-glyphika）；公元前 2100 年，在东亚的中国人创造了甲骨文。这三种以符号或符号组合书写语词和音节的早期文字，在长达 3000 年的时期中代表了三种高度发达的文化，被称为"三大古典文字"。它们传播到别的国家和民族，繁衍成为书写多种语言的文字系统。"文字的出现，是人类思维革命的重要成就。书写系统使人类的交往更加方便，同时也记录了人类自身的发展，并且成为传播知识和传承文化的工具。"（郝时远，

2013：11—12）

　　除欧亚大陆的早期文明之外，在中美洲还先后出现了多个独立的文明
（如玛雅文明、印加文明、阿兹特克文明等）。但是美洲文明在很大程度
上仍停留在石器时代，因此，在西方人的入侵下轰然坍塌，而创造了这些
文明的古代美洲族群也在随之而来的殖民统治中几乎完全灭绝。

　　世界文字的进化历程：象形文字→音节文字→字母文字及会意文字。

第一节　北非圣书字及西亚楔形文字

　　人类在公元前 4000 年中叶以后逐渐进入文明时代，而西亚的两河流
域和北非的埃及是人类文明的最早发源地。文明的创立与文字的发明相辅
相成、相得益彰。两河流域苏美尔人（Sumer）创造了楔形文字（也称
"丁头字"），北非尼罗河流域的古代埃及人创造了"圣书字"，这两种文
字具有重大的历史价值。"事实上，之后世界上的一切字母，都是由苏美
尔楔形文字和埃及的象形文字的混合体演变而成的。"

一　古埃及地域与民族

　　在邈远的古代，当原始人们在陆地上四处飘弋、寻找适宜的居所时，
有人在沙漠上发现了一片绿洲，这就是富饶的埃及。

　　埃及地处非洲东北部的尼罗河流域和亚洲西南部的西奈半岛。古代埃
及的地理范围略小于现代埃及，主要包括尼罗河第一瀑布以北至地中海沿
岸的狭长河谷。埃及西面是利比亚沙漠，东临阿拉伯沙漠，南接努比亚
（今苏丹），北濒地中海，唯有通过东北方向的苏伊士地峡，可以通往西
亚。这样的自然地理环境，既为埃及人形成了一道阻挡外族入侵的天然屏
障，使埃及历史保持了较长时间的不间断性，又不致使它对外隔绝封闭，
造成地理和文化上的孤立性。

　　得天独厚的地理环境，使得人类很早就在这一带活动。距今约两万年
前，尼罗河谷两边的高地上就有人类居住。在约公元前 6000 年至公元前
5000 年，人类开始移居土肥水丰的尼罗河谷地，并逐渐发展了农业和畜
牧业。肥沃的土地上生产出来的大量农畜产品，不仅养活了这块土地上的
农、牧民，还创造出了大量的剩余财富，养活了城市中众多的能工巧匠，
孕育了丰富多彩的尼罗河文化。古代埃及居民系东北非的土著居民含米特

人，另一部分来自西亚，是西南亚的闪米特人。在长期共处的过程中，闪米特人与含米特人逐渐融合，形成一个新的民族——闪—含语系人，并且发展了一种新的文明。

从世界范围来讲，古代埃及和西亚是最早进入文明社会的地区。

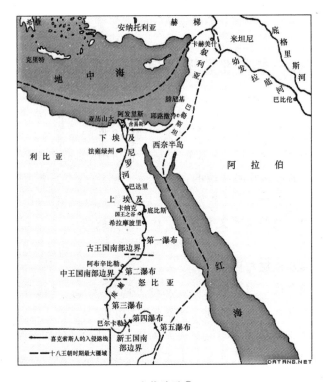

古代埃及①

二　古埃及文明及成就

古埃及文明是指在尼罗河第一瀑布至三角洲地区，自公元前4500年前后埃及出现最早的定居农业开始，到公元前525年波斯征服埃及期间的历史。② 人们一般将古代埃及的历史划分为前王朝、早王国、古王国、第一中间期、中王国、第二中间期、新王国和后期埃及几个不同的阶段，总

---

①　http://sogoupic.bjcnc.scs.sohucs.com/5490087357489200689。

②　关于古埃及的历史期间，有的专家将其算至公元642年阿拉伯人征服止。笔者认为只应计算至公元前525年波斯征服埃及，因为之后埃及便长期处于外族的统治之下。

共经历了 26 个王朝。前王朝（公元前 4500—前 3100 年），是埃及在历史上国家从形成、争霸到统一的时期；早王国（公元前 3100—公元前 2686 年），包括了第一和第二个王朝；古王国（公元前 2686—前 2181 年），包括了第三至第六王朝；第一中间期（公元前 2181—前 2040 年），包括了第七至第十王朝；中王国（公元前 2133—前 1786 年），包括了第十一至第十二王朝；第二中间期（公元前 1786—前 1567 年），包括第十三至第十七王朝；新王国（公元前 1567—前 1085 年），包括第十八至第二十王朝；后期埃及（公元前 1085—前 525 年），包括第二十一至第二十六王朝。（王思德，2001：37）此后的一个多世纪先后被波斯人、希腊人和罗马人统治。公元 640 年，崛起于亚洲的阿拉伯人征服了埃及，把它变成"阿拉伯埃及"。

　　埃及是人类最早进入文明的地区之一，创造了灿烂的古代文化，它不仅在当时对周边各民族和国家产生过影响，而且对后世的发展也起过重要作用，集中体现在文字（待后详述）、神学、建筑、天文、数学、医学等方面。埃及的宗教和神祇对古代世界其他地区的宗教产生了深远的影响。宗教是古埃及文化最重要的组成部分，贯穿了整个古埃及历史。埃及人的神人说、创世说和来世说对希腊和罗马的宗教影响深远。埃及宗教中的许多哲学观念也为基督教所接受。希腊哲学有很多东西都是从埃及人那里吸收来的。埃及的建筑和艺术作品多与宗教有关，其成就主要体现在神殿、斯芬克斯雕像和金字塔三个方面。这些建筑气势恢宏，蔚为壮观，显示了古代埃及人杰出的建筑雕刻艺术、发达的几何学和力学知识，成为埃及古代文明的象征。埃及人在远古就开始观察天象，据说他们在新王国时期就已经知道四十多个星座。埃及人很早就制定了历法（起算年代可能是公元前 4241 年），这是目前所知的人类历史上第一部太阳历。埃及太阳历将一年分为 3 季，每季 4 个月，每月 30 天，年中加 5 天节日，共计 365 天。埃及太阳历与回归年相差约 1/4 天，埃及人遂通过官方作出临时调整。现在世界上普遍使用的公历，就是罗马人在埃及太阳历基础上经过公元前 1 世纪和公元 16 世纪两次修订而成的。此外，埃及人的几何学知识相当丰富，他们能计算长方形、三角形、梯形和圆的面积，并在公元前 2000 年左右推算出圆周率为 3.16。他们还掌握了十进制，能够记录 1—100 万的数字。古代埃及人在医学上也取得相当高的成就，医生业有专精，如有治疗眼疾、牙痛、腹痛、外伤等科的专科医生。

三　圣书文字及其影响

埃及素有北非文化的摇篮之称。埃及圣书字① (Hiero-Glyphika) （旧译 "象形文字"）源于希腊语的 "圣雕"，大约出现在公元前 3100 年（略晚于楔形文字），其历史一直持续到公元 4 世纪。古代埃及人的语言是一种含·闪语言（含米特·闪米特，Hamito-Semitic）。埃及语经历了五个时期：①上古埃及语（公元前 3000—前 2200 年）；②中古埃及语（公元前 2200—前 1600 年）；③近古埃及语（公元前 1550—前 700 年）；④人民语 (Demotic，公元前 700—公元 400 年），即波斯、希腊、罗马统治时期的通用语；⑤科普特语 (Coptic，公元 2—17 世纪），此为埃及人的科普特基督教会使用的语言。

埃及文字有三种字体：①碑铭体 (Hieroglyphika)，②僧侣体 (Hiera-tika)，③人民体 (Demotika)。碑铭体起初是 "僧俗" 公用，后来成为主要雕刻在神庙和坟墓石碑上，以及绘写在祭礼器物上的文字。这就是 "圣书字" 的来历。从前将它译为 "象形文字"，有点似是而非，因为碑铭体的图形符号大都不是象形字，而是会意字和形声字。随着人们思维的复杂化和所需传递信息量的增加，产生了对书写提速的要求，这就促使碑铭体（正体）向僧侣体（草体）演变。僧侣体的草书化使埃及文字的象形性质完全消失。在僧侣体存在了 2000 年后的公元前 7 世纪，对僧侣体大胆简化的人民体出现了。"人民体" 又称 "书信体" (Epistographika) 或者 "土俗体" (Enchorios)，顾名思义，就是为更多人所使用的文字。在 "人民体" 出现后最初的 400 年间，其形体不断变化。但这种改变不过是对僧侣体的笔画进行简化，其结构依然是三种符号结合而成的复杂结构。由于它易写不易学，最终，作为埃及文字最后形式的 "人民体" 也于公元 5 世纪（中国南北朝时期）衰亡了，只留下它的遗裔：麦罗埃文和科普特文。

---

① 圣书字，狭义指碑铭字体，广义包括碑铭体、僧侣体和人民体三种字体，是埃及文字的总称。

古埃及象形文字与英文字母对比表①

　　这两种文字是古埃及文字发展到最后一个阶段的文字，深受希腊文、圣经文学的影响。麦罗埃文是埃及南部一个王国借用埃及语言文字，于公元前 2 世纪自创的文字。麦罗埃文是字母文字，它的拼音原理来自希腊，23 个字母的形体取自于埃及。公元 4 世纪，麦罗埃王国灭亡，麦罗埃文也就不再有人使用。科普特文是记录最后阶段古埃及语的字母文字。科普特文字母有 32 个，其中 25 个采自希腊，另有 7 个来自埃及字的人民体。科普特文 7 世纪开始衰落，14 世纪消亡。此后，这种语言只用于科普特基督教会的宗教仪式上。

　　古代埃及人在文字方面对世界文明的贡献无与伦比。埃及人的书写工具是草秆笔、烟灰和纸草。他们将大量纸草出口到希腊世界和后来的罗马帝国，客观上推广了这一当时先进的书写材料。古代埃及文字一直没有发展成字母文字，但它有 24 个单辅音的符号，类似字母。"地中海东岸的

---

　　①　来源：http：//sogoupic. bjcnc. scs. sohucs. com/856394283641323172。

腓尼基人正是在这 24 个符号的基础上发展出真正的拼音文字体系并把它传给了邻近民族的。后来的希腊字母、拉丁字母以及阿拉米亚系统的各种字母，其渊源都可以追溯到此。"（郝时远，2013：51）因此，古代埃及的圣书文字对世界文化发展的影响是不容忽视的。

四　两河流域与苏美尔民族

在亚洲西部有两条自北向南的并行河流，即西边的幼发拉底河（Euphrates）和东边的底格里斯河（Tigris）。这两条河流经的区域，就是古希腊文献中所称的"美索不达米亚"（Mesopotamia），意即"两河之间的地方"，位于今天的伊拉克（Iraq）。在古代，两河流域大体上以今天的巴格达为中心，分为南、北两部分，北部为亚述，南部为巴比伦尼亚。巴比伦尼亚又以古代的尼普尔为界，分为两部分，南部为苏美尔，北部为阿卡德。两河流域南北两地自然条件差异很大。北部丘陵地带雨量较多，南部是一片大平原，地处干旱地带。受制于自然条件，该地区农业生产面临着洪水季节排涝和干旱季节人工灌溉的需要，这从客观上增进了生活在此区域各民族之间的相互联系，由此推动了两河流域国家的形成。文明最早就发生于南部的苏美尔地区。

两河流域早在公元前 1 万多年前就有人类活动，我们知道这一区域最早的居民是欧贝德人。公元前五、四千年代，苏美尔人成为两河流域南部的主要居民。公元前三千年代初，游牧的塞姆族人从叙利亚迁居于此，他们被称为阿卡德人。公元前三千年代末期，阿卡德人和苏美尔人实现了融合。巴比伦尼亚周围还居住着许多其他的部落：东部山区有古提人、喀西特人，东部河谷地带有埃兰人，西边有塞姆族的阿摩利人、阿拉美亚人、迦南人和希伯来人，北部有亚述人（属塞姆语族）、苏里巴人和胡里特人。用"世界性"来形容这里的社会状况简直就是恰如其分。良好的沟通和自然边界线的缺失，让任何一个文明都难以持久地控权。为了夺取其中心地带，即今天的伊拉克，人们从四面八方相继汹涌而至，先是希腊，后是西方的罗马，接着又是来自东方的伊朗东北角的帕提亚人，但是，无论谁都未能长久稳固自己的政权。近代的几个世纪以来，阿拉伯、蒙古和土耳其接踵夺权，直到 20 世纪才开始终结这种特别痛苦、有时甚至是十分惨烈的你争我夺的历史。今天的西亚依然是民族交流异常活跃的地区，充满了争斗，也促进着融合，发生着变革。

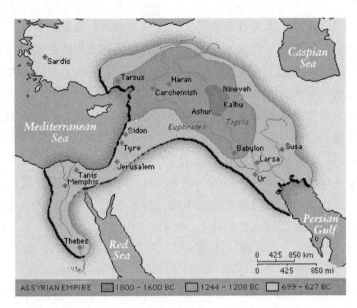

两河文明①

五　美索不达米亚文明及成就

美索不达米亚文明（Mesopotamia culture）又称"两河文明"，指在两河流域间的新月沃土②（底格里斯河和幼发拉底河之间的美索不达米亚平原）所发展出来的文明，是西亚最早的文明，主要由苏美尔（Sumerian）、阿卡德、巴比伦、亚述等文明组成，先后经历了苏美尔王朝、阿卡德王国、乌尔第三王朝、古巴比伦王国、亚述帝国、新巴比伦王国、波斯帝国、安息帝国、塞琉古王国，为期 4000 余年③。公元前 2 世纪，西方崛起的罗马帝国向东地中海扩张。公元前 190 年，罗马军团大败塞琉古王国军队，随后夺取了小亚细亚。罗马军团继续东侵，于公元前 64 年灭塞琉古国家。阿拉伯帝国崛起后，美索不达米亚的古文明渐渐被人们淡

---

①　来源：http://baike. baidu. com/picture/1060936/1060936/0/c8ab0bce79f6207bb600c8cd? fr = lemma&ct = single#aid = 0&pic = c8ab0bce79f6207bb600c8cd。

②　新月沃土上有三条主要河流，约旦河、底格里斯河和幼发拉底河，共约 40 万—50 万平方公里。

③　指自公元前 4000 年代前后苏美尔文明的诞生至公元前 64 年塞琉古国家为罗马所灭期间的时期。

忘了。

古代两河流域是人类社会最早进入文明的地区。这里的各族人民在长期的社会实践中创造了辉煌的文化，对世界文化的发展产生过相当重要的影响。除文字（待述），苏美尔给后世还留下了车轮、太阴历和穹隆式建筑等发明。早在公元前两千年代中期，两河流域的居民就已经区分了恒星和行星，并为星辰划分了星座。在阿卡德时代，古代苏美尔人根据月亮的盈亏规律制定了世界上最早的太阴历，将一年分为 12 个月，每个月 29 或 30 天，12 个月为 1 年（6 个月为 29 天，6 个月为 30 天），每年 354 天。这与地球绕太阳运行一周的时间相差 11 天多，他们通过置闰的办法来弥补。古巴比伦人还将每月分成 4 周，每周 7 天，分别用天上星辰各种神的名字命名：星期天（太阳神）、星期一（月神）、星期二（火星神）、星期三（水星神）、星期四（木星神）、星期五（金星神）、星期六（土星神）。

古巴比伦人在数学和几何方面有很高的造诣。他们发明了从 1 到 10 的整数符号，并很早就采用了 10 进位制和 60 进位制，后者主要用于计算时间和圆周。他们将圆分为 360 度，借助圆周率计算出周长和面积，解出平方和立方根，求出三个未知数的方程，而且认识到商高定理，用它来解三角形、矩形、梯形的面积。他们获得这些知识的时间，远远早于古代的希腊人，其成就奠定了数学、几何学的基础。（郝世伦，2013：33）

两河流域的古代民族还是世界上最早编制法典的民族。早在乌尔第三王朝时期，两河流域就出现了世界上第一部法典——乌尔拉姆法典，著名的汉谟拉比法典就是在它的基础上修订而成的。

六 楔形文字的演变及其传播

楔形文字[①]是迄今发现的最古老文字之一，也是古代西亚最大的文化成就之一。公元前 3500 年，最早居住在两河流域的苏美尔人发明了一种象形文字，即"楔形文字"，也叫"丁头字"。这种压写在泥板上的丁头字先后被十几个民族采用，是古代最早的国际通用文字。楔形文字文化曾经对古代希腊、罗马和波斯的文化发展产生过重大

---

① 楔形文字的历史距今已达 5500 多年，比中国的甲骨文还早 2000 年。

影响。

与其他古文字一样，楔形文字也是以图形开始的。图形文字书写起来很不方便，用芦苇秆、骨棒或木棒制成的笔尤其如此，于是一部分笔画改成丁头形式。经过 500 多年的时间，这里的文字完成了由纯图形到丁头的演变，人们用不同的符号组合表达复杂和抽象的意思。

苏美尔人大约在公元前第四个"千年纪"的中叶来到两河流域南部，统治该地区长达 1500 年之久，建立了许多城市国家，开始了人类最早的有城墙的城市生活。公元前第三个"千年纪"的中叶，闪米特族的阿卡德人联合外来族人，经过长期斗争，终于推翻了苏美尔政权。阿卡德人在苏美尔人的语言和文字的基础上进行了改造和发展，建立了较为完善的楔形文字体系。阿卡德人统一了两河流域的中南部，约在公元前 2350 年，萨尔贡国王建立的第一个统一王朝向北方扩张疆土，向南方拓展贸易，涉及波斯湾各地和地中海东岸。在为期约一个半世纪的阿卡德时代，采用楔形文字的阿卡德语成为从地中海到波斯湾的国际通用语，而苏美尔楔形文字的使用范围随之逐渐缩小，成为宗教文字。

后来，巴比伦人和亚述人在阿卡德语基础上进行改良，形成了后来的阿卡德闪米特语的两种方言。在巴比伦时代（公元前 19—18 世纪），楔形文字的应用大为扩展。在阿莫里特人（Amorites）的国王汉谟拉比（Hammurabi）执政期间，创制了具有相当高文明水平的汉谟拉比法典，代表着西亚楔形文字文化的高峰。巴比伦的楔形文字是从"衍形"到"衍生"演进中的过渡形态。楔形文字从表示实物的象形，进而为表示联系实物的会意；又从表示实物或概念的"形符"，进而为脱离原有意义的表示语音的"声符"。巴比伦人把苏美尔人的楔形文字简化和整理为 640多个基本符号[1]，用以组成一切语词。楔形文字符号系统，从书写一种语言（苏美尔语）向另一种语言（巴比伦闪米特语）转移的时候，发展了假借和表音的功能。文字的扩大应用，促成了楔形文字的简化。（周有光，2011：55）

---

[1]　分为表意符号、表音符号和部首符号。

<table>
<tr><td colspan="3">苏美尔文</td><td colspan="2">楔形文字</td><td rowspan="2">发音</td><td rowspan="2">含义</td></tr>
<tr><td>原始的</td><td>打开的</td><td>过去的</td><td>普通</td><td>亚述</td></tr>
</table>

楔形文字的演变①

公元前 14 世纪，亚述（Assur）王国从巴比伦独立出来，逐步建立了一个包括两河流域、亚美尼亚和北部叙利亚的亚述帝国（Assyria，老帝国），楔形文字成为帝国和中东地区的国际文字。自公元前 9 世纪，亚述再创辉煌，成为西至埃及、东至波斯湾的大帝国（新帝国）。亚述时期的楔形文字比巴比伦时代更加丰富，也更加精致和优美。亚述人对楔形文字进行了系统的简化，采用大约 570 个基本楔形文字，组成一切语词，其中 300 个是常用的。后期的亚述楔形文字，事实上已经开始了向音节文字演变的进程。对于推动楔形文字向音节字母的演进，埃兰人功不可没。埃兰人起初用自己创造的原始文字。在公元前 16—前 8 世纪，他们采用楔形文字书写自己的语言。在公元前 6—前 4 世纪又发展为新埃兰楔形文字，其特点是：大力简化楔形文字，大部分用音节符号、保留少数词符和定符，实则为一种半音节文字。新埃兰楔形文字总共只有 113 个楔形符号，

----

① http://baike.baidu.com/picture/107461/107461/0/8605f5f82a8c5636d8f9fd5e？fr = lemma&ct = single#aid = 0&pic = 8605f5f82a8c5636d8f9fd5e。

其中音节符号有 80 多个。这是楔形文字传到异族后发生的互际化和本土化的典型案例。

公元前 539 年，波斯征服新巴比伦王国（前 625—前 539 年）后，从后者那里引入了楔形文字。由于波斯帝国军事和商业发展的需要，结合当时流传甚广的阿拉姆（Aramaic）字母，波斯人用楔形文字的形式创制了波斯楔形字母。后来波斯的书写工具由泥板改为纸草或羊皮，出于书写方便的实际需要，波斯文字也改用阿拉姆字母。自此，在西亚流行了三千年的楔形文字，于公元后 75 年彻底退出了历史舞台。

第二节　南亚梵语及东亚汉字

文字是语言的视觉形式，文字的产生和发展需要以语言作为基础。古埃及语和古巴比伦语的死亡，使"圣书字"和"楔形字"丧失了存在的价值。印度次大陆早年通用的古梵语，也因民族众多、语言复杂而早已分化瓦解为几十种语言。唯有汉语，从产生到现在，经过漫长的演变和自我改革，保持了它的完整体系，生机勃勃地存活了下来。（李梵，2009：5）

一　古代印度地域与民族

"印度"一词来源于巴基斯坦境内的印度河。古代印度是一地域名，指南亚次大陆，包括今天的印度、巴基斯坦、孟加拉、尼泊尔、不丹、锡金和斯里兰卡（锡兰）等国。古代印度北依喜马拉雅山，南临印度洋，东接孟加拉湾，西为阿拉伯海，除了海上交通以外，只有西北兴都库什山和苏莱曼山有一些山口可与外界交往，是一个相对独立的区域。发源于喜马拉雅山的印度河和恒河，为农业生产提供了有利条件。这一地区是古代印度重要的经济区域，也是印度历史上重大事件的主要舞台。

古代印度在旧石器时代就有人类的活动，新石器时代的文化遗迹已经遍及整个次大陆。现在所知古代印度最早的居民是达罗毗荼人，他们创造南亚次大陆最早的文明"印度河文明"。自公元前两千年代中叶，一批自称为"雅利安人"的部落侵入印度，并逐渐征服了土著居民。从公元前一千年代中叶开始至古代结束，又有波斯人、希腊人、安息人、塞族人、大月氏人等先后入侵，占据了印度西北部的一些地方。外族的入侵使得古代印度的居民自古就表现出复杂的特点。久而久之，在印度就形成了五六种民族，包含人类三大人种（即黑种人、黄种人和白种人）不同组合、不同比例的混合类型。

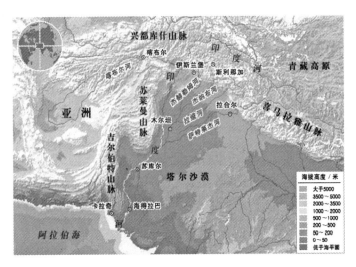

印度河流域①

二 印度文明②及其成就

古代印度是世界文明古国之一。印度文明由这一区域分属于两个时期的印度河文明和恒河文明构成，其核心内容主要是宗教。

印度河文明也叫"哈拉巴文明"，发生于公元前 2300—前 1750 年。这一时期，在印度河流域就出现了城市、阶级、文字、金属加工、农业、畜牧业、手工业等，已有二进法和十进法等度量衡制度。公元前 1500 年，雅利安人侵入，成为印度北部的统治民族。公元前 1000 年之后，恒河取代印度河成为印度次大陆人口主要聚居区。铁器的广泛使用极大地促进了南亚次大陆的社会经济发展，开创了"恒河文明"时代。公元前 1400—前 400 年，雅利安人创立婆罗门教，印度进入吠陀时代。③ 婆罗门教的教义和理论主要体现在两个方面：主张"三位一体""梵我合一"的思想。

---

① http：//img5. imgtn. bdimg. com/it/u = 526705365，81961118&fm = 23&gp = 0. jpg.

② 印度流域文明发生晚于尼罗河流域文明和两河流域文明，早于黄河流域文明。但由于早期的哈拉巴文明已近消失，继之而起的雅利安人创建的文明明显晚于中华文明，是故将印度文明置于中华文明之后。

③ 指自雅利安人侵入至公元前 6 世纪的这段印度历史。

"万物从梵天而产生，依梵天而存在，毁灭时又归于梵天。"（《森林书》）；提倡"轮回业报"，即善有善报，恶有恶报。到了 6—7 世纪，经过宗教改革后，婆罗门教演变成为广泛传播的印度教。印度教宣传因果说和轮回说：因果说认为善有善报，恶有恶报；轮回说认为生物不是一成不变、各不相关的（多数宗教认为上帝造万物，一成不变），而是在"天堂、地狱、人间"等六个范围内循环转化。狗做好事来生就变人，人做坏事来世就成狗。公元前 6—前 4 世纪，佛教兴起。佛教在继承婆罗门教教义和理论的同时，又提出了"众生平等"的新主张。佛教在印度的兴盛期是公元前 3 世纪，之后逐渐衰亡，到 13 世纪在印度消亡，但在传出印度之后得到了重大发展。佛教从印度"南传"至斯里兰卡、马来西亚、泰国、缅甸、柬埔寨、老挝、中国傣族地区，用巴利文，称"小乘"；"北传"至中国、朝鲜、日本、越南等地，用中文，称"大乘"；传至藏地和蒙地[1]，用藏文，称"喇嘛教"，形成了范围较广的佛教文化圈。

古代印度科学技术方面的建树主要反映在《太阳悉昙多》《梨俱吠陀》《准绳经》《寿命吠陀》《佛本生经》《阇罗迦本集》《八科精华集》等著作中。印度人早在吠陀时代就能确定月亮的盈亏。古代印度历法将一年分为 12 个月，每月 30 天，每隔 5 年加一个闰月，以弥补立法年与回归年之间的误差。据玄奘所记，每年一般分为 6 个季节，也有分为 3 个或 4 个季节的。在数学领域方面，印度人创造了人们普遍称作"阿拉伯数字"的从 0 至 9 的十个数字符号，很早就有了"0"的概念和"10"的进制，而且很早就开始用 0 的幂来表示非常大的数字。《准绳经》记述了古代印度几何学方面的成就，内容有正方形和长方形的作图，边与对角线的关系，面积相等的正方形和圆形的作图，与正方形和长方形面积相等的三角形的作图，等等，并且将 2 的平方根计算到 1.4142156……离现代数学的偏差只在小数点后的第六位数。到中世纪，印度的数学已经发展起了两大研究领域：根数算法和因数算法，[2] 发明了正弦的计算方法，从而创立了三角学，并且发展出了解析几何。

印度古代医术虽常常与巫术相混杂，但成就仍然十分引人注目。世界上最早的专门医科，如内科、外科和眼科等就出现在古代印度。公元前 1

---

① 　分别指藏族居住地区和蒙古族居住地区。

② 　根数算法主要包括算术和测量；因数算法主要涉及代数方程式的解法。

世纪的"苏列卢多医录",早在古代就译成了阿拉伯文。"印度古代医学给希腊化时代医学以很大的影响。"(张弘,2002:139)

世界七大奇迹之一——泰姬陵①

三　梵文及其衍生语

印度最早的文字(也称"哈拉帕文字")产生于公元前 2600 年前后,其使用的时间可能是从公元前 2500 年到前 1700 年前后。(斯蒂文,2012:50)当时的文字总共有 400—450 个符号,有些是象形字,有些是表意字。公元前 1500 年雅利安人的大规模侵入,终结了哈拉巴社会,也使得哈拉巴文字在没有衍生出任何其他文字的情况下孤立地消失了。

雅利安人移入印度后,创作了口头传诵的经典《吠陀经》,但当时的雅利安人还没有文字。大致到了公元前 7—前 6 世纪,出现了早期的文字,婆罗米文。(周有光,2000:99)到公元前 6—前 5 世纪,文字的应用才逐渐展开。这种本来是印度西北部的一种印度雅利安方言,经过书写成为文字,又经过文法学者的洗练,到公元前 3 世纪以后成为印度古典文学的梵文雅言。此外,印度雅利安方言,纵然写成文字,也仍被称为俗

---

① http://nx.wenweipo.com/attachments/2011/10/6940_2011100817383815y4y.jpg.

语。大体而言，婆罗门教采用梵文雅言，佛教和耆那教在早期都用俗语。由于印度一直没有实行古代罗马帝国和中国秦汉时期的"书同文"政策，印度的多语言、多文字状况就一直延续下来。

印度周边印地语母语者的分布状况①

　　早期的佛教采用的是由俗语发展而来的"巴利文"（Pali）。阿育王时代提倡佛教，这就使巴利文的势力一度压过梵文。到了巽伽王朝，梵文又随着婆罗门教复活。后来，梵文取得了印度的统治地位，使得佛教也不得不用梵文。婆罗门教的复兴，意味着佛教在印度次大陆的逐渐失势。但此时淡出本土的佛教凭其宗教和文化，而非政治和军事力量，在海外开辟了一个土地广袤、历史悠久的印度字母文化圈。印度字母有 60 多种变体，书写过 35 种以上的语言和方言，曾经一度涵盖了整个南亚和东南亚地区。

_____

① 　http：//a2. att. hudong. com/46/03/01300001248577135187038054773. jpg.

公元一千年以后，信奉伊斯兰教的外族侵入，统治印度长达 650 多年。阿拉伯字母随同宗教的强势进入，颠覆了梵语的统治地位。最终出现了一种通行于大半个印度的通用语言——"印度斯坦语"（Hindustani）。这种语言可以同时用梵文字母和阿拉伯字母书写，伊斯兰教徒采用阿拉伯字母书写出来的文字叫"乌尔都文"（Urdu），即今天巴基斯坦的官方文字。印度教徒用梵文字母写出来的文字叫"印地文"（Hindi），即今天印度的主要官方文字①。罗马字母的传入，本来为乌尔都文和印度文实现统一提供了机遇，但终因印巴分治而化为乌有。

印度字母文化圈在遭遇阿拉伯字母文化圈和拉丁字母文化圈之后，步步退却，几乎难于支撑。阿拉伯人在印度取得主动之后，继续向东扩展，以优越的造船术和航海技术击败了海上的印度人，使大多以东南亚岛国的文字放弃印度字母而改用阿拉伯字母。在 16 世纪西方殖民势力进入印度后，已经处于劣势的印度字母遇到了更加强大的敌手。拉丁字母的宗主国文字（英、法、荷等）独占行政、教育、经济、通信等重要领域，成为高级的官方文字，全国通用，实现了外来文字的"书同文"。印度文化长期处于宗教②和英国的双重限制之下，其发展步履维艰。在东南亚，中南半岛的四个佛教国家（缅、泰、老、柬）保持佛教和印度字母。马来西亚、印度尼西亚、菲律宾，先改为伊斯兰教和阿拉伯字母，后又改为保留伊斯兰教而采用拉丁字母。这样一来，印度字母文化圈的空间只剩下全盛时期的一半了。

印地语与英语对照的告示牌，意即"请远离栏杆"③

---

① 印度有两种官方语言，即印地语和英语，但前者为民族官方语言。

② 指伊斯兰教。印巴分治后，留在印度的穆斯林比去巴基斯坦的还多，因此乌尔都文也就成为印度的法定文字之一了。

③ http：//zh. wikipedia. org/wiki/% E5 % 8D % B0 % E5 % 9C % B0 % E8 % AF % AD#mediaviewer/File：Bilingual_ board_ in_ Hindi_ and_ English. JPG。

印度字母文化圈萎缩的致命原因在于印度长期缺乏一支强有力的政治力量来推行印度字母，再则也缺乏一个人口绝对占优而又"书同文"的主体民族。据印度 1961 年所做的人口普查显示，印度共有 547 种语言（汉斯，2009：44），其中法定文字有 14 种之多，由此可见印度的语言纷繁而杂乱。印度字母继承了阿拉马字母的缺点，元音表示法不完备。印度字母的字母形体和拼音技术逊于拉丁字母，这就极大地阻碍了它的正常流通。在今天的印度，以印地语为母语的人数虽然绝对占优，达到 3.39 亿人（据 1991 年普查结果）（艾布拉姆，2008：88），而以英语为母语和第二语言的人数加在一起只有 19 万多（同上，87），但作为印度文职官员和文化精英语言，凭借其在印度社会良好的通用性，英语仍然公开地保留了无冕之王的地位，成为事实上唯一的全国共同语。

四　黄河流域与中华民族

大河孕育了文明，在东亚的中国也不例外。黄河，发源于青藏高原巴颜喀拉山北麓的约古宗列盆地，自西向东蜿蜒而行，流经中原 9 个省区，最后注入渤海，全长 5464 公里，是中国仅次于长江的第二长河，也是世界第五长河流。黄河流域西起巴颜喀拉山，东临渤海，南至秦岭，北抵阴山，流域面积 79.5 万平方公里。沿河两岸水源充沛、水草丰美、土地肥沃、物产丰富，为定居农业的发展奠定了良好的基础。五六千年前，汉族的前身华夏族学会了种植小米的农业技术。"农业的剩余产品导致了人口的增加，最终产生了复杂社会"（杰米，2009：60），孕育了与古埃及文明、古巴伦文明齐名的华夏文明（也称"中华文明"）。

新石器时代中期，散布在黄河中游黄土高原上的黄帝族，和当时的蚩尤族、炎帝族同为中国远古时代的 3 个部族。他们过着迁徙不定的游牧生活。后来炎帝联合黄帝攻杀了蚩尤。不久，炎帝族和黄帝族的人民逐渐融合，定居在陕、甘、晋地区，共同开发黄河中下游地区。3500 多年前进入奴隶社会的夏、商、周王朝都是黄帝的后裔。他们自称"华"或"夏"。华族就是汉族的前身，所以汉族人民都把黄帝奉为始祖，自称为黄帝（也称炎黄）的子孙。当时的华族居住在中原地区，人们认为中原居四方之中，故又称这一带为"中华"。华夏文化具有强大的同化能力。以炎黄子孙为核心，经过不断地同化四周民族，形成世界上人口最多的汉族。但是，习惯上所说的"华夏""汉人""唐人""炎黄子孙"都不是现代意义上的民族国家称谓。中国是一个统一的多民族国家。中华民族在形成之初就是一个由许多部落组成的复合体，长期以来具有重文化轻血缘的传统，所以文化色彩较浓的"中华民族"[①]之称比起血缘色彩较浓的"炎黄子孙"之称更具时代意义，更容易获得广泛的认同。[②]"中华民族"这个近代以来才有的民族学称谓，泛指定居于中国领土上的所有民族。

五　中华文明及其成就

世界上的普遍共识是，人类起源于非洲。但是，艾丽丝博士在探索人类迁徙的过程中发现，中国人的身体特征表明中国人有可能起源于非洲以外的地方。[③] 在距今 200 万年前的中国境内就出现了"巫山猿人"，在 170 万年前就有了"元谋猿人"的存在。此外，分属于早、中、晚不同时期的旧石器文化遗迹数量多、分布广，充分表明中华大地是人类生长和发展的重要地区之一，也是一片孕育人类文化的沃土。

中国在距今 1 万年前即产生了农业，在世界上最早开始种植粳稻、黍和粟。甲骨文在商代（公元前 1766—前 1122 年）获得成熟。汉字（待述）的发明标志着中国文明的形成。与先秦时期华夏民族与夷、蛮、戎、狄等民族的融合相对应，中国的思想文化在春秋战国时期达到了繁盛期，出现了百家争鸣局面。在秦、汉（公元前 221—公元 220 年）时期，中国形成了统一的多民族国家，统一了文字、度量衡、货币和法度。在其后的 300 多年间，大量北方游牧民族涌入汉族地区，在政治、经济和文化上向较为先进的汉族靠拢。后来，汉族又大量南迁，导致了技术和文化的南移。隋、唐（公元 581—907 年）时期的中国，国力强盛、经济发达、疆域辽阔、文化空前繁荣，国都西安是当时世界文化交流的中心。之后的 300 多年间，是中国历史上多朝统治、多民族执政的时期。元、明、清（公元 1271—1911 年）时期，蒙古族和满族入主中原，建立起中国历史上版图疆域最大的中央王朝，最终为多民族国家奠定了地域和民族的基础。

---

① "中华民族"这一称谓为梁启超先生于 100 多年前提出来的。

② 我国著名历史地理学家谭其骧教授认为，中华民族是多源的，既是多源，即无共祖（共同的祖先）。"炎黄子孙"之说，既不科学，又不利于国内各民族的团结。因此，他认为在学术研究工作中，在正式的场合里，不要使用"炎黄子孙"一语。

③ BBC 系列纪录片《人类进化惊奇》。

祖冲之①

　　中华文明是人类诸文明中唯一延续不断的文明。自秦汉，中国屡屡发生朝代更迭，但在文化上的发展则从未间断，相反，中国文化的许多领域都在这种兴衰嬗变和民族交汇的进程中走向成熟和繁荣。

　　古代中国是东方文化的中心之一，文化发达，典籍丰富，在天文历算、数学、医药、农业等诸多方面成就卓著，其中广为人知的四大发明——火药、指南针、造纸术和活字印刷术在世界文明史中享有极高声誉。火药的发明终结了人类社会的"冷兵器"时代，增强了人类改造自然的能力；指南针为大陆民族走向海洋、认识世界提供了技术上的支持；造纸术和活字印刷术的发明使知识的传承和传播在载体形式、社会化程度、普及速度等方面发生了根本性的改变。中国在 14 世纪以前一直是世界上数学最为发达的国家之一。比如几何学中的勾股定理，在中国早期的数学专著《周髀算经》（大约于公元前 2 世纪成书）中即有论述；成书于公元 1 世纪的另一本重要的数学专著《九章算术》，在世界数学史上最早

① http://a3.att.hudong.com/05/03/01300000164642121613034078041.jpg.

提出负数概念及正负数加减法法则；在南北朝时期，中国数学家祖冲之（公元429—500年）在世界数学史上第一次将圆周率（π）值计算到小数点后第7位，即3.1415926—3.1415927。他提出约率22/7和密率355/113，这一密率值是世界上最早提出的，比欧洲早1100年；13世纪时，中国就已经有了十次方程的解法，而欧洲直到16世纪才提出三次方程的解法。此外中国物质文化成果中丝绸、瓷器的华丽精美程度堪称世界之最。中国通过陆地的和海上的"丝绸之路"，将中华文明的各种发明创造和文化因子传播到世界各地，对人类社会发展产生了深远的影响。

六　汉字的形成及其演变

字为声迹，文字是语言的延伸。汉字是世界上最古老的文字之一，也是古老文字中唯一传承至今的文字，而且它还是当今使用人群最多的文字。

汉字起源于大约公元前4000年新石器时代的仰韶文化时期，公元前两千年开始进入字符积累阶段，商代时期形成了相当系统的文字体系。此时，作为正式汉字的甲骨文诞生了。甲骨文是用刀在甲骨上刻出来的文字，与甲骨文一脉相承的金文是铸刻在青铜器上的文字。商周古文字后来变成了"篆书"，篆书又分大篆和小篆。春秋战国时期出现了新的书写工具——毛笔和墨，而此时流行于秦国的字体为大篆，字体比金文更为工整。当时，楚、齐、燕、赵、魏、韩六国使用的文字字体很不一致，秦始皇统一六国后，实行"车同轨、书同文"的政策，统一全国文字，明确以"小篆"为统一的文字字体。小篆字体笔画婉转流畅，较之大篆更为整齐。但是，自甲骨文到小篆，汉字始终显示出明显的图形特征。为了书写方便的缘故，文书人员（隶人）将图形性的线条改成"笔画"，就成了"隶书"。从篆书到隶书的革命性的变化叫做"隶变"①，至此汉字的图形性完全消失。汉初时期，由汉隶衍生出了草书，但由于存在辨认的难度，未能广泛推行。汉末时期，又出现了楷书。楷书改变了汉隶的"波折之势"和"挑法"，笔画平直匀称，字体明晰方正，便于书写，易于辨认，是名正言顺的"楷模之书"，因而广为人们接受。后来又出现一种介于楷书和草书之间的字体，它比楷书方便书写，比草书易于辨认，

---

①　"隶变"是汉字古今文的分水岭。文字学家一般将这之前称作"古文字"阶段，将这之后称作"今文字"阶段。

这就是"行书"。行书始于东汉盛于魏晋，此后一直流行至今，成为人们日常使用的一种手写字体。在宋代，出于方便印刷的需要，又发明了一种新的字体，"宋体"。宋体字的字形方正，笔画横平竖直，横细竖粗，棱角分明，结构严谨，整齐均匀，有极强的笔画规律性，使人在阅读时有一种舒适醒目的感觉，因而，被用作印刷品正文排版的主要字体。时至今日，宋体字仍然是印刷行业中应用最广泛的一种字体。

汉字的发展经历了"象形—表意—形声"的过程。（童之侠，2008：17）如同世界上其他文字一样，汉字也是起源于象形文字，只是在后来的演变中，汉字在形体上逐渐由图形变为由笔画构成的方块形符号，即"方块字"，在功能上由表形向表意转换，而变成了某种表意的符号，即"意符"，故而它属"表意文字"。鉴于现代汉字中形声字占 90% 以上，占压倒性多数，整个汉字体系又可以称为"意音文字"。从汉字字体演变的趋势看，总体上遵循了由繁而简、发展与规范并行的原则。我国最早的字典是东汉许慎编的《说文解字》，收字 9353 个；到清代，《康熙字典》已增至 49030 个，其中相当一部分是异体字；1955 年 12 月经过文化部和文字改革委员会联合整理后，减少了 1053 个字。汉字简化顺应了文字发展的趋势，1956 年 1 月 31 日《人民日报》公布了《汉字简化方案》，1958 年 2 月 11 日第一届全国人民代表大会第五次会议批准了拉丁字母的汉语拼音方案。这些举措对于汉字的规范、普通话的推广，以及汉语走向世界具有重大而深远的意义。

相对于西方字母文字，表意的汉字最显著的特征就是汉语语法自身的特殊性，即"意合"。无论是词组合成句子，还是单句组合成复句，首先考虑的因素往往是语意的配合，而不是语法形式的使用，只要几个负载着重要信息的关键词语在意义上大致搭配得拢，就能言简意赅地达到交际目的。汉语语法的这一特点，使它结构独特，灵活多变，颇多隐含，着重意念，其意合性、灵活性和简约性是其他语言所不可企及的。汉字以其音调优美、构词力强和言简意赅等优势独树一帜，特别是在计算机输入方面实现的突破和飞跃更使汉字的优越性、科学性[①]、艺术性展露无遗。随着中国国际地位的提高和影响力的增强，作为曾经对东亚地

---

① 汉字作为"复脑文字"，认读充分发挥了大脑两半球的功能，这有利于发展大脑智力；而字母文字则是偏向大脑左半球的"单脑文字"，优势明显弱于前者。

区产生过重大影响的文字，汉字正在焕发出无限的生机与活力，必将随中华文化的伟大复兴而在世界的舞台上获得越来越大的空间。（详见第五章第四节）

甲骨文	⊟	☽		
金　文	⊟	☽		
小　篆	日	月	車	
隶　书	日	月	車	馬
楷　书	日	月	車	馬
草　书	日	月	车	马
行　书	日	月	車	馬

汉字的演变①

第三节　欧洲希腊语、拉丁语及斯拉夫语

地中海是人类文明史上特别重要的海域，曾经孕育了北非的古埃及文明、西亚的两河流域文明和欧洲的希腊罗马文明。希腊人、罗马人在充分汲取埃及文明和巴比伦文明精华的基础上，创造和发展了自己的文明，以其独特的理性精神、民主政体、哲学思想，影响着世界、影响着未来。

一　希腊文明的形成及其影响
古希腊持续了约650年（公元前800—前146年）。古希腊的地理范

① http：//d. hiphotos. baidu. com/zhidao/pic/item/7c1ed21b0ef41bd52e028feb51da81cb39db3d5f. jpg.

围除了现在的希腊半岛外，还包括整个爱琴海区域和北面的马其顿以及色雷斯、亚平宁半岛和小亚细亚半岛西部的沿海地带等地。地处这一优越的地理位置，古希腊南可吸取北非古埃及的文化之精，东可接受巴比伦的文化之粹。可以说，古希腊文明是以爱琴文明（克里特文明和雅典文明等）为代表，融合了埃及文明、巴比伦文明、腓尼基文明等多元文明的一种文明。它经历了克里特文明、迈锡尼文明、英雄时代、斯巴达时代，在雅典时代走向文明的全盛期。

　　古希腊人由三类人组成：最早的克里特岛人、小亚细亚西岸人和自公元前两千年前后起陆续从巴尔干半岛南下的希腊语族人。"希腊人"（Hellens）称谓出现于公元前 8—前 7 世纪前后，指具有共同来源和语言文化背景的人群，他们称自己的国土为"希腊"（Hellas）。公元前 11—前 29 世纪，古希腊人处于原始社会末期，氏族制度趋于解体。公元前 8—前 6 世纪，这里出现了 200 多个奴隶城邦国家。公元前五六世纪，特别是希波战争以后，经济高度繁荣，产生了绚烂的希腊文化。公元前 4 世纪下半叶，马其顿的亚历山大大帝征服了整个希腊，建立了横跨欧、亚、非的庞大帝国，并在帝国扩张的过程中将希腊文明传播至地中海西岸到中

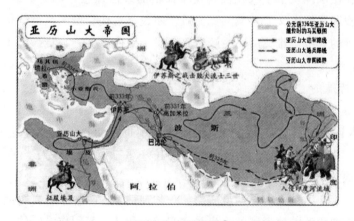

亚历山大帝国版图①

　　① http：//redirect. sogou. com/proxy？ url = aHR0cDovL2ltZ3NyL5iYWlkdS5jb20vYmFpa2UvcGljL2l0ZW0vNGFiYWU1ZWRiY2ZlY2IxMTc5ZjA1NTVkLmpwZZw = = &md5 = 68e6a5d765c34c70dafa74d2e46d9247.

亚的大片地区，史称"希腊化时代"。古希腊人在文学、戏剧、雕塑、建筑、哲学等诸多领域造诣颇深。这一文明遗产在古希腊灭亡后，为罗马人所传承，从而成为整个西方文明的精神源泉，对后世产生了深远的影响。

古希腊是西方文明发展的源头。希腊人吸取远古文化的精华（古埃及的文艺及两河流域的科技），培育出以哲学、数学、科技、文学、雕塑、建筑学为重点的希腊文化，开创了为后世开启科学之门的逻辑学。古埃及文明的伟大成就主要体现在以下四个方面。

1. 开历史先河的"民主政体"：古希腊语中的"demokratia"一词，由"demos"和"kratos"两部分构成，"demos"的意思是"人民""地区"，"kratos"的意思是"统治""管理"，因此所谓"民主"是指"人民的统治"或者"人民的管理"。

在古希腊的"民主时代"（公元前6—前4世纪）地处海湾、交通便利的雅典，建立了当时民主化程度最高的"直接民主制"。在雅典，国家不设国王，最高权力机构是全体公民大会。雅典所有的官职向全体公民开放，任何人都可以通过抽签选举方式担任国家公职人员，任期通常为一年。这种做法体现了主权在民、轮番而治的政治理想，避免了结党营私、专制独裁和官僚主义。雅典的民主政治不仅是古代希腊的典范，也是整个古代世界的典范。雅典的民主政治是人类历史的首创，直接影响了后世西方的政治制度。

2. 特殊的"信仰系统"：希腊神话中的神祇像人一样，有情欲，有善恶，有计谋，互有血缘关系，都是人格化了的形象，这就是"神、人同形同性说"。但神祇和人的区别也很明显：长生不老，可随意变形，各具特殊本领和巨大威力，其好恶态度对下界人类的生杀祸福起着决定作用。

古希腊神话是人类早期最成熟的一种神话。"它解释了物质世界、日常献祭活动和各种社会制度，也是激起诗人和艺术家创作灵感的一个主要源泉。"（郝时远，2013：121）古希腊神话是整个西方文学的源头，大多数后世作家都曾从中汲取养分。

3. 发达的"哲学逻辑思维"：古典时代的希腊哲学高度繁荣，从泰勒斯到亚里士多德，先后诞生了几十位著名的哲学家，其中最具影响力的莫过于冠有"三大哲人"之称的苏格拉底（约公元前470—前399年）、柏拉图（约公元前 428—前 348 年）和亚里士多德（公元前 384—前 399 年），他们的哲学在很大程度上为后来的西方哲学、科学和文化的发展奠定了基础。

苏格拉底的哲学以研究社会伦理道德为主。他坚持认为：有知识的人才会有德行，只有知与德兼备的贤哲才能治理国家。柏拉图的哲学核心是客观唯心主义的"理念论"。在他看来，万物的本原是超感觉的"理念"，理念世界是真实的，物质世界是虚幻的。柏拉图将他的唯心论哲学应用于社会政治方面，提出了"理想国"学说。亚里士多德的思想往往动摇于唯物论与唯心论之间，他的这种"二元论"实则是唯心论。亚里士多德的政治思想属于温和的民主派。他认为"只有拥有适度财产的"中等奴隶主"最容易遵循合理的原则"，由他们执掌政权，建立一种能够照顾到贫富两个方面利益的"共和政体"，才能确保国家长治久安。（张弘，2002：193）

4. 继往开来的"自然科学"：由于同西亚古文明相毗邻，以及同埃及古文明交往的便捷，希腊文明的形成自始就受到东方文明的哺育。希腊早期的哲学与科学常常连为一体，后来科学才从哲学中分化出来。希腊人在科学上的成就主要表现在天文学、数学、几何学、物理学和医学等领域。其中，最具影响力的有：阿里斯达克的"太阳中心说"、希帕库斯的"地球五带划分"、欧几里得的《几何原本》；阿基米德有关物体比重的"阿基米德定律"、毕达哥拉斯学派的"勾股定理"、阿波罗尼奥斯的《圆锥曲线》、被今人尊称为"医学之父"的希波克拉底所著的七十多部医书等。

此外，希腊古典文学、艺术在现实主义表现和典型塑造方面成就显著，其思想所富于的原创性，其主题所具有的恒久性和超越性，在某些方面已经成为"一种标准和不可企及的规范"（马克思语）。由此所孕育的"希腊民族精神"经过世代的继承、充实、演绎与发展，已日渐融合到西方社会的集体意识中，并进而成为影响西方社会乃至世界文明的历史传统。

米洛斯的维纳斯①

二　古希腊语言的形成及其传播

公元前9—前8世纪，古希腊人借鉴巴比伦的楔形文字、埃及的象形文字、腓尼基的表音字母，创制出了希腊自己语言的文字符号，公元前4—前3世纪，在雅典的爱奥尼亚方言基础上，形成统一的古希腊语。优美而丰富的古希腊语为古希腊哲学家和富于语言创造能力的古希腊诗人提供了丰富多彩、细致入微的表达工具。在大多数的文学领域内，古希腊人为后人树立起了难以企及的典范。（汉斯，2009：71）由于古希腊哲学、科学、逻辑学、数学的发达，其创造的大量词语一直沿用至今。

希腊语的传播是从巴尔干半岛南部及爱琴海上的岛屿开始的，主要经

---

① http://p10.qhimg.com/t0190f8d45e696ea2d0.jpg.

历了两个阶段：第一个阶段是缓慢但一直向前的扩散期，其传播主要借助于希腊的殖民活动，第二阶段是有计划而极速的推进期，其传播主要借助于亚历山大对波斯帝国的征服。（尼古拉斯，2011：213）希腊城邦对地中海和黑海沿岸的殖民活动始自公元前 8 世纪中叶，持续到公元前 5 世纪初，向东，邻近爱琴海沿岸的小亚细亚，其次是今塞浦路斯岛和色雷斯的海岸，今马尔马拉海和黑海的南部海岸，东北可达今天黑海北岸低地和克里米亚半岛，西边可到达伊利里亚、西西里岛和亚平宁半岛南部，以及高卢南部，科西嘉岛，伊比利亚半岛东北部，乃至今北非的埃及和利比亚。现代锡拉库萨、那不勒斯、马赛和伊斯坦布尔等城市，也都曾是希腊人的殖民地。"这些殖民地成为希腊文化进入地中海和黑海地区的桥头堡；并且这种希腊语断断续续存在了近 1000 年。"（同上，215）公元前 334—前 325 年，由亚历山大三世率领的希腊军队东征，大举占领了波斯这个已经存在了 200 多年的多民族帝国①，并且迫切地传播希腊文化，推广希腊语。在亚历山大占领的疆域内推行一种叫作"希腊主义"（Hellenism）的融合性文化，创造了一个庞大的希腊语使用群，这个群体后来在地中海东部代表了近 1000 年的主导力量，对以后的基督教世界和西方世界产生了深刻的影响。

在希腊化世界，希腊语既是希腊移民的母语，又是希腊化国家正式的官方语言，同时也为东方不少其他民族的成员、特别是受过教育的阶层所使用，因此还是当时的国际通用语言。鉴于字母文字相对于象形文字的简便性，希腊语对当时东方的其他语言产生过一定的影响。论及影响，希腊语对罗马拉丁语的影响就更加直接，这种影响在一定程度上堪称传承。②公元前 2 世纪，西方的罗马人在军事上征服了希腊，但在文化上则反过来学习希腊，其"学术用语，甚至罗马字母最后两个（YZ）也借自希腊"。（周有光，2000：14）

---

① 当时的波斯帝国，也称阿契美尼德帝国（前 553—前 334 年），是世界历史上第一个超级大国，所统辖的地域超过任何一个包括罗马帝国在内的古代帝国，在其鼎盛时期所统治的人口多达 4250 万，接近当时世界人口的 3/4，其疆域包括了现在的土耳其、叙利亚、以色列、埃及、约旦、伊拉克、科威特、亚美尼亚、伊朗、阿富汗和巴基斯坦。

② 罗马人从埃特鲁斯坎人那里获取字母，在希腊古典字母的影响下，对字母形体的简化和美化取得了青出于蓝而胜于蓝的成就。

三 罗马帝国与罗马文明

正当亚历山大大帝终结了波斯帝国，将世界霸权揽入希腊人怀中之际，意大利半岛上正群雄逐鹿，酝酿着一个更大帝国的崛起。

意大利半岛位于地中海中部，是古代罗马国家的发祥地。意大利土地肥沃，气候温润，物阜民丰，自古农业就很发达，素称古代欧洲的粮仓。山坡丘陵地带植物密布，有森林和草坡，是良好的天然牧场。远在旧石器时代，意大利半岛就有居民居住。此后，这里不断有新的部落移入。上古意大利的居民，交互错落，虽然时有冲突，但却有利于彼此的融合与文化的交流。

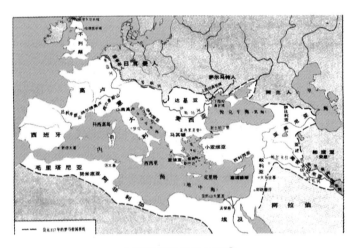

全盛时期的罗马版图①

公元前 8 世纪，居住在帕拉丁山上的拉丁人，在台伯河东岸拉丁姆地区建立罗马城，自称罗马人。公元前 8—前 5 世纪，埃特鲁斯坎人主宰着意大利的大部分地区。公元前 509 年，贵族联合平民发动暴动，推翻了最后一个埃特鲁斯坎国王，以共和制代替了君主制。在新的制度下，平民有权担任大多数的国家要职，在法理上成为共和国的主人，参与罗马国家事务的管理和建设。政治民主化方面取得的进步促进并保证了罗马的迅速崛起。从公元前 4—前 2 世纪，罗马这个昔日屡弱的小邦变成了一个庞大帝国的中心。他们首先巩固了在意大利半岛的权力，之后经过同迦太基人的

---

① http://course33.gzedu.com/A1007/FED/Course2/image/D0600.jpg。

三次布匿战争和与地中海东部安提柯和塞琉古王朝冲突的五次主要战争，于公元前 2 世纪成为整个地中海地区的领导力量。于公元前 1 世纪中叶，罗马大将恺撒相继征服了高卢地区和不列颠，之后迅速扩张成为横跨欧洲、亚洲、非洲的庞大罗马帝国，统治人口达一亿之多。帝国的扩张给罗马带来了财富和权力，也带来了管理上的问题。从公元前 1—1 世纪，罗马由共和制转而实施军事独裁的帝制。在这种体制下，当权者贪污腐化、奢靡成风，下层民众备受盘剥和奴役，各种社会矛盾日趋激化。经济萧条、政治衰朽、世风日下，人民起义此起彼伏、外族入侵持续不断，到 395 年，罗马帝国分裂为东、西两部，西罗马帝国于 476 年走到了尽头。

罗马是西方文明的主要发祥地。罗马人崇拜权威，热爱集体，开放开明，讲求实效，他们天才的"军团制度"是对人类文明做出的杰出贡献，他们完备的"罗马法"对后世影响深远而广泛。罗马法的一些基本原则，如建立在自然法基础上的人人平等的法律观念、契约自由和私有权不可侵犯都为现代资产阶级所继承。它的体系及分类也不同程度地为现代国家所接受，如司法体系基本上为《法国民法典》所继承。在罗马，人们都享有自由权。罗马建筑雄伟壮丽，罗马道路四通八达。老加图（公元前 234—前 149 年）的《农业论》、普林尼（约公元 23—79 年）的《博物志》[1]、托勒密（约公元 100—170 年）的《天文大全》和塞尔苏斯的《解剖过程》代表了罗马时期自然科学较高的发展水平。

罗马人不但用自己的心智创造文化，更以海纳百川的胸襟广泛吸纳其他民族文化的优秀因子，培育了罗马文化这朵绚烂的奇葩。作为后起的罗马，对先进的邻国希腊具有明显的开放性。也正是罗马，将希腊人开创的西方古典文化传统发扬光大。罗马帝国接受希腊的斯多葛哲学为官方哲学，就是一个最好的例证。罗马著名文学巨匠西塞罗才思敏捷，才华横溢，成就斐然。在他身上，集聚着希腊前辈大师的诸多优点，又有罗马人博大的胸襟和对知识的渴求。同时代的恺撒曾赞美他："是您给罗马带来了恩惠。罗马也因您而变得荣耀……因为增长人类的坚实要比开拓罗马的疆域更显崇高、更有意义。"

---

[1]　此书分三十七卷，内容涉及天文、地理、历史、医药学、动物学、植物学、农业知识、工艺、矿产，以及绘画、雕刻等，是一部百科全书式的巨著。

西塞罗①

发源于东方的基督教传入罗马帝国后，其倡导平等博爱、相互扶持的教义深得人心，并逐渐发展壮大，成为公元四五世纪罗马帝国文化的主流。基督教文化经与"希腊—罗马"的世俗文化结合，产生了"世俗和天国"的混合文化，即西欧的传统文化。影响了西方，也影响了世界。

四 拉丁语的形成、传播及其影响

拉丁语原本是意大利亚平宁半岛中西部、台伯河下游拉提姆地区（Latium，意大利语为 Lazio）一个称为拉丁人的部落的方言。拉丁字母约在公元前 6 世纪由伊特拉斯坎（Etruscan）字母发展而来，其渊源可通过伊特拉斯坎字母、希腊语字母、腓尼基字母溯至约公元前 1100 年叙利亚和巴勒斯坦通用的北闪米特字母。古典拉丁语有 23 个字母，其中 21 个从伊特拉斯坎字母派生而来，罗马人新造了 Y 和 Z，将其置于字母表的末

---

① http：//tupian. baike. com/a3_ 24_ 37_ 01300000030421121951372246477_ jpg. html.

端。到中世纪，字母 I 又分化为 I 和 J，V 分化为 U、V、W，这样就产生了 26 个字母的字母表，与现代英语相同。他们沿袭了伊特拉斯坎字母和希腊字母的顺序和音值，但改变了字母的名称，将其切短，以求使用的方便。因此，Alpha 变成 A，beta 变成 B，gamma 变成 C，delta 变成 D。早期的拉丁字母表书写形式较多，书写的方向有从左到右及从右到左两种，间或还有牛耕式转行书写法。公元前 3 世纪，罗马成为拉丁世界的政治权力主宰，文字系统得以规范，书写方式定型为自左向右。在随后的 250 年间，罗马将自己的文字系统强加于整个意大利半岛，"取代了伊特鲁利亚人、萨姆奈人（Samnites）、皮森特人（Picentes）、梅萨比人和希腊人的文字"（罗伯特，2012：103），整个意大利半岛上最终实现了书同文。公元前 30 年罗马帝国建立后，逐步吞并了北非、埃及、西班牙、高卢（今法国）、日耳曼尼亚和不列颠的部分地区、巴尔干半岛、希腊以及地中海东部沿岸各国。当时的欧洲，很多民族还没有自己的文字，拉丁文随着罗马军队和行政官吏的足迹传播至帝国各地。公元 1—2 世纪基督教传入，特别是基督教在罗马确立国教地位之后，作为欧洲古代和中世纪主要（甚至是唯一）读物的《圣经》对拉丁文的传播更是推波助澜。在公元 4 世纪，接近民间语的《圣经》拉丁文译本是最具权威的教科书，在公元 5—15 世纪期间，拉丁语成为教会统治下的宗教、文化和行政用语，充当着西欧各民族间通用的交际语言。直到现代，通晓拉丁语仍然是从事任何学术科研必不可少的前提条件。

　　罗马帝国崩溃之后，随欧洲各地拉丁语方言之间差异的逐渐加大，口语与书面语的差异也随之增大。公元前 1 世纪下半叶，拉丁语的通用性降低。"越来越多的口语开始成为书面语，日益挑战着拉丁语的地位。拉丁语开始走向衰亡。"（尼古拉斯，2011：292）在公元 8 世纪末，查理帝国催生了所谓加洛林王朝的文艺复兴，此时，西欧各民族开始有了自己文字的萌芽。

　　拉丁语是罗马帝国的通用语言，其书写方式是拉丁字母（又称"罗马字母"）。拉丁字母具备标准化和音素化的优点，因而承担了国际通用字母的历史任务，其使用范围已经遍布人类居住的大半个地球，包括南北美洲、澳大利亚和新西兰、非洲和亚洲的大片地区，以及欧洲的绝大部分地区，未来尚有继续扩展的势头。

拉提姆即意大利拉齐奥区①

五　拜占庭帝国与斯拉夫语

公元 395 年，罗马帝国分裂为东、西两部分。东罗马帝国（395—1453 年）的版图横跨三大洲，包括欧洲的巴尔干半岛、亚洲的小亚细亚、亚美尼亚、叙利亚、巴勒斯坦、美索不达米亚上游及非洲的埃及和利比亚。东罗马帝国定都君士坦丁堡，因其为原希腊人殖民城邦拜占庭旧址，故称"拜占庭帝国"（Byzantine Empire）。

拜占庭帝国在其上千年的生存期内，一般被称为"罗马帝国"，周边的国家（东方的波斯帝国和阿拉伯帝国，西方的欧洲国家，北方的俄罗斯）也都将他们称为罗马人。罗马人虽曾从军事和政治上占有这一地区，但帝国的主宰文化依然是原有的希腊文化。公元 4 世纪末，罗马帝国一分为二，基督教会也随之分裂为东、西两大教派。东派教会流行于东地中海沿岸希腊语地区，习称"东正教"②（意即：基督教"正统"）。从本质上

---

① http://upload.wikimedia.org/wikipedia/commons/f/ff/Italy_ Regions_ Latium_ Map.png.

② 与天主教的政教分离和教俗二元结构公开不同，东正教强烈依附于世俗政权，受其严格控制。

讲，拜占庭文明由罗马的政治体制、希腊—东方文化和经过希腊文化改造的东正教体系三部分组成。拜占庭帝国的历史贡献在于为日后西欧的文艺复兴留存下了一批宝贵的精神文化资源，并以自己的宗教、文字、典章制度影响了巴尔干半岛和东欧地区。

拜占庭帝国盛世疆域①

　　拜占庭帝国对文化较为落后的东欧地区的影响主要是通过东正教的传播。公元 9 世纪，拜占庭教会派出两位斯拉夫学者担任传教士，到斯拉夫民族中传教。他们是来自希腊北部萨洛尼卡（Salonica）的西里尔兄弟。哥哥美多迪乌斯（Methodius，约公元 815—885 年）是一位政治家；弟弟西里尔（Cyril，约公元 826—869 年）是一位哲学家和语言学家。西里尔采用希腊字母并加以增补，先后创制了两种斯拉夫字母。第一种叫格拉哥里字母，以希腊草书为范本。第二种叫西里尔字母，以希腊楷书为范本。两种字母形体不同，但表示读音的方法完全相同。格拉哥里字母后来逐渐

---

　　①　http：//upload. wikimedia. org/wikipedia/commons/thumb/d/df/Byzantine＿ AD550. jpg/300px-Byzantine＿ AD550. jpg.

弃用，西里尔字母遂成为唯一的斯拉夫字母。

斯拉夫语①

　　"字母跟着宗教走"，各斯拉夫民族信奉的宗教教派不同，使用的字母也就各不相同。信奉希腊正教的俄罗斯、乌克兰、白俄罗斯、保加利亚、塞尔维亚、马其顿等，都采用西里尔字母。信奉罗马天主教的波兰、捷克、斯洛伐克、克罗地亚、斯洛文尼亚等，都采用拉丁字母。塞尔维亚语和克罗地亚语其实同属一种语言，由于宗教的分歧，前者用西里尔字母，后者用拉丁字母。罗马尼亚曾经一度采用西里尔字母，后来在 19 世纪 60 年代改用拉丁字母。

　　公元 10 世纪末，西里尔字母传播到俄罗斯，成为俄罗斯民族语言的书写方式。沙皇俄国对西伯利亚地区的扩张，使得俄语成为自俄罗斯一直

---

　　① http：//baike. baidu. com/link？url = eP5kFaeTyL5a0-QNyQr6fhi4YCyIdxo9wC-qe6nJOP6bJ8v Hd6AdpZiigpWvmqrk.

延伸到太平洋的广袤地区的官方语言。随着俄罗斯在国际上影响力的形成,俄文发展成为斯拉夫语文的主流。十月革命后,苏联掀起了一场文字改革的热潮,1918 年实行新正词法,将旧式俄文 35 个字母中的 4 个重复字母去掉,并鼓励苏联境内突厥·鞑靼语系的民族和其他少数民族实行文字的拉丁化。拉丁化运动开始于 1921 年,十多年后就有 70 多个民族采用了拉丁字母。自 1937 年起,苏联又推行由"拉丁字母过渡到西里尔字母"的运动,2—3 年内完成。放弃向国际看齐的拉丁化,改为向国内看齐的斯拉夫化,显示了苏联谋求世界大国地位的内在诉求,当然也有其建立独立意识形态的考量。1991 年苏联解体后西里尔字母文化圈发生了较大萎缩,除斯拉夫民族国家俄罗斯、白俄罗斯、乌克兰沿用西里尔字母外,其余原加盟共和国纷纷弃用这种书写方式,转而使用阿拉伯文、拉丁文和其他文字。爱沙尼亚、拉脱维亚、立陶宛仍用拉丁字母。亚美尼亚、格鲁吉亚恢复采用传统的民族字母。摩尔多瓦改用罗马尼亚文。类似的情况也发生在原穆斯林加盟共和国中,阿塞拜疆人、吉尔吉斯斯坦人、土库曼斯坦人、乌兹别克斯坦人的书写方式由原来的西里尔书写方式改变为其土耳其亲族的拉丁书写方式,而哈萨克斯坦和讲波斯语的塔吉克斯坦则采用阿拉伯的书写方式。作为苏联势力范围的蒙古,也已改回自己原来的文字。

第四节　亚、非阿拉伯语

西亚的两河流域地区是人类文明的摇篮,这里先后上演过一幕幕历史大戏:先是公元前 3000 年的丁头字文化,接着是公元前 550 年的波斯文化,然后是公元 642 年的"波斯—伊斯兰文化"。公元 762 年整个西亚全面实现了阿拉伯化(讲阿拉伯语,信伊斯兰教)。今天,作为联合国六大官方语言之一的阿拉伯语,其母语人数超过两亿;而起源于古代叙利亚的阿拉伯字母,其流通范围仅次于拉丁字母。

一　伊斯兰教与阿拉伯帝国

在亚洲西南端,坐落着世界地图上最大的半岛——阿拉伯半岛。它东接波斯湾和阿曼湾,南濒印度洋,西濒红海,北界美索不达米亚平原。就在这地处埃及和巴比伦两大文明古国的中间地带,诞生了高度发达的阿拉伯文明。

阿拉伯半岛是阿拉伯人的故乡。广阔无垠的沙漠把半岛上的阿拉伯人分为两个部分：北部和中部的游牧居民和南部的定居居民，其中游牧居民占阿拉伯人的主体。沙漠生活造就了强权即公理的观念，劫掠就成了一种合乎逻辑的行动。一位阿拉伯诗人曾有这样的描述：

> 我们以劫掠为职业，
> 劫掠我们的敌人和邻居。
> 倘若无人可供我们劫掠，
> 我们就劫掠自己的兄弟。（希提，1990：26）

阿拉伯人的近邻，是历史上赫赫有名的拜占庭帝国和波斯帝国。这两个伟大的帝国经过数百年的争斗，到 7 世纪初，已是精疲力竭，虚弱不堪；当时，阿拉伯（主要是奴隶主与奴隶、氏族与氏族之间的矛盾）错综复杂矛盾的激化引发了严重的社会危机，致使阿拉伯半岛陷入一片混乱。这便给伊斯兰教的产生和阿拉伯统一国家的建立提供了有利的外部和内部条件。

穆罕默德（公元 570—632 年）在吸收了犹太教与基督教的某些思想因素的基础上，在 7 世纪初创立了伊斯兰教。作为伊斯兰教的神圣经典，《古兰经》（Quran）包含了伊斯兰教的宗教神学思想，不仅是穆斯林的世界观和人生观的思想基础，也是日后阿拉伯国家立法的根据。穆罕默德将他创立的宗教称为"伊斯兰"（Islam），意即"顺从"，而把教徒称为"穆斯林"（Muslim），意即信仰与服从安拉的人。信安拉、守经典、服从先知死后升天堂，否则就要下地狱。伊斯兰教主张凡信徒皆平等，反对高利贷剥削，保护私有财产，并鼓励信徒对异教徒进行圣战，勇于为"真主"牺牲。伊斯兰教产生后，不断在阿拉伯人中传播。公元 622 年，穆罕默德在麦地那建立了政教合一的政权。经过多年的征战，阿拉伯半岛于公元 632 年基本实现了政治统一，同年穆罕默德去世。

作为诞生在原始社会解体时期、并以游牧部落为主要信徒的一神教，伊斯兰教有着强烈的"普世主义"精神。在伊斯兰教"圣战"旗帜的引领下，古来骑在骆驼背上游牧的贝都因人（Bedouin），一手握刀、一手持经，冲出十年九旱的阿拉伯沙漠，大规模向外进行军事扩张。

先知穆罕默德①

先后将两河流域、小亚细亚、巴勒斯坦、伊朗、中亚、印度北部与北非乃至西班牙等广大地区逐一征服，建成了一个继波斯阿契美尼德王朝、亚历山大帝国、罗马帝国、拜占庭帝国之后又一个地跨亚、欧、非三洲的大帝国。由于其独特的地理位置，阿拉伯帝国的兴起改变了周边许多民族的发展进程，促进了东西方各地区生产技术与商业贸易的广泛交流，在中世纪的历史上产生了非常重要的影响。经历了一个世纪的繁荣之后，阿拉伯帝国自 9 世纪中叶起逐渐由盛及衰。1055 年，塞尔柱突厥人攻陷巴格达，剥夺了哈里发的政治权力。1258 年，蒙古军队攻占巴格达，阿拉伯帝国覆亡。

---

① http://dianzibao.cb.com.cn/images/2011-05/23/53/1912d05bb001.jpg.

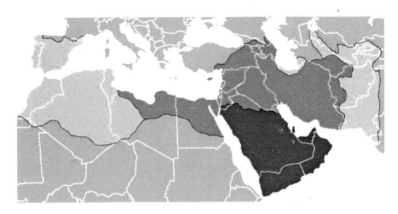

鼎盛时期的阿拉伯帝国①

二　伊斯兰文明与阿拉伯世界

古老的伊斯兰文明是以伊斯兰宗教为基础的精神文明和制度文明。传统上，伊斯兰教既是一种信仰体系，也是一种社会制度、文化方式和社会生活方式。在伊斯兰神学思想的指导下，阿拉伯人从本民族的历史和文化特点出发，充分吸收各地、各民族的文化传统，运用自己的思想、语言和思维方式加以融合，从而创造出当时世界上最为繁荣的民族文化。

阿拉伯人极其重视教育与学术活动，他们开办学校，建立图书馆，组织学术研究活动，同时也向周边民族学习。他们开展规模宏大的"百年翻译活动"，将无数的古希腊、波斯、印度等民族的典籍译成阿拉伯文，促进了阿拉伯文化的发展和繁荣。在11—13世纪，拉丁基督教世界出现了一股"阿拉伯热"，模仿和学习阿拉伯文化。也正是通过阿拉伯人，西方人才重新认识了在西方久已湮没的古典希腊文化，借此走出黑暗的中世纪，迎来文艺复兴的曙光。可以说，文艺复兴的源泉不仅是西方古典文化，阿拉伯文化也是其中重要的部分。阿拉伯在自然科学上成就巨大。阿拉伯人在总结、继承前人研究成果的基础上，创立了三角学和代数学，推进了天文学研究，丰富了医疗诊断和治疗的诸多技术。他们接受了印度数字和十进位法，使数学计算更加简便精确，还将印度数字传播到欧洲，被称为"阿拉伯数字"。他们汲取了印度、波斯、希腊天文学研究的成果，

---

①　http://img.ph.126.net/XKq3te97DlEU9pePTJjpMQ==/3716314117511507182.jpg.

产生了影响巨大的《花拉子密历表》、《恒星表》、《天文学与占星学原理》著作，创制了精确性就远超基督教欧洲"格里高利历"的阿拉伯的"哲拉里历"①。在化学领域，从来自阿拉伯语 alkimiya（炼金术）的化学一词可以看出，阿拉伯人的炼金术为近代化学奠定了基础。在医学上，阿拉伯人的成就代表了当时世界上的最高水平，有著名的《天花与麻疹》、《医学大全》、《曼苏尔医书》、《医典》等经典著作，其中《医典》被用作欧洲各大学的教科书，在 12—16 世纪一直被西方医学界奉为权威著作。

阿拉伯人对世界文化的贡献，概括起来主要是：第一，保存并传播了古代文化。第二，融合并沟通了东西方文化。他们把古代印度、中国文化成就介绍到西方；又把融有西方内容的阿拉伯的科学成就和伊斯兰教传播到东方。

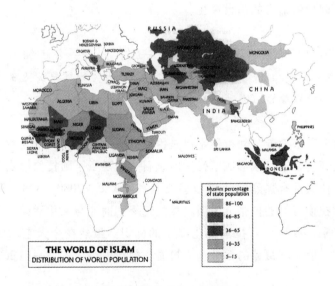

世界伊斯兰人口分布图②

所谓阿拉伯世界，既非政治组织，也非经济体系，而是一个极具凝聚力和扩张性的文化实体。阿拉伯世界扩张主要借助三个渠道：军事优势、宗教宽容和活跃的商业。继阿拉伯帝国崩溃之后，奥斯曼帝国、萨菲帝

---

① 格里高利历每积 3300 年相差 1 日，哲拉里历则积 5000 年方差 1 日。

② http://baike.haoyun666.com/uploads/201210/1349851629eV4jNIFA.jpg.

国、莫卧儿帝国相继崛起，使阿拉伯世界保持了持续扩张的势头，西北延至中欧，东北覆盖中亚，东南渗透南亚及东南亚，西南深入非洲内陆。时至今日，信奉伊斯兰教的阿拉伯国家和地区共有 22 个，总面积 1400 多万平方公里，人口总数约 3.39 亿（据 2007 年统计），主要分布在西亚、北非地区，包括巴勒斯坦、约旦、叙利亚、黎巴嫩、沙特、伊拉克、也门、科威特、阿联酋、卡塔尔、巴林、阿曼等 12 个西亚国家；阿尔及利亚、摩洛哥、突尼斯、利比亚、苏丹、毛里塔尼亚、埃及等 7 个北非国家；非洲东部的吉布提和索马里以及印度洋西部岛国科摩罗。根据 2009 年"全球穆斯林人口分布"（Sheed，2009 年 10 月 11 日）报告，世界上的穆斯林总人数为 15.7 亿，占全球总人口 68 亿的 23%。

三　阿拉伯语言的前世今生

　　喜欢阿拉伯有三个理由：其一我自己是一个阿拉伯人，其二《古兰经》（Quran）是阿拉伯语，最后是因为天堂里的人都说阿拉伯语。穆罕默德语（尼古拉斯，2011：87）

　　语言跟着宗教走。阿拉伯字母是伊斯兰教的文字，伊斯兰教所特有的平等与关怀对普通民众形成了强大的感召力，赋予了阿拉伯语真实而雄辩的力量，使其具有强烈的美感和感染力。（默父，2000：308）阿拉伯字母跟随阿拉伯帝国的扩张、伊斯兰教的传播和商业与文化活动的开展，广泛流传开来，成为"阿拉伯文化圈"的标识。虽然在今天它的流通范围一再萎缩，但从其覆盖的幅员和人口看，阿拉伯语仍然是一门重要的区域语言。

　　公元前 3000 年的两河流域孕育了丁头字文化。公元前 550 年波斯帝国崛起，阿拉马字母终结了楔形文字。公元前 331 年波斯帝国瓦解后，阿拉马字母开始分化。在从中衍生出的近百种字母中，阿拉伯字母可谓是一朵奇葩。

　　"阿拉伯语是近东的另一种和早前阿拉马语、阿卡德语极有关联的闪米特语，有关它的记载可追溯到公元前 4 世纪北阿拉伯的铭刻文字。"（同上）公元前 200 年，居住在阿拉伯半岛的纳巴泰人（Nabataeans）借用阿拉马字母来书写自己的阿拉伯语。纳巴泰国灭亡（106 年）之后，他们的字母演变成了区别于早期西奈字母的新的西奈字母（Sinai）。到了公元 5 世纪初叶，这种新的西奈字母又演变为阿拉伯字母。"阿拉伯字母的发祥地，依照传说，大致是两河流域的阿尔希拉（al-Hira）。"（周有光，2011：94）因此说，在伊斯兰教诞生之前，阿拉伯语在阿拉伯半岛和毗邻的新月沃地的使用已经有上千年的历史了。在《古兰经》问世之时，阿拉伯语已经发展得很完善了。毫无疑问，它借用了大量波斯语、埃及语和梵语词汇，并在伊斯兰教产生之前就实现了这些借词的阿拉伯语化。

文化的力量是巨大的。在伊斯兰教产生之前，阿拉伯语是诗歌的语言，后来就变成了天启和宗教的语言。随着阿拉伯帝国的兴起与扩张，阿拉伯语也发生了空前的变化，成为一种柔顺的媒体，可以用来表达深邃的科学思想和哲学概念。在中世纪的数百年期间，作为保存希腊文化和沟通东西方文化的媒介，阿拉伯语曾经是整个文明世界学术文化所使用的重要语言。在 9—12 世纪，用阿拉伯语写成的著作，包括哲学、医学、历史、宗教、天文、地理各类学科，比较其他语言占有很大比例。作为承载文明、传播科学的工具，阿拉伯语走进了波斯人、土耳其人、印度人和马来人的宗教和科学著作中。阿拉伯语的许多词汇也广为其他语言所采用，如土耳其语、乌尔都语、波斯语、西班牙语、德语、维吾尔语等。阿拉伯语曾经是从印度经北非到西班牙这一广袤土地上的通用语言。西班牙、巴利阿里群岛和西西里岛都通行过阿拉伯语。现在，阿拉伯语是阿拉伯半岛、叙利亚、巴勒斯坦、两河流域、埃及和北部非洲共计 20 多个国家和地区的共同语。此外，其他一些国家还有数百万伊斯兰教徒懂阿拉伯语。1974年，阿拉伯语被列为联合国的第六种工作语言。

比阿拉伯语传播更广的是阿拉伯字母。它跟随伊斯兰教，沿着阿拉伯人所控制的陆上和海上交通线，传播到巴尔干半岛、俄罗斯南部、亚洲西部、中部和东南部，以及非洲撒哈拉沙漠以南的大部地区。曾经采用阿拉伯字母作为书写符号的语言有波斯语、印度斯坦语（Urdu 文）、突厥语（土耳其语、维吾尔语）、希伯来语、普什图语（Pushtu，在阿富汗东部）、斯拉夫语（在 bosnia）、西班牙语（Aljamiah 文），各种马来语，各种非洲语言（如 Berber 语、Swahili 语、Sudan 语、Hansa 语、Malagasy 语等）。它的影响广及亚、非、欧三大洲。（周有光，2011：195）

西洋科技文化的兴起，标志着阿拉伯文化的式微。第一次世界大战之后，奥斯曼帝国瓦解，阿拉伯字母文化由衰微走向没落。首先是东欧和巴尔干半岛，然后是撒哈拉以南许多地区，再就是土耳其，他们相继放弃阿拉伯字母。第二次世界大战后，阿拉伯文化圈进一步萎缩。在东南亚，原来放弃印度字母转而采用阿拉伯字母的地区，如马来西亚、印度尼西亚、菲律宾等国，一一正式接受拉丁字母为法定文字。在非洲撒哈拉沙漠以南的前欧洲殖民地，作为东非几个国家通用的斯瓦希里语，也以拉丁字母取代了阿拉伯字母。即使在穆斯林占绝对多数的索马里，人们也不再青睐阿拉伯字母。苏联解体后，原来的6个穆斯林加盟共和国中，4个（阿塞拜疆、吉尔吉斯斯坦、土库曼斯坦、乌兹别克斯坦）接受了拉丁书写方式，而没有恢复其传统的阿拉伯书写方式。

阿拉伯语①

阿拉伯字母虽然盛极而衰，但在今天仍然是仅次于拉丁字母的多国通用字母。

---

① http://pic.baike.soso.com/p/20130613/20130613165435-1419333761.jpg.

第四章

海洋时代的通用语
（1500—1945 年）

西罗马帝国崩溃后，西欧进入了漫长而黑暗的中世纪。从 14 世纪到 16 世纪，随着文艺复兴、宗教改革与启蒙运动的兴起，西欧开始了向资本主义社会的历史转型。新航路开辟、海外贸易、科技大发明、工业革命激发了西欧各民族国家的活力，铸就了强大的西方文明，也使西欧率先迈入现代社会。在此期间，古老的拉丁语言脱胎换骨，衍生出了形形色色的西欧民族语言。其中，处于优势地位的西欧国家语言载着强势的文化和文明走向世界，不断拓展使用空间。

第一节　拉丁语的终结与西方诸语言的形成

一　西方民族国家的形成

征服西罗马帝国后，日耳曼的氏族贵族、军事贵族及其亲兵攫取了大片土地，在罗马社会的影响之下转化为封建主阶级；一部分保留下来的罗马奴隶主也向封建主转化，成为新兴封建主阶级的一部分。在 5—10 世纪，原来的农村公社摇身一变成为封建庄园，标志着西欧封建制度的最终确立。中世纪的西欧，邦国林立，分裂割据，没有统一完整的国家组织形式。

基督教产生于公元 1 世纪，在 4 世纪时成为罗马帝国的国教。西罗马帝国灭亡后，征服者为巩固统治需要得到基督教的支持；而基督教会也需要"蛮族"统治者的庇护。渐渐地，基督教在西欧发展壮大，成为支配社会的神权势力与意识形态。在中世纪的西欧，基督教会凭借其雄厚的经济实力和文化实力，成为西欧多元政治中的核心力量。教皇既是宗教领袖，又是世俗君主，享有强大的权势。所谓"君权神授"，意味着教皇可以废立王权。当时西欧的"基督教世界"形同一个政治实体，在这个实体中，作为政治组织的国家没有充分的政治独立性，而形同虚设的国家权力又被大大小小的僧侣贵族层层分割。由土地所有权与政治统治权融合而成的封建领主权，在王权弱小的情况下也常常显示出固有的离心倾向。

　　大约从 10 世纪开始，随着生产力的发展与工商业的复苏，城市商品经济日益兴起。新兴的城市不断涌现，原有的城市也开始复兴。新的生产关系下，市民与僧侣贵族和封建君主的矛盾加剧。在市民的支持下，曾经被封建领主和天主教会压抑的王权得到加强，并且战胜了教会和封建割据势力，建立起民族教会和政治上统一的国家。在君主专制条件下，一国之内政治的统一和国内市场的出现，强化了民族集团内成员之间的联系。促进了共同的地域、共同的语言、共同的经济和统一的民族意识等民族特征的定型以及民族形成所需重要条件的逐步成熟（郝时远，2013：221）。在 14 世纪，世界性的模式被民族模式所取代，神圣帝国彻底退出历史舞台。在欧洲各地，各种形式的王朝国家应运而生，除西欧势力较大的法国、英国外，还有勃艮第国家，以及意大利的那不勒斯王国、西西里王国、教皇国，北部的米兰、威尼斯、佛罗伦萨等城市国家。在西南部，伊比利亚半岛有阿拉贡、卡斯蒂利亚和葡萄牙三国。在北欧和东欧，形成了一些王国和公国，如在立陶宛、波兰、匈牙利、莫斯科和斯堪的纳维亚半岛。

　　西欧王朝国家的建立是民族主义反对教会势力斗争的结果。随着资产阶级的兴起和壮大，人们产生了"民族国家"（即"祖国"）的意识。18世纪的启蒙思想家们一致认为"专制之下无祖国"。他们依据自然法和社会契约论，指出"祖国"为全民所有，"祖国"的所有成员都是独立的公民，享有自由和权利，并将获得利益与幸福。但是，"祖国"的最高目标与王朝国家的宗旨是完全背道而驰的。于是，推翻王朝国家，建立民族国家，就成了近代西欧资产阶级革命的历史任务。

　　民族国家的建立成就了西欧持续至今的兴盛，也深刻地影响着整个世界。

二　文艺复兴与"西力东渐"

　　自 14 世纪开始，随着西欧经济和政治领域的巨大变动，西欧的思想文化领域出现了一次划时代的历史变革，这就是新兴资产阶级反封建、反神权的"文艺复兴"(14—16 世纪)运动。"文艺复兴"运动肇始于意大利,尔后逐渐扩展至法国、德意志、西班牙和英国。"文艺复兴"运动的萌生与拓展,标志着西方早期启蒙思想的形成,也反映了人类文明从传统形态向现代形态的局部转变。

佛罗伦萨——文艺复兴的摇篮①

在古希腊、古罗马时期文艺曾高度繁荣,进入基督教神学占统治地位的中世纪便日趋凋敝乃至湮灭,直到 15 世纪才得以"复兴",故得"文艺复兴"之名。文艺复兴不是旧文化的复辟,而是"托古改制",借古创新。文艺复兴的思想来源有二:首先是希腊罗马古典文化中包含自由、平等与民主等因素的"人文"观念与科学求知精神;其次是基督教原始平等观念和基督教传统美德。从根本上讲,文艺复兴是新兴资产阶级经济活动与政治斗争的历史产物,其目的是通过对古典文化营养的选择吸收和对基督教神学传统观念的批判继承,创造新的文化体系和上层建筑,为资产阶级登上统治地位扫清障碍。

文艺复兴的精神动力是以人本观为思想内核的人文主义思潮。针对罗马教会神学蒙昧主义的"神本观",人文主义者依托"借神颂人"的形式

---

① http://www.fansimg.com/uploads2009/09/userid148911time20090907224456.jpg.

来表达他们的主张。他们借助万能的上帝，来否定教会的"原罪"说，来赞颂人的自由意志和理性尊严。在他们看来，世界的主宰是人而不是神，人应该而且也有能力设计自己的命运，规划自己的未来。这种新的人本观将人的思想、感情从神学枷锁的束缚下解放出来，从而导致了"人的发现和世界的发现"。正是人文主义思潮的滥觞，才酿成了后来的"启蒙运动"（17—18世纪）。也正是基于"启蒙运动"的理性思维，才诞生了以理性、科学（包括科学主义）及民主为主要诉求的西方现代文明。西方列强以民族国家、资本主义市场经济、自由竞争、个人主义这几个观念，确认了西方文明的成长与扩张，也为"现代性"规定了基本内涵。

　　思想的解放、科学的进步、民族国家的建立使西方禁锢的思想得到解放，焕发出极大的创造力。在农业、畜牧业发展的基础上，手工业生产以其技术的迅速进步而日趋兴旺。此时的西欧，手工业部门逐渐增多，专业化程度不断增强，行业分工更为精细，商品的生产与贸易日趋繁荣，国内统一市场形成，国际贸易日益活跃。资本主义高效率的生产、大市场的运作创造了前所未有的高度的物质文明，催生了西欧资本主义的萌芽，导致了政治形态的新变化。随着资本主义的萌芽与发展，早期的中产阶级作为一支重要的政治势力开始登上历史舞台，新兴的资产阶级共和国相继建立。在社会经济、政治新动向的共同促进下，西欧各国与东方国家的贸易联系迅速扩大。美洲的殖民开发和新航路的开辟，为西欧的崛起提供了契机，引发了"西力东渐"的浪潮。

　　欧洲相对于亚洲的优势是在工业革命之后出现的。在工业革命发生之前，欧洲殖民主义的触角已经伸进了亚洲，但他们的扩张主要是依赖武力，贸易的规模不大，直到18世纪末，欧洲对亚洲的贸易一直保持在入超的状态。工业革命以后，技术的进步和生产力的提高形成了欧洲在技术和经济上的绝对优势。在这种优势面前，传统农业社会的生产技术和生产水平彻底失去了竞争力，西方对东方的贸易由入超变为出超。此后，欧洲人凭借迅速壮大的经济实力、军事征服和殖民扩张，很快将触角伸向全球各个角落，掠夺领土和资源，输出资本和技术，成为世界的支配力量。"18世纪时，欧洲人或前欧洲殖民者控制着地球表面土地的35%，到1914年，这一数字达到了84%……400年间的文明关系是由其他社会对西方文明的从属构成的。"（塞缪尔，2010：30）

　　西方世界的工业文明对人类社会产生的影响是巨大的，其促进人类社会发展的作用也是不可低估的。但是，由于这种文明的传播不是建立在民族平等的基础之上，因而是不具有正当性的，所产生的危害也是不可否认的。

三　拉丁语的两次"死亡"与西方诸语言的萌生

在古罗马时期，拉丁语是罗马帝国势力范围内的通用语。公元 476 年西罗马帝国灭亡之后，由于道路系统年久失修，大规模的人口迁移减少，没有需要传达的政令和四处征战的军队，各地使用的拉丁语方言差异逐渐加大。"拉丁语的拼写似乎越来越不规则，越来越不规范"（尼古拉斯，2011：286），拉丁语的通用率随之降低。300 年后，西班牙人、法国人与意大利人相聚时，相互之间很难听懂对方的语言，这就是史称的"拉丁语的第一次死亡"。（汉斯，2009：81）

尽管作为帝国语言的拉丁语"死亡"了；但作为教会语言的拉丁语却在地域化的过程中生存下来，并获得了新一轮的巨大发展，甚至可以说是新一轮的扩张。仰仗罗马天主教的影响，拉丁语作为教育方面的国际语言又在欧洲称雄将近 1000 年的时间。这个时期的拉丁语既是教会统治下的宗教、文化和行政的语言，又是西欧各民族间的交际语言，史称"中古拉丁语"。由于中古拉丁语在一定程度上已经脱离了古典拉丁语，它在文艺复兴时期的拉丁语作家看来不够规范和纯洁。于是，一场被称作"加洛林文艺复兴"的改革运动在查理大帝的推动下得以开展起来。这场改革运动清除了通俗拉丁语对拉丁语的影响。古罗马时期的作家们所使用的拉丁语又重新被视作拉丁语规范，在包括大学在内的各类学校中，拉丁语是唯一的教学语言，这造成了整个西方世界语言和思想的统一。粗略地讲，在公元 9—18 世纪，整个西方官方和教会以及整个文化学术界使用的语言都是拉丁语，其通用区域超过了后古典时期的拉丁语，西起爱尔兰，东抵匈牙利和波兰，南到西西里岛和西班牙南部（北非为伊斯兰国家占领），北达斯堪的那维亚半岛。"这样的语言布局，为后来欧洲思想文化史既具有各民族的特征、又具有统一的脉络这一发展趋向，提供了不可缺少的历史前提。"（李世安，2002：76）

西欧资本主义经济的萌芽与文艺复兴、宗教改革运动的勃兴，唤醒了国家民族的意识，"民族主权"取代了"普世信仰"成为各个国家的最高政治原则。民族国家的出现，致使人们将对封建领主和教会的效忠，转向自己的民族集团和自己的国家。15 世纪以后，作为基督教官方语言的拉丁语逐步失去了通用语言的性质，而作为处于垄断地位学术用语的拉丁语同样也受到前所未有的挑战，而最终退出历史舞台，这就是拉丁语的第二次"死亡"①。

在标准化的拉丁语走向生命尽头的同时，各地的拉丁语口语却获得了长足的发展。众多的印刷商和出版商的出现标志着各民族语言的独立，西欧各国开始以本民族语言作为正式语言，西班牙语（Spanish）、葡萄牙语（Portuguese）、法语（French）、意大利语（Italian）、英语（English）、荷兰语（Dutch）、德语（German）、罗马尼亚语（Romanian）等语言借壳拉丁语登上了历史舞台。自此，欧洲语言在全球传播的大幕已经开启。这些语言的使用国都是在原来的西罗马帝国的地盘上建立起来的，这些国家受过教育的精英们对多民族大帝国的雄心壮志一点也不陌生。他们自幼听着罗马帝国和亚历山大大帝的故事成长，满脑子都是骑士精神、武力征服与异地冒险。而接下来的世界历史展示的就是他们实现梦想的历程，而这个世界本身也就成了他们施展抱负的空间。西班牙率先登场，接着是葡萄牙、荷兰、法国、英国悉数上演。他们首先瞄准的目的地是新大陆（美洲），然后是非洲、亚洲、大洋洲。这些拉丁语骄傲的儿女们——拉丁语之子语言开始了迈向世界的征程。

今天的美洲，是一个完全用拉丁子语言的大洲。北美以英语为主，南美以西班牙语为主，巴西用葡萄牙语。鉴于西方语言采用的都是拉丁字母，"拉丁美洲"因此得名。

作为历史遗产的拉丁语，今天只用于罗马天主教；而在医学、生物学等学科领域中，拉丁术语仍然通行于世界各国。

第二节　葡、西、荷的扩张及其语言的传播

现代西方文明的发端是建立在科学革命、商业革命和消费革命基础上的工业革命。正是这场工业革命所引发的欧洲政治、经济、思想、文化和社会生活的一系列变化，将欧洲置于引领世界的先导地位。而催生工业革命的真正动因则在于与"地理大发现"② 和海外殖民伴生的海外贸易。

------

① 拉丁语第二次"死亡"以英国最后出版的一部拉丁语学术著作，即于1687年印行的牛顿的《理学》为标志。

② 西方人所称的"地理大发现"，又叫新航路开辟，是人类历史上最重要的事件之一。它加速了西欧封建制度的解体，促进了资本主义生产关系的进一步演变，引发了被称为"商业革命"的一系列商业变化。自此，世界逐渐走向一体化，或称"全球化"。

一　伊比利亚的崛起

现代人类在大约三万五千年前即已经进入伊比利亚半岛。公元前 6 世纪凯尔特人来到这里，此后腓尼基人、迦太基人、希腊人先后进入半岛的沿海地区。罗马帝国时期，罗马人将半岛纳入自己的帝国统治之下，并使当地居民逐渐罗马化。公元 711 年，阿拉伯人和柏柏尔人侵入，并征服了几乎整个伊比利亚半岛。经过数百年的斗争，位于半岛西南部的、约占半岛面积的葡萄牙于 14 世纪中叶率先形成民族国家；100 多年之后（1512 年），西班牙实现了国家的统一。

伊比利亚半岛土地贫瘠，不具备发展农业的条件；但是，周边有辽阔的海洋和众多的岛屿。这种独特的地理条件为海上活动和海外扩张提供了极大的便利。15 世纪随着西欧各国商品经济的发展和资本主义生产关系的萌芽，各国政府为了发展贸易、改善经济状况和扩大版图，大力支持开辟新航路运动。

葡萄牙与西班牙①

---

① http：//zh. wikipedia. org/zh-cn/% E8% A5% BF% E7% 8F% AD% E7% 89% 99.

　　最先致力于开辟新航路的是葡萄牙人。到 15 世纪中后期，葡萄牙人已经发现了马德拉群岛和亚速尔群岛，并继续向南航行，相继到达几内亚、加纳、刚果和安哥拉。1497—1498 年，瓦斯科·达·伽马率领的船队绕过好望角，最终抵达印度的卡利库特威。三个月后，这只船队满载而归，获得相当于航行费用 60 倍的暴利。西班牙后来居上。在西班牙国王的资助下，意大利人克利斯托弗·哥伦布开始了向西航行的探险，于 1492 年发现"新大陆"。随着新航路的开辟，葡、西殖民者开始了对亚、非、拉的殖民侵略。西班牙侵占了包括现今美国西南部、佛罗里达、墨西哥、西印度群岛、中美洲和除了巴西以外的整个南美洲，成为当时世界上最大的殖民帝国；而这个在 15 世纪末人口不足 150 万人（Anderson，2000：2 - 3）的葡萄牙，在亚、非、美三大洲建立了一个庞大的殖民帝国。与西班牙人的殖民政策不同，葡萄牙人针对亚非诸国不同的对象，大体上采取非等价交换的商业掠夺与武力夺取和租借土地相结合的方式。葡萄牙在欧洲和东印度群岛（印度尼西亚）之间漫长的交通线上建立了 50 多处殖民据点，通过垄断贸易达到其殖民掠夺的主要目的。

　　但是，西、葡支配世界的时间仅为一个世纪之久，其主要原因在于：第一，严重的贵族化倾向。整个社会奢靡、虚荣，过度追逐金银，鄙视工农业生产劳动，认为普通的农业、手工业生产是下等人和异族人干的事情。学校教育脱离社会生产需要，许多大学生把文凭当作进入国家官僚机构和教会任职的"敲门砖"。第二，严酷的宗教迫害政策。伴随统一进程，出现了驱逐"异教徒"的浪潮。15 世纪末，富有而专业技术高超的 16.5 万犹太人被驱逐；17 世纪，40 万擅长农耕的摩尔人又被赶走。第三，社会贫富差距悬殊，流浪人口增加。从 16—17 世纪，城市穷人从 10% 上升到 56%。（Oberman & Tracy，1996：488）随城市流浪人口暴增，城市犯罪率居高不下，社会治安混乱，进一步恶化了经济发展环境。基于以上因素，葡、西两国犹如"过手财主"，起步虽早，却始终未能抓住资本积累的良机，及时发展资本主义工业，最终只落得个西欧"二流国家"的结局。① 往后一步说，今天曾经为葡、西长期统治的拉美地区的发展远逊于北美，其原因就在于在鼎盛时期的伊比利亚半岛上没能诞生出一场类

---

　　① 有的学者将这两个国家称为"地处欧洲的亚洲国家"，主要原因是曾经被阿拉伯帝国征服过。

似英国"工业革命"那样的历史事件,因而也就无从产生与之匹配的传统和精神。

二 西、葡语言全球扩张及现状

伊比利亚文化是西欧传统文化的分支。西班牙和葡萄牙共居伊比利亚半岛,同享伊比利亚文化。他们的语言皆属于印欧语系中罗曼语族西支。公元前218 年,罗马侵入伊比利亚半岛,拉丁语逐渐通行于该地区。公元5 世纪,罗马帝国崩溃,拉丁语逐渐分化,演变为罗曼诸语言,西班牙语和葡萄牙语就名列其中。

西班牙语是三种主要罗曼语言——西部的加里西亚语(gallego)、中部的卡斯蒂利亚语(castellano)、东部的加泰隆语(català)——的结合体。公元12—13 世纪,卡斯蒂利亚语优势凸显,现代标准西班牙语就是在卡斯蒂利亚语的基础上形成的。葡萄牙语属加利西亚语的一支,而加利西亚语又是从罗马时代起由卡斯蒂利亚语和加泰隆语发展而来。因此,葡萄牙语与西班牙语很接近。

西、葡语言的国际传播起于西、葡两国的海外拓殖。经过多年的南下之旅,葡萄牙人于1488 年到达了好望角;而西班牙人于1492 年发现新大陆。根据葡、西双方1494 年签订的托德西利亚斯条约,子午线以东、佛得角群岛以西370 里格的土地归葡萄牙所有,巴西便被划入葡萄牙的势力范围。4 年后,瓦斯科·达·伽马率领的葡萄牙船队到达印度。15 世纪末,葡萄牙殖民地已经遍布印度洋沿岸和中国南海。与从前的腓尼基人和希腊人不同,葡萄牙人除军事、商业扩展之外,还注重宗教信仰的扩张。他们在亚、非沿岸建立了多个天主教会,在传播上帝之音的同时,也在传播着他们的语言。鉴于葡萄牙在国际贸易中的霸主地位,葡萄牙语成为了国际贸易的通用语言。掌握了葡萄牙语,既能够与葡萄牙人交流,也能与其他国家的贸易伙伴交流。事实上,在亚、非地区,作为业界通用语的葡萄牙语一直持续到葡萄牙丧失贸易垄断地位100 多年后的18 世纪。不过,葡萄牙语真正的成功在于巴西这个地域广大的国家,这里1.66 亿总人口中95% 的人,即1.58 亿人以葡萄牙语为母语,这个数字是葡萄牙国内与葡萄牙语为母语人口的16 倍。在巴西,说葡萄牙语人口的增长主要来自于移民(含奴隶)和原住民。巴西巨大的资源和财富吸引了欧洲移民,加快了非洲奴隶的涌入,挤掉了原有的 língual geral,即图皮南巴语

(Tupinambá)。今天的葡萄牙语是葡萄牙的官方语言，也是巴西、安哥拉、莫桑比克、圣多美和普林西比、几内亚比绍、佛得角、东帝汶等国的官方语言。1996 年，在葡萄牙首都里斯本成立了葡语国家共同体，地跨南美、欧洲和非洲，面积约占世界陆地面积的 7.2%，总人口约为两亿一千万，若包含第二语言使用者则约为两亿四千万人，通常被列为母语人口世界第六或第七多的语言。（维基百科，2014 年 8 月 9 日）

1492 年的西班牙人对美洲的发现将人类有记录的历史翻开了崭新的一页，而西班牙语传入美洲在语言学上更具有划时代的意义。西班牙语的美洲传播主要由于以下三方面原因。首先，是宗教。早在哥伦布发现新大陆之前，西班牙国王便和教皇达成协议，将征服的土地变成天主教会的势力范围。自 1500 年起，教会便在西班牙国王的支持下，派出传教士、修建教堂、设立宗教裁判所。传教士们编辑了印第安语—西班牙语词典，向印第安人教授西班牙语。1535 年，西班牙人在墨西哥城建立了第一所印书馆，1538 年在圣多明各建立了美洲第一所大学——"皇家与天主教大学"，于 1551 年建立了圣马尔科斯大学，1553 年建立了墨西哥大学。借助教会和大学的力量，殖民者强行推行西班牙语言文化和基督教，通过对一些印第安传统语言文化的融入，形成了独特的拉丁美洲文化。西班牙语在美洲的迅速扩张的另一个原因则是当地爆发的疫灾，如天花、斑疹伤寒、流感、白喉、囊虫病等。"据估计，1500 年最终被纳入西班牙帝国的美洲各地人口大约为 5000 万，到 1650 年，下降为大约 400 万，而且这个数字还包括了西班牙的移民！"（威廉，2013：278）从长远的角度看，人口的减少极大地缩小了本地语言社团的规模，客观上帮助了殖民语言的传播。另外，经常有一批批的西班牙人漂洋过海，移民美洲，这些人基本上都是单身男性。他们与印第安女子结合，产生了印欧混血后裔梅斯蒂索人。从 16 世纪 30 年代开始，黑人奴隶被贩卖到美洲后，出现了欧洲白人与非洲黑人的混血后裔穆拉托人，以及印第安人与非洲黑人的混血后裔桑博人。这些外来人口及其繁衍的后裔无疑增加了那里使用西班牙语的人口，把原住民及其本土语言推向边缘地带。再则，西班牙语的传播也得到了来自王室的努力。1794 年 9 月 20 日，西班牙语教学被列为免费义务教育，1815 年 3 月开始实施强制性的西班牙语初等教育，如此等等。

1848 年，美国吞并新墨西哥、德克萨斯、亚利桑那和加利福尼亚，西班牙随即就在南部一些州传播开来。目前，西班牙语在美国的分布仍在不断地向前推进，这种情况主要发生在接受加勒比地区难民的佛罗里达州，和毗邻墨西哥的西南诸州。在某些地方，讲西班牙语的移民甚至占到了大多数。在纽约，由于来自波多黎各的移民如此之多，西班牙语已经成为除英语之外使用最多的语言。西班牙语（Spanish）是世界第 3 大语种，使用人数 4 亿多，仅次于汉语和英语。西班牙语是欧盟、联合国教科文组织、关贸总协定等国际组织以及众多国际会议通用的语种之一。西班牙语是欧洲、拉美、非洲 20 多个国家的官方语言，在美国的使用人数超过2000 万。

葡萄牙语分布图①

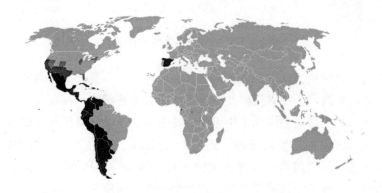

西班牙语分布图②

---

① http：//www.fltacn.com/upload/1216452633.jpg.

② http：//a3.att.hudong.com/34/05/01300000030421121894056292314.jpg.

三　"小国大业"与荷兰语的传播

1. 荷兰的崛起

根据国际知名的现代化研究学者伊曼纽尔·沃勒斯坦的观点，迄今为止世界先后出现过三个"霸权大国"，即：17 世纪的荷兰（又称"尼德兰"，包括现在的荷兰、比利时、卢森堡及法国东北一部），19 世纪的英国，20 世纪的美国。（王加丰，2007：56）作为率先登场的荷兰，其实国土面积并不大，资源也十分短缺，但却是当时世界上的头号运输大国、商业大国和金融大国。

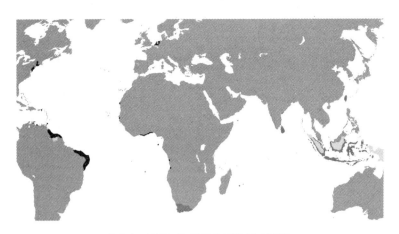

"黄金时代"的荷属殖民地示意图①

在古罗马时期，这里的北部地区居住着许多日耳曼部落，南部则是高卢人，而这些高卢人在移民时期融合了许多日耳曼部落，并在公元 5 世纪建立起了强大的墨洛温王朝。中世纪，这里存在着很多诸侯封建领地，分属勃艮地公国和神圣罗马帝国。到了 16 世纪初，因为复杂的皇室联姻，他们在神圣罗马帝国哈布斯堡王朝之下统一起来。1516 年，出生于尼德兰的查理王子继承了西班牙王位，将尼德兰置于西班牙的统治之下。

① 荷兰东印度公司管理浅色地区；深色地区则为荷兰西印度公司掌控。参见：http://upload. wikimedia. org/wikipedia/commons/thumb/f/ff/Dutch ＿ Empire35. PNG/1024px-Dutch ＿ Empire35. PNG。

16 世纪的荷兰，是西班牙帝国最富庶的地区[①]，也是欧洲经济最繁荣的地区。（王加丰，2007：59）北部地区的纺织、造船、航海、贸易和渔业比较发达，南部地区除纺织业以外，还有冶金、制糖、印刷等，而且，南方的安特卫普是当时欧洲乃至世界的商业和金融中心。来自西班牙的大量订单和金银，有力地刺激了尼德兰制造业的发展，加速了荷兰的资本集中和生产规模的扩大。新航路的开辟，使欧洲对外贸易的中心转移到了大西洋，为尼德兰的经济发展提供了一个重大的机遇。

1568 年，因反抗西班牙国王的中央集权和对新教加尔文派的迫害，爆发了北方省反抗西班牙的八十年战争。1579 年北方省中的七省（现在荷兰、比利时和卢森堡的区域）成立了乌得勒支同盟，共同反对西班牙统治。1581 年，成立联省共和国，资产阶级革命在北方取得胜利。直到 1648 年，作为世界上第一个资产阶级共和国的"荷兰联省共和国"最终从西班牙获得独立。联省共和国的建立为 17 世纪荷兰的经济繁荣奠定了政治基础，大量的商人和手工业者北上阿姆斯特丹，带来了经济发展所需的技术、人才和资金，使它很快变成国内外贸易和生产中心，迎来了共和国的"黄金时代"。17 世纪的荷兰是全球的航运和贸易强国，商船数目超过欧洲所有国家商船数目总和，船队遍及世界各地，荷兰人因此被称作"海上马车夫"。1602 年荷兰建立了东印度公司，先后逐出西班牙和葡萄牙，全面控制了印度洋和太平洋贸易。1621 年，创办西印度公司，垄断西非和美洲的贸易。1622 年，占领了北美东岸的土地，建立新阿姆斯特丹，即后来的纽约。1652 年，荷兰人在南非好望角建立了一个永久性殖民地，作为通往东方的中继站。在整个 17 世纪，荷兰保持长达一个世纪的海上优势，商船数量由 17 世纪初的一万艘，增加到 17 世纪末两倍于英国、九倍于法国的规模。

由于国小人少，国力有限，不具备建立殖民大帝国的实力，一个世纪后随着海上霸权向英国的转移，荷兰终于黯淡下来。

2. 荷兰语的国际传播

荷兰语（Nederlands）属于印欧语系日耳曼语族下的西日耳曼语支，是荷兰、比利时、苏里南、南非、荷属安的列斯群岛的官方语言，通用于荷兰全境和比利时北部的佛兰德斯地区。欧洲约有两千四百万人以荷兰语

---

① 查理五世时期，西班牙国库的岁收约一半来自于尼德兰。

为第一语言，还有曾经被荷兰统治了四个世纪的印度尼西亚也有日常的使用。全世界荷兰语的使用总人数约 2200 万（2006 年）。由于荷兰人是一个航海民族，许多荷兰语的航海词汇广为其他语言所采用。

与之前的葡萄牙语和西班牙语一样，荷兰语的国际传播也是始于荷兰的海外扩张。1598 年，荷兰抓住了西班牙和葡萄牙帝国开放所有港口的机遇，成立了东印度贸易公司。1602 年将所有公司合并而成联合东印度公司，垄断全国海上贸易。1624 年，又组建了西印度公司，控制荷兰在西半球的利益。但是，西印度公司未能持续地拓展殖民地。1623 年在北美夺得一片涵盖了今天的新泽西州、特拉华州、宾西法利尼州以及纽约州的地区，荷兰人称其为"新尼德兰"（Nieuw Nederland）；但 1664 年时为英国掠走，更名为"新英格兰"。1641 年夺取的安的列斯群岛和圭亚那，1665 年又被葡萄牙夺回。唯有东印度公司成就了帝国的辉煌。17 世纪中叶葡萄牙在亚洲的贸易王国分崩离析，荷兰成功地取代了葡萄牙，永久地占据了东印度群岛上葡萄牙的多个贸易站，以及爪哇西部的雅加达。在印度次大陆，于 1638—1661 年，他们又从葡萄牙人手中夺取了锡兰以及葡萄牙人在印度的领地；在开普敦建成了自己在南非的殖民地。但如同过手财主一般，荷兰很快又将这些殖民地拱手让给了英国。

尽管荷兰人在东印度群岛的统治一直维持到"二战"时期，但荷兰语始终未能在这里盛行开来，这是由于荷兰人所执行的实用主义政策。移民来到东印度群岛，所关心的首先是通过贸易赚钱，其次是为了以加尔文主义的方式传播新教教义。就贸易而言，当地哪种语言通用性最高就使用哪种语言。这就是畅通东印度群岛的马来语（Bahasa Melajoe），荷兰商人往往能现学现用。说到在岛上传播新教，要让原在葡萄牙治下的天主教徒改变信仰实在不易，想要印度教徒、佛教徒、伊斯兰教徒改信新教则更难。因此，荷兰人因势利导，确立了马来语为其殖民地的一种共同语，而没有强制规定使用荷兰语。这是征服者没有让臣服者接受自己语言的绝无仅有的一个特例。当然到了 20 世纪 30 年代末，荷兰人突然醒悟，想亡羊补牢，再行推广自己的语言，但为时已晚，因为受过教育的印度尼西亚精英此时已经选择了印尼语。1942 年，日本占领印度尼西亚，禁止使用荷兰语，以便在将来推广日语。1945 年英军接管了荷兰殖民地，荷兰被排挤在外，荷兰语也因此失去殖民语言的地位。四年后，通过革命取得独立的印度尼西亚政府彻底废除了荷兰语。

通常，语言的海外传播需要借助一定的语言使用群体，这就是移民。荷兰语在非洲修成正果便是又一个实例。荷兰的非洲移民是布尔人（Boer），他们的语言是简化了的荷兰语——阿非利卡语（Afrikaans）。这种接地气的语言生命力极强，即使在 1889—1902 年的布尔战争失败后，布尔人的语言仍为许多非荷兰裔的白人移民，以及不计其数的当地黑人居民和黑人移民学习并使用。在 1910 年，布尔移民区和英国移民区共同组建南非联邦时，南非荷兰语很自然地就成为了官方使用的语言之一。截至 1991 年，南非的南非荷兰语使用者有 620 万人，此外还有 400 万人将其作为第二或第三语言。两者相加达到 1000 万人，这一数字占到欧洲荷兰语人口的一半（荷兰语人口中 1340 万在荷兰，500 万在比利时）。（尼古拉斯，2011：364）

第三节　英帝国与英语世界

一　英国：彼国彼民及英国的强国之路

1. 英吉利民族

在欧亚大陆的西北角，有一道海峡叫"英吉利海峡"。海峡的对面有一个岛国，总面积仅 24.4 万平方公里，这就是英国（从前的"不列颠"），全称为"不列颠及北爱尔兰联合王国"（The United Kingdom of Britain and Northern Ireland）。

大约在 300 万年前，不列颠岛与欧洲大陆是连为一体的。据考古资料，至少在 30 万年前不列颠岛上已有人类生存。大约在公元前 800 年，冰雪消融，海面上升，不列颠岛终离大陆而去。在公元 43 年被罗马帝国征服之前，岛上生活着伊比利亚人、凯尔特人。400 年后罗马帝国分崩离析，罗马人于 407 年撤出不列颠。公元 449 年，日耳曼蛮族侵入，他们主要是来自丹麦半岛隘口安根地区的盎格鲁人（Angles）、来自易北河下游的撒克逊人（Saxons）和来自日德兰半岛的朱特人（Jutes）。由于外来者中盎格鲁人数最多，岛上的居民就被笼统地称为盎格鲁人。后来，不列颠被称为 Angla-land，意为盎格鲁人的地方，于是就有了英国。公元 8 世纪末，又有来自挪威和丹麦的维京人侵入。在 1014 年，丹麦国王控制了整个英格兰，维京人逐渐与原来的居民融合，促进了英格兰的统一。1066 年，不列颠岛又一次被来自法国西海岸的诺曼人征服，这就是历史上著名的"诺曼征服"。随着诺曼征服和诺曼王朝的建立，英格兰的封建化过程最终完成。封建制度下，盎格鲁—撒克逊人尚没有形成独立的"民族意识"，他们对诺曼人并不排斥。直到三个世纪之后在与法国人的"百年战争"中，英格兰人才意识到自己是一个不同于任何欧洲大陆民族的统一体，产生了英吉利民族的概念。这个民族融合了伊比利亚人、凯尔特人、罗马人、盎格鲁—撒克逊人、丹麦人、诺曼人等诸多外来民族，因而它具有极其开放的个性特征。

英国①

威廉一世征服英国后，为了强化中央集权统治，他在1086年召集英国大小贵族开会，要求他们向他宣誓效忠。然而，在此后的几百年中，国王与贵族之间冲突不断，战争与反叛频发。1215年，迫于贵族们的压力，约翰国王签署了一份旨在限制国王专权、保障贵族权利的文件——《大宪章》。《大宪章》的签署确立了这样一个原则，即国王的权力绝非至高无上，他必须在法律规定的范围内行使权力。13世纪末，英国形成了

① http://easyuk.cn/shzn/images/ukmap.jpg.

"议会"，一种国王为征税而召集的临时性协商会议。此后，议会制度逐渐完善，从 1343 年起，议会分为上、下两院，上院由有爵位的贵族组成，下院由骑士、市民代表组成。《大宪章》与议会制度的建立体现了法的精神，为英国后来建立现代政治奠定了基石。

英国民族国家的建立起缘于 15 世纪中期的"玫瑰战争"。两大王族为争夺王位而相互厮杀，其结果是两败俱伤。都铎王朝继之而起，建立了新的专制王权。新王朝的出现，表明民族国家在英国的初步形成。都铎王朝同时推行重商主义政策①，就将资本主义的根植于英国。举国上下开始追逐财富，一种资本主义精神由此产生，并弥漫于全社会。1588 年的英西大海战中，英国人打败了西班牙的"无敌舰队"。数十年后，英国又发动三次针对荷兰的战争，迫使荷兰势力退出北美，夺取了海上霸主地位，建立了海权—贸易—殖民地的帝国主义模式。

2. 英国革命与英国宪政

1603 年，伊丽莎白一世辞世，来自苏格兰的詹姆士一世继位，由此开启了斯图亚特王朝对英国的统治。詹姆士一世及其儿子查理一世崇尚并实践"君权神授"论，公开恢复天主教，强化专制制度。在这种情况下，王权与议会之间的冲突就转变成专制制度和人民大众之间的冲突，最终引发了革命。其结果是国王被抓并处以死刑，英吉利共和国成立，克伦威尔成为共和国的最高统治者。克伦威尔成了"无冕之王"，国家权力重新回到一个人手中。革命未能建立新的政治制度，主权之争重启。克伦威尔去世后，局势恶化。为了避免新的分裂和内战，在查理二世接受了承认议会权力的条件下，护国政体和王室的支持者共同促成了斯图亚特王朝的复辟。然而，复辟王朝并不践行诺言，他们抛开国会实行专制统治，暗中向法国出卖国家利益，并试图恢复天主教。对此，英国民众的态度是既不想恢复专制制度，也不愿再发动革命。他们选择了一种新的方法来解决冲突，这就是不流血的"光荣革命"。辉格和托利两党携手邀请当时荷兰的统治者威廉来到英国，帮助英国人恢复他们"自古就有的自由"。结果是威廉和玛丽在接受了议会递交的"权利宣言"规定的条件后，继位为王，

---

①　在英国，重商主义首先强调的是资本积累，后期转为重工主义，主张大力发展能在国外畅销商品的工场手工业。这是因为作为后发国家的英国，没有盛产黄金的殖民地，只能设法通过大量的产品输出，通过限制殖民地生产使殖民地沦为原料和产品市场，从而实现利润的最大化。

詹姆士二世则逃往法国。"光荣革命"后，议会拥有最高权力，可以罢免国王；而国王虽存，但仅是名义上的，不具有独立的王权和专权，这种新的政治制度叫"君主立宪制"①。这种制度继承了英国历史上"王权"与"自由"两种传统，并使这两种传统通过妥协的方式融合起来，从而开创了一条和平变革的途径和先例。

"光荣革命"后，议会主权的原则确立起来，国家权力转移到议会手中，君主专制不复存在。英国贵族通过议会治理国家，他们相互制约，靠协商办事，政治斗争对社会、经济生活的干扰也降低到最低限度。上层建筑领域的变革为英国经济的强大崛起提供了制度保障，酝酿着一场将彻底改变人类历史发展进程的、伟大的"工业革命"，造就了一个时至今日仍让英国人引以为豪的"日不落帝国"。

二　殖民扩张与"日不落帝国"

1. 重商主义与殖民扩张

自新航路开辟以来，世界贸易的中心渐渐从地中海转移到了大西洋，给英国这个海洋岛国带来了机遇。都铎王朝时期，英国民族国家的建立、重商主义的推行、正规海军的组建②为其海外殖民扩张奠定了政治的、思想的、物质的基础和保障。1533 年，亨利八世发动了宗教改革，建立了安立甘教会（英国国教），即"新教"。排除了罗马天主教的干扰，英国迎来了第一个鼎盛的黄金时代。

与在早期殖民和贸易活动中独占鳌头的西班牙和葡萄牙相比，英国由于没有盛产黄金的殖民地，只能通过海上劫掠和制造品出口来积累财富，这就决定了英国的重商主义"除了具有经济思想与经济政策相互渗透、相互促进的一般特点之外，从一开始就有贸易差额论和重工主义的思想渗透其中"（汤在新，1990：17）。这就是美国重商主义的两段论，即：早期的重商主义强调"重金"，其着眼点在贸易，通过多卖少买增加货币积累；晚期的重商主义突出"重工"，通过扩大商品出口，赚取财富。他们

---

①　君主立宪制又称立宪君主制，是相对于君主独裁制的一种国家体制。君主立宪是在保留君主制的前提下，通过立宪树立人民主权、限制君主权力、实现事实上的共和政体。

②　亨利七世首次建立正规的海军，建造第一艘"伟大的哈利号"，为后来英国海上势力的发展开了先河。

把工业品输出海外，将殖民地沦为产品市场和原料供应地。英国重商主义向重视生产的转变，为近代工业文明社会的确立奠定了基础，确保了英国资本主义朝着健康而持续的方向发展。

重商主义的直接结果是它为英国带来财富，也极大地转变了英国人的思想观念，使人们开始投入农业改革、商业扩张以及最终的工业革命中去；其另一个结果是它直接推动了英国的对外贸易和殖民扩张，把英国引上建立帝国之路。16 世纪英国资本主义关系的发展，推动了国内外贸易的兴旺。全国性的统一市场基本形成，海外贸易迅速发展。1554 年成立了莫斯科公司，专营俄国、中亚和波斯一带的贸易；1579 年成立了东方公司，专营波罗的海沿岸的贸易；1581 年建立勒凡特公司，专营地中海东岸的贸易；1584 年，英国在北美建立弗吉尼亚殖民地；1588 年“英西海战”中，英国战胜“无敌舰队”，第一次作为一个欧洲大国登上了世界历史的舞台，同年，成立几内亚公司，专营非洲黄金贸易，并向美洲贩卖黑奴；1600 年成立东印度公司，独占好望角以东一切国家的贸易。在印度，英国公司商人讨好王公，排挤葡萄牙势力，获取许多贸易特权。英国以苏拉特为据点，后来夺取了南亚次大陆。1620 年，102 名英国清教徒来到马萨诸塞湾海岸，他们与后来的大批移民一道，建成了新英格兰；1628—1633 年，英国相继在西印度群岛的巴巴多斯、尼维斯岛、安提瓜岛和蒙特塞拉特岛建立殖民地；17 世纪中叶，英国占领牙买加；自1664—1674 年的三次英荷战争使英国占据上风，荷兰在北美大陆的殖民据点新阿姆斯特丹（后更名为“纽约”）连同其海上霸权一道落入英国人之手；1763 年七年战争结束后，英国在陆战和海战中先后击败了法国，夺取整个加拿大，英国的霸权由此确立，一个世界上国力最强大、覆盖范围最广的殖民帝国——英帝国（第一帝国）出现了。

2. 从“世界工厂”到“日不落帝国”

英帝国通常划分为第一帝国和第二大国（或称“日不落帝国”），其间的分野是工业革命。第一帝国是建立在坚船利炮和商业资本主义扩张的基础之上的，其中心是北美 13 个殖民地；第二帝国在一定意义上则是英国的工业家和企业家开创的，其中心在远东的印度。

“光荣革命”后，英国的社会结构、政治制度和意识形态方面都经历了重大的变异，这为 18 世纪末的工业革命创造了一个良好的环境。17、18 世纪，英国政府执行的政策基本上有利于保护私人产权和促进商业的自由发展。经商活动受到社会主流意识的认可，商人在英国享有很高的社会地位，这与当时流行的强调扩张和海外贸易的思潮有关。对外贸易提供了广阔的市场，反过来又刺激了英国工商业的发展。正是这种工商业长期持续的发展，萌生了人类历史上的第一次工业革命。

工业革命，也称产业革命，是一场从手工劳动向动力机器生产产生飞跃的技术革命。它使资本主义从早期工场手工业阶段过渡到近代大工业阶段。英国工业革命发端于棉纺织业，1733—1785 年先后发明了飞梭、多轴纺纱机（即珍妮机）、水力纺纱机、骡马机（意为综合机）、自动织布机。在动力运用方面，由水动力渐渐向蒸汽动力进化，先后制成了单动式蒸汽机和复合式蒸汽机。生铁冶炼技术的革新也随焦炭冶铁法的传播，促成了熟铁生产和炼钢技术的改革。"搅拌法"和"碾压法"的发明使锻铁效率提高 15 倍，从此自成一体的英国钢铁工业已经建立。在运输方面进步卓然，从前的运力主要是靠蓄力车辆或人背马驮；随着工业革命的进程，到 1800 年时，英国新建成 1600 条公路，拥有长达 6000 多公里的内陆水道。随着蒸汽机的广泛使用，英国的"铁路时代"迅速到来，到 1843 年时，已拥有长达 3000 多公里的铁路系统。与此同时，英国已经出现了一些专门制造机器的工厂，人们利用机器来生产机器，再使用这些机器去生产其他产品。19世纪 40 年代，一个独立、完整的工业部门——机器制造业开始发展起来。机器制造业的出现标志着工业革命的完成。到 19 世纪中期，英国成为"世界工厂"。1848 年时，铁产量超过世界所有国家铁产量的总和；1850 年，拥有全球半数的远洋航船，半数的铁路；1870 年，英国的对外贸易量超过法国、德国、意大利的总和。1801—1851 年，英国的国民生产总值增长了125%，1851—1901 年又增长了 214%。

英国在工商业方面的成就严重动摇了传统的重商主义，在经济自由主义指导下的自由贸易理论逐渐成为指导帝国重建的核心思想。英国的对外殖民政策也随之发生了重大变化，一改从前毁灭性的殖民掠夺为土地占领和对外移民。1815 年反法战争结束后，英帝国一跃成为世界首强，拥有殖民地数量由战前的 26 个增加至 43 个，遍及北美加拿大、西印度群岛、澳洲大陆及附属岛屿，东方的印度以及一些据点或岛屿等，如开普、锡兰、马耳他等。此后，又通过外交、贸易、武力等手段，先后占领了新加坡、亚丁港、缅甸、马来亚、婆罗洲北部以及香港岛，迫使清政府和日本人开放市场，获取在伊朗、土耳其贸易、投资等方面的特权。19 世纪中叶，经济发达、文化强劲、军事强大的英国凭借其制度（即经济制度、政治制度、社会制度）创新能力成为世界霸主，建立了庞大的世界帝国。在"一战"结束后的 1922 年，根据巴黎和会托管德国殖民地而达到领土面积最大时期，覆盖了地球上 1/4 的土地和 1/4 的人口，成为了世界历史上面积最大、跨度最广的国家。由于帝国的领土、属土遍及包括南极洲在内的七大洲、五大洋，美国成为了继西班牙帝国之后的第二个"日不落帝国"。

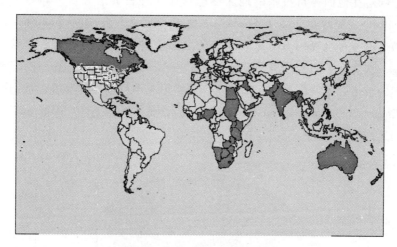

英帝国（The British Empire）①

三　英语的形成与演进

英语属印欧语系日耳曼语族西日耳曼语支，分布区域遍及世界各地，包括欧洲、美洲、澳大利亚、非洲和亚洲，并广泛运用于外交事务、商贸活动、学术交流、国际会议和旅游业等国际交往中，其母语使用者超过 4.5 亿人②，仅次于汉语和西班牙语，居于世界第三位。

相对于欧洲其他语言，英语的形成较晚，从公元 5 世纪至今，历时仅 1500 年。人们一般将英语的发展历史划分为三个时期：古英语、中古英语和现代英语。

1. 古英语时期（450—1100 年）

在盎格鲁—撒克逊人登陆英国之前，凯尔特人已经在这里生活了

---

① 来源：http：//s3. sinaimg. cn/middle/4b44e2blha5067b4c43c2&690.

② 该数据为 20 世纪 90 年代采集。

1000 年之久。公元 43 年，这个被冠名为布里塔尼亚（Britannia）的海岛被古罗马帝国征服，从此拉丁语开始作为不列颠最早的官方语言，广泛使用于政治、军事、法律、商业等领域。但是，由于当时在不列颠岛上的罗马人数太少的缘故，在罗马人对凯尔特人长达近 400 年的统治中，拉丁语对该地区的影响仅限于词汇的方面，根本没能取代凯尔特语。公元 450 年，三个日耳曼部族入侵不列颠岛，从此掀开英语文化历史的新纪元。这三个部落在他们各自占领的地区逐渐形成 4 种古英语方言，即肯特方言（Kentish）、麦西亚方言（Mercian）、诺森布里亚方言（Northumbrian）和西撒克逊方言（West Saxon）。这些方言虽有差异，但不影响他们彼此的交流，这就为早期古英语的诞生创造了条件。公元 7 世纪，这三个部族经多年的较量后，盎格鲁人人多势众，最终形成不列颠岛的主流。他们的语言 English（the language of the Angles "盎格鲁人的语言"）遂成为不列颠岛的通用语言。

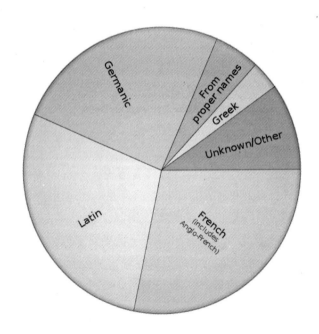

英语词汇组成①

---

① http：//zh. wikipedia. org/wiki/File：Origins_ of_ English_ PieChart_ 2D. svg.

　　该时期的英语由于融入了外来语言的文化成分，在语法结构、语音、词汇方面得到不断充实，已经基本上具有属于曲折语、综合语或融合语的各种语言特征，但尚不完善，处于"词形变化完备时期"。

　　2. 中古英语（1101—1500 年）

　　1066 年，诺曼人人侵英格兰，史称"诺曼征服"。此后，英国有三个世纪都为说法语的国王所统治，并且王后都是来自法国（只有一个王后例外）。在诺曼人侵入英国后的 20 年里，法语是英国的官方语言，所有政府和司法部门以及社会机构都使用法语，修道院长和主教、大主教都说法语，教会里也使用法语传教。在上层人士中，越来越多的人使用双语。

　　然而，诺曼法语的传播却受到社会等级的限制。在当时的社会系统内，每个英国人的地位很大程度上是由出身决定的，他们上升的唯一通道是教会，但走这条路必须保持单身。这就决定了这个群体的封闭性。从第一代诺曼征服者与英国人的人数比例看，100 人中只有 1 人说诺曼法语。如此小的比例并不能撼动英语的地位主体。在爱德华三世时期（Edward Ⅲ, 1332—1377 年），英法两国之间爆发了"百年战争"（1337—1453 年）。自此，英国民族意识大大增强，英语恢复了正统地位，法语成了敌对国的语言被禁止使用。到了 1385 年，所有学校恢复使用英语授课。1425 年，在英国社会生活中，英语已经得到广泛推广和使用。

　　该时期英语语法发生了根本性的改变，古英语的词尾变化和屈折形式消失了，取而代之的是采用词序（word order）来表明句子各成分之间的语法关系。按照语言学的类型分类，中古英语更接近于孤立型、分析型或词根型语言，处于"词形变化减少期"。

　　3. 现代英语（1500 年至今）

　　一般认为现代英语是从"文艺复兴"（the Renaissance）时期开始的。英国学者热衷于研究古罗马和古希腊文化，客观上为现代英语的形成和发展提供丰富的营养。在这一时期，大量的拉丁语、希腊语、法语、西班牙语、意大利语等欧洲国家的外来语词汇，通过各种途径进入英语词汇。莎士比亚将外来语和本族语巧妙地结合起来，创造了大量优美精炼、脍炙人口的英语成语。诗人弥尔顿的诗篇运用了大量拉丁词语，丰富了英语的表达能力。1611 年钦定本英译《圣经》的公开出版加速了英语走向规范化的进程，奠定了现代英语散文的句法（syntax）和文体（style）的基础。1662 年正式成立的皇家学院提倡用质朴的英语探讨哲学和自然科学，从此，英语逐渐取代拉丁语成为科学和哲学著作的语言。到了 17 世纪和 18 世纪，以领土为基础的行政管理和文化一体的民族国家已经出现，与之相配套的"民族"语言随之诞生，并通过自身扩张和重建来服务于民族语言的多重目的。到了 17 世纪末，随着国力的增强和在欧洲的崛起，英国的国际地位逐渐提高，英语的国际影响迅速扩大。18 世纪时，法语在国际上的显赫地位逐渐丧失，而最终让位于英语。

19 世纪初，作为世界主要的工业国和贸易国，英国经济和技术为英语的演进和传播插上了翅膀。新的科学发现和技术发明使英语词汇扩充了数以万计的新词。在 18 世纪中叶至 19 世纪末的大约 150 年间，有半数的科技文献使用英语撰写。20 世纪美国崛起，与英国一道占领文化、科技、军事的制高点，通过互联网、通信设施、新闻媒体等手段，将英语传播到世界的各个角落。在今天，英语已经成为事实上的全球通用语。

这个时期，是英语"词形变化消失期"。现代英语与其他所有的印欧语系语言相比，没有那么复杂的屈折变化，（除人称代词外）也没有了性和格的区分，它更多强调的是词语间相对固定的顺序，也就是说英语正朝向分析语的方向发展。

四　英国英语的国际传播

在亚历山大大帝后继者的时代，希腊语被称作"世界语"，在罗马帝国鼎盛时期，拉丁语被称作"世界语"，在 17 世纪至 19 世纪，法语也曾经是欧洲宫廷、贵族和外交家的语言，19 世纪，英语随英国在世界范围的扩张，而走向世界，也变成国际语言。20 世纪，美国取代英国，成为世界性超级大国，英语作为国际语言的地位得到巩固和加强，这就是现状。那么，英语是如何传播？今后又会朝何处去呢？

正如英国语言学家戴维·克里斯特尔所言，"英语一直都是不断演变的语言，而各种语言的交流一直都是促进语言变化的驱动力"。（David，1997：Ⅸ）英语，作为一门后发语言，之所以能够在短短 300 多年间从一种落后的语言文化，迅速迈入欧洲一流语言文化的行列，与英国人奉行实用主义的语言文化理念、对外来语言文化采取最大限度的开放性和包容性态度关系极大。英国人对任何其他语言似乎主张一种语言上的"自由贸易"，他们从不拒绝对发展英国语言文化有实用价值的外来词语。在英语对外来词吸收的历史上，拉丁语提供了为数最多的借用词，其次是法语、斯堪的纳维亚语、日耳曼语、意大利语和荷兰语。英语还通过贸易和其他的接触,从印度借用了几百个词。另外,英语还有少数来自阿拉伯语、波斯语、俄语、汉语、马来语等其他语种的词汇。现在,英语仍在不断地吸收外来词。在现代英语大辞典收录的 65 万—75 万词条中,古英语的词汇为 5 万—6 万条。然而,在如此众多的"外来语"中,古英语仍然构成了它的核心,不到5000 个的古英语单词一直保持到了今天。(童之侠,2008:63—64)

英语的全球化历程始于 17 世纪,其标志就是英国在北美、澳洲、非洲、亚洲诸多殖民地的建立。经过 18 世纪的迅速扩张,在 19 世纪时,英国凭借其雄厚的经济实力,采取将独具特色的贸易与文化、政治紧密结合的对外政策,从诸多列强中脱颖而出,建成了强大的"日不落帝国",英语便随即成为"日不落语言"。英语在走向世界的过程中,自己也在不断演进着。19 世纪以来,英语的用法比过去任何时期都更加稳定,标准也更加一致。现代英语的语法较之其他欧洲几大语言,如法语、德语、西班牙语、俄语等语言的语法,已经大为简化了,基本上不存在这些语言所具有的复杂的曲折变格形式,语音也发生了规律性的变化,词序都是"主—谓—宾"结构,这使得英语在世界各地的传播大为提速。英语在向全球扩张的过程中,随着与不同文化、不同语言的接触越来越广,不可避免地会出现各种地区性变体,这种现象也称为"语言的互际化"。在此过程中,英语不断受到各地传统语言文化和当地方言的影响,逐渐形成具有地方特色的英语种类,除英国英语外,还有美国英语、加拿大英语、澳大利亚英语、新西兰英语、南非英语、南亚次大陆英语等。它们在语音、词汇、语法上存在不少差别,但时至今日尚未影响互通。

英语成为全球通用语经过三个阶段:①16 世纪殖民者从西非英国殖民地贩卖黑奴去美洲,于是在加勒比海地区形成了具有地方特色的洋泾浜英语和克里奥耳语(creoles),从此后,它们开始扮演地区性国际通用语的角色。②17 世纪英国相继在北美、澳洲、南非、印度等地建立殖民地,后来这些殖民地又先后获得独立,结果形成了各具地方特色的英语变种。自此,英语开始在洲际间更大的范围内发挥国际通用语的作用。③19 世纪,英国开始在它的殖民地建立帝国主义制度化的英语教育体制(Imperialism Institutionalized English Education System),强行推广英语。这种教育体制的建立,意味着世界上有更多的人将必须借助英语进行交际。(牛道生,2008:104)

纵观英语的发展历程，16世纪末，世界上以英语为母语的人口大约为500万—700万人，他们大多数居住在不列颠群岛上；自伊丽莎白一世执政结束的1603年至伊丽莎白二世开始执政的1952年，这个数字几乎增加了50倍。不过，在这为数众多的英语使用者中，绝大多数都住在不列颠岛以外，而且大多数为美国人。这就是说，今天英语传播的接力棒已经传到了美国的手中。关于英语的现状和未来，将在本书第五章进一步论述。

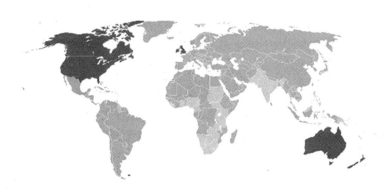

■ 官方语言及主要第一语言　　　■ 官方语言但非主要第一语言

英语使用区域分布图①

第四节　法、俄、德、日的扩张及其语言的传播

一　法兰西·民族、文化与语言

1. 民族、国家及帝国的形成

法国，全称法兰西共和国，是西欧面积最大的国家，其领土呈对称的六边形，三边临海，三边靠陆。不计海外领地，法国的面积达到55万平方公里，为欧洲面积第三大的国家。根据2011年法国人口普查统计数字显示，法国人口总数为62793432人（不含海外领地和海外地区）。法国是世界上最发达的国家之一，按国内生产总值计算，是世界第五大经济体（在欧洲排名第二、仅次德国）。

法兰西人是由凯尔特人中的高卢人在历史上同伊比利亚人、利古里亚

---

① http://zh.wikipedia.org/wiki/File：Anglospeak（800px）.png.

人、罗马人,以及日耳曼人中的西哥特人、勃艮第人和法兰克人等长期融合而成。凯尔特人在公元前 1000 年到达中央高原地区,后来扩展到了西部地区,于公元前 5 世纪之后逐渐同化了利古里亚人,并对伊比利亚人产生了较大影响。公元前 53 年,罗马帝国征服高卢,凯尔特人接受了拉丁语,并结合原有的语言形成民间拉丁语。5 世纪罗马帝国崩溃时,高卢人与移居而来的罗马人已经融合,形成高卢—罗马人,这便是现代法兰西人形成的基础。公元 5 世纪后期,法兰克人(日耳曼人的一支)大举西侵,并在高卢地区建立了法兰克王国。公元 800 年,法兰克王国查理曼统一了原罗马帝国的整个西欧地区,成为"西方皇帝"。此时,西哥特人、勃艮第人和法兰克人都被高卢—罗马人同化了,但高卢—罗马人的语言却接受了法兰克人的影响。公元 843 年,查理曼帝国分裂为三个王国。其中莱茵河与易北河之间的德语地区成为东法兰克王国;位于莱茵河以西的罗曼语区大部划归西法兰克王国(即后来的法国)。这是第一次从语言和地域上把法兰西和德意志分开。

自由引导人民①

---

① [法]欧仁·德拉克洛瓦作品。http://www.sj33.cn/ys/hhys/200706/11684_2.html.

　　1453 年英法百年战争结束后,"强化王权,建立主权完整的民族国家"逐渐成为全体法国民众的共识。在这种现代国家观念的指引下,法国在路易十四时代(1661—1715 年)成功抑制了贵族割据势力,推进了政治和疆域的统一。但是,这种绝对君主制对平等和自由的缺失无从真正将整个民族的意识凝聚起来。法兰西民族最终的形成却是在法国大革命时期。发生于 1789 年 7 月 14 日的法国大革命,消除了封建壁垒、地区观念,加强了法兰西民族的一体化程度,进一步丰富和发展了该民族的特征和个性。在整个过程中,法国人把革命者叫作爱国者,人们的民族意识和国家意识真正树立起来了。从另一个方面看,法国大革命之前,2600 万人中有 1200 万人不能正确使用法语;大革命之后,法语得到普及,这对民族的统一至关重要。故而,法国人普遍认为是这次革命促成了法兰西民族的统一。

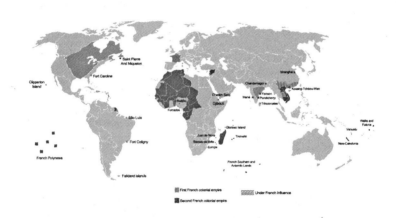

法兰西殖民地分布图①

　　自 16 世纪起,法国一直心存在美洲建立殖民地的企图,但受制于葡萄牙和西班牙而从未得手。法国的海外殖民活动实际起步于 1605 年法国在新斯科舍皇家港的建立。数年后,法国人在新法兰西(今加拿大)建立起以皮毛贸易为主的殖民地魁北克省,1624 年在非洲占领了马达加斯加沿海、塞内加尔河口一带,1699 年在北美占领了路易斯安那。此外,

---

　　① 浅色为第一殖民帝国的殖民范围;深色为第二殖民帝国的殖民范围。http://zh. wikipedia. org/wiki/File:131Etendue_ de_ l%27Empire_ Fran% C3% A7ais. png.

法国东印度公司在印度占领本地治里。但是，法国在奥地利王位继承战争中又失利，被迫割让其在印度的殖民地，并在七年战争中又失去了新大陆的大部分殖民地，虽然它因为在美国独立战争期间所作出的调停而收复了一些在美洲的殖民地。

在路易—波拿巴·拿破仑的"法兰西第二帝国"时期，法国再度大肆推行海外殖民扩张路线。在七年战争中败走美洲大陆后，法国将殖民扩张的主要矛头转向了非洲和亚洲。七月王朝时期法国完成对阿尔及利亚的占领，接着便开始向西非和中国渗透。它一面加紧在非洲的扩张，一面联英侵华，同时大规模侵占印度支那各国的领土。第三共和国继续全力推进殖民事业，终于在第一次世界大战前夕使法国成为一个仅次于英帝国、地跨大洋洲、非洲、亚洲和美洲的殖民大帝国，领土面积达 1060 平方公里，人口 5550 万，统称"法兰西帝国"。

2. 法语世界的形成及现状

法语（la langue française）属印欧语系罗曼语族西罗曼语支，是继西班牙语之后，使用者人数最多的罗曼语言之一，被列为联合国工作语言，母语使用人数超过 1 亿，二语使用人数大约 2.5 亿。

法语衍生于拉丁语。公元 4 世纪，罗马帝国统治法国，拉丁语开始在法国流行。随着罗马移民的增加，原先通行于法国本土的凯尔特语与使用的通用拉丁语融合成为通俗拉丁语。公元 5 世纪，高卢境内说拉丁语的原有居民，与随着民族大迁徙进入高卢的讲日耳曼语的法兰克人开始融合。公元 6—7 世纪，大众语变为一种混合性语言（une langue composite）。公元 8 世纪，查理曼帝国的建立使得法语走向规范化。到 9 世纪时，拉丁语和日耳曼语最终融合而成罗曼语。中古时期的法国诸侯割据、主权分散、方言众多。公元 13 世纪时，卡佩王朝统一了全国，巴黎地区的方言开始成为民族通用语。14 世纪英法爆发了百年战争，法国长期战乱，语言发展变化不大。15 世纪末，随着国家的逐渐统一，语言也逐渐趋于统一。1539 年，国王弗朗索瓦一世宣布以法语为国语，禁用拉丁语和其他语言，法语获得了优势地位。1635 年，法国仿效意大利通过学术机构确定语言使用规范，"让它变得更加纯正，更加雄辩，成为适合于表达各门艺术和科学"。（尼古拉斯，2011：372）

法语的最大成就是在离法国较近的欧洲次大陆取得的。17 世纪晚期，法国文化风行于整个欧洲，凡尔赛宫为欧洲王室的宫廷礼节和生活方式建立了标准。在 18 世纪，法语成了有教养、有品位的标志，欧洲大陆所有的宫廷都采用了法语，王室、朝臣、外交官及绅士淑媛都说法语。在这个时期法语象征着高雅和影响力，全面取代了拉丁语而成为外交语言。由于具有优美、准确、严谨的特点，加之法国在军事、政治和经济方面强大的影响力，法语取得了一种国际通用语的地位，在 18 世纪末达到最辉煌时期。19 世纪时，西起荷兰，东至俄罗斯，精英阶层都以法语为第二语言，尤其在较为正式的场合。直至 20 世纪中叶，法语还是首屈一指的外交语言和文学艺术的主要通用语言。

3. 法语的海外传播

法兰西殖民地扩张发端于 16 世纪。法语的海外传播与荷兰十分相像，这就是殖民者数量的不足和对殖民地政治控制的短暂。与英国比较而言，英国向海外移民数量较大，语言传播的效果持久而向好；法国重视文化传播，但移民数量不足①，加之国力起伏较大，抑制了语言传播的效果。

除了加勒比海蔗糖大亨的领地以外，法国在两次大的海外扩张中只在这两个地方吸引到一定数量的殖民者，一是 17 和 18 世纪的新法兰西（今加拿大），二是 19 世纪的阿尔及利亚。在对新法兰西殖民过程中，真正有大量说法语的殖民者前往的只有圣劳伦斯河地区和阿卡迪亚（今新斯科舍半岛）。法国政府期望通过法国男子与当地女子通婚，让后代接受法语教育的方式扩大法语的使用范围，但效果不佳。后来政府出资送去了受过良好教育的法国女孩和育龄妇女，让她们和法国移民结婚，以产生出更多讲法语的家庭。新法兰西的人口数量由 1713 年的 2 万人增加到 1755 年的 5.5 万人，平均每个女子产子 7.8 个，从而保证了孩子们能从母亲那里学到标准的法语。1763 年以后，越来越多说英语的移民来到加拿大，1791 年时说法语与说英语人数的比例是 14∶2，到 19 世纪中叶欧洲人的数量达到 150 万人时，法语人口已不再占优势，到 1998 年该国人口达到 3050 万人时，以法语为母语的人口比例减少至 22%，而 60% 的人是讲英语的。除此之外，法国殖民者较为集中的还有加勒比地区，这就是法属安的列斯群岛、瓜德罗普岛以及马提尼克岛。截至 1700 年那里有 2.5 万法国人和 7 万名黑奴。今天他们的后裔有 100 多万人仍生活在那里，他们都说法

---

① 英国殖民者在数量上远超法国人，在 17 世纪中叶其比例大约为 40∶1；18 世纪时，当法国殖民者人数增长 10 倍时，他们依然比法国人多 20 倍。

语或法式克里奥尔语①。在海地，今天还有大约 750 万人说法语或法式克里奥尔语。另外，其他的法属殖民地，如印度沿岸、印度洋上以及法属圭亚那，由于都未能吸引到大量的欧洲人，时至今日也只有小块的法语区。

　　大革命和拿破仑帝国对于法语的传播并无建树，倒是 1815 年复辟的王权为法语的海外传播开启了一个新的时代。1830 年，法国人入侵阿尔及利亚，随即大批量殖民者涌入（1847 年为 11 万人，20 世纪时达到近 100 万人）。他们从塞内加尔原来的基地向外扩张，并借口基督教使团遭到迫害于 1887 年全面控制了印度支那地区（即今日的越南、老挝、柬埔寨）。他们借传播"法国文明"之名与比利时共同"瓜分非洲"。经过 50 年在西非的大肆扩张，到 1913 年时法语已成为非洲 1/3 地区的统治语言，地域覆盖从阿特拉斯山脉到东非大裂谷的大湖地区。但是，由于法国不是一个工商立国的国家，法兰西帝国很难吸引到大量移民；由于"典型的海外法国人总是百万富翁、医生、传教士或者教师"（尼古拉斯，2011：380），法语在阿尔及利亚以外的其他地方往往受限于上流社会。第一次世界大战之后，德国和土耳其的属地（喀麦隆和多哥、叙利亚和黎巴嫩）被划入法国的势力范围，法语为行政语言的殖民地的数量有所增加。在第二次世界大战结束后的 15 年里，除太平洋上的一些小国家、加勒比海和南美洲之外，近东、非洲、印度支那的前法国殖民地纷纷获得独立。

法语使用区域②

---

　　①　克里奥尔语（Creole Language）是指一种混合多种语言词汇，有时也掺杂一些其他语言文法的一种语言，这个词是用以泛指所有的"混合语"。

　　②　颜色深浅表示法语的重要性。http：//upload. wikimedia. org/wikipedia/commons/2/26/Map-Francophone_ World. png.

于是，法兰西帝国顺势而为，变成了法兰西联邦，一个由以通用语法语为纽带加以维系的国家联盟。鉴于人们意识到法语对清晰性与合理性的重视和对文化多样性的保护和促进作用，若干以法语为第二语言的著名人士提议成立法语国家组织（Organisation Internationale de la Francophonie）。当前，作为欧盟日常行政和政治主要用语的法语，其最重要的通用性体现在欧盟之中。虽然以法语为官方语言的国家很多，而且联合国也将法语确立为6种工作语言之一，但使用法语的人口只占世界人口的20%左右，而且多在撒哈拉以南非洲的前法国殖民地，英语正在蚕食法语的这一地盘；在东南亚的前法国殖民地，法语几乎被英语所取代。鉴于美国超强影响力的缘故，在世界范围内，这一势头将愈演愈烈。

二　俄罗斯·民族、文化与语言

1. 民族、国家及帝国的形成

俄罗斯联邦，前身为苏联最大的加盟共和国，地跨欧亚两大洲，其国土面积为17075400平方公里，是目前世界上疆域最大的国家。俄罗斯人口数量为1.43亿人（据2012年统计），人口数量在世界上排名第九。

在人类文明史上，俄罗斯是一个后起的国家。在古罗马帝国的余晖散尽之后，这里的东斯拉夫人①仍然过着刀耕火种的原始生活。直到公元9世纪下半叶，在这块土地上才出现最早的罗斯国家，882年迁都基辅后改称"基辅罗斯"。12世纪30年代，基辅罗斯解体，分裂为十几个独立的封建公国。13世纪初蒙古帝国兴起，随即大举西征。1227年蒙古军队首犯南俄，1237年侵入东北罗斯，1240年攻陷基辅，1243年以伏尔加河为中心建立了钦察汗国（亦名"金帐汗国"，公元1243—1502年）。15世纪后期，莫斯科公国崛起，相继兼并了东北俄罗斯各公国。直到16世纪初，统一的俄罗斯国家基本形成。统一后的俄罗斯，其国土面积仅有280万平方公里，且是一个内陆国家。但在"第三罗马"②情结的作用下，俄罗斯由莫斯科大公国逐渐发展成为一个帝国，昔日的大公变成了专制的沙皇。

---

①　东斯拉夫人的先民为来自斯堪的纳维亚的维京人中的卡扎尔人（Khazars）或瓦莱格人（Varègues）部落。

②　在莫斯科大公看来，前两个基督教国家——罗马帝国和拜占庭帝国业已崩溃，莫斯科是继罗马、君士坦丁堡之后的"第三罗马"。

在西方人向海外扩张的同时，不具海洋便利的沙皇俄国选择了陆上扩张的路径。1583 年俄罗斯出兵西伯利亚，并于 1598 年消灭了西伯利亚汗国。接下来挥戈西、南，经与波兰和土耳其进行了长期的角逐，最终将乌克兰、白俄罗斯并入版图。彼得一世时，俄罗斯战胜瑞典取得了波罗的海出海口。1768 年俄土战争后，俄国取得了黑海的出海口，1783 年又吞并了克里米亚汗国。1792 年第二次俄土战争结束后，俄国的势力已经伸入巴尔干半岛。1809 年，俄国人又一次击败瑞典人，之后将芬兰并入自己的版图。在维也纳会议上，俄国伙同普奥两国再次瓜分波兰，攫取了波兰大部分地区。1826—1828 年，俄国击败伊朗，迫使伊朗割让了几乎全部格鲁吉亚、北阿塞拜疆和东亚美尼亚。从 1828 年春天到 1829 年秋天，俄国对奥斯曼帝国发动了战争，吞并了高加索的整个黑海海岸及南高加索地区。俄国还大肆向中亚扩张，到 19 世纪中后期，吞并了包括今天哈萨克斯坦、吉尔吉斯斯坦、塔吉克斯坦、乌兹别克斯坦和土库曼斯坦在内的广大地区，面积近 390 万平方千米。在东亚，俄国通过与中国签订一系列不平等条约，如《瑷珲条约》、《天津条约》、《北京条约》、《中俄勘分西北界约记》等，陆续割占了中国共计达 150 多万平方千米的广阔地区。从 1547 年伊凡四世自称沙皇起开始对外扩张，到 1917 年罗曼诺夫王朝覆灭，俄罗斯经过 370 年的武装兼并和殖民扩张，已经成为一个地跨欧亚大陆的殖民帝国[1]，它的版图由 280 万平方公里扩展到 2280 万平方公里（其中，殖民地面积为 1740 万平方公里）。仅从中国掠夺的和强占的领土就达 588 万平方公里，相当于现在中国陆地面积的三分之二。[2]

1922 年列宁领导的布尔什维克党取得政权后，原来的俄罗斯帝国变身为由 15 个加盟共和国组成的"苏维埃社会主义共和国联盟"（简称"苏联"）。"二战"前后，斯大林政府从芬兰掠得卡累利阿、贝柴摩等，吞并爱沙尼亚、拉脱维亚、立陶宛，吞并西白俄罗斯和西乌克兰、德国的柯尼斯堡（现俄罗斯的加里宁州）、斯洛伐克的外巴尔喀阡、罗马尼亚的比萨拉比亚和北布科维那，以及日本的南萨哈林和南千岛群岛及中国的图瓦地区。1991 年，积重难返，矛盾重重的苏联解体，俄罗斯宣布独立。

长期徘徊于东西方文明之间，俄罗斯始终未能形成堪与其他强势文明

---

① 俄国于 1799 年宣布拥有阿拉斯加主权，但于 1867 年 3 月 29 日将其卖给美国。

② 此数据统计时间为从 1689 年（康熙二十七年）至 1945 年"二战"结束的 256 年。

比肩的独特文明。由于根基不牢、底蕴不深，它的崛起主要依靠军事强权，而不是凭借他国对其文化或制度的强烈向往，因而是极其脆弱的，难怪被戏称为"泥腿巨人"。正如列宁所说："俄国的帝国主义，众所周知，资本的色彩较淡，可是军事封建的色彩却较浓。"（列宁，1972：475）其实，到了苏维埃时期这种状况也没有改变，所不同的只是在原来的帝国主义的前面带了个"社会"的词缀，或许再加上"专制"则会更加完整①。僵化的理论思想、专制的政治制度、残暴专断的个人作风以及民众的圣愚崇拜所带来的危机，凭借单纯的军国主义注定是化解不了的。苏联，这个现代版的"泥腿巨人"，终于于 70 年后的 1991 年再一次倒下了。

2. 俄语的形成及其传播

俄语属于印欧语系斯拉夫语族东支。俄语是俄罗斯人的语言，也是苏联境内各民族间的通用语言。在世界范围内，以俄语为母语的人数超过1.6 亿，加上周边国家作为第二语言使用的人，共计达 2 亿多人。

俄罗斯语起源于东斯拉夫人的语言，其最早的文字记载大约在公元 10世纪中叶。这些说俄语的东斯拉夫人主要从事的是农耕生产，而统治他们的维京人（Vikings）最初说古斯堪的纳维亚语，后来改用俄语。南方是一片大草原，自公元 5 世纪起，这里不断遭到说突厥语的游牧民族的蹂躏，最严重的一次就是公元 13 世纪成吉思汗手下的蒙古人的西征。蒙古人的统治维持到 2 个世纪之后的 1480 年，最终为莫斯科公国领导的罗斯人推翻。16 世纪初，重新统一的罗斯人称自己的国家为俄罗斯或俄国，罗斯人就被称为俄罗斯人，而处于俄罗斯南部诸方言和北部诸方言交界处的莫斯科方言就成了俄罗斯其他各种方言围绕的中心。1547 年，莫斯科大公伊凡四世加冕沙皇，他随即大举扩张，先后吞并了金帐汗国所留下的大部分土地、喀山突厥汗国以及里海边上的阿斯特拉罕。俄罗斯人在对当地贵族进行同化的过程中，俄语被强加进人们的生活之中。此后，沙皇俄国的帝国主义扩张一直持续了三个半世纪直至 20 世纪，此时亚洲大陆的整个北部地区名义上已被俄语所覆盖。

作为农耕民族的俄罗斯人，他们的扩张行为主要是依靠来自顿河地区的哥萨克军队。这些哥萨克，虽为突厥游牧民族，但他们讲的是俄语。他

---

① 第一次世界大战后，马克思主义的东欧派主张专制社会主义，其缘由在于东欧（俄罗斯）根深蒂固的专制传统。后来苏联宣称的社会主义，实质上是社会帝国主义，更准确些说，应该是"专制社会帝国主义"。

们任性自傲，骁勇善战，足迹遍及自波兰和乌克兰一直到哈萨克斯坦的整个南部大草原。当时，地广人稀的西伯利亚虽是俄国政府对罪犯的流放地，但所去的人数太少，俄语的影响力十分有限。不过，在接下来的 3 个世纪里，这里日渐发达的采矿业吸引了越来越多的移民自西而来。鉴于这一地区既松散又落后，很快就被俄语文明所同化。不过，就俄罗斯西面、南面和东南方向的近邻国家而言，对俄语的接受就非那么顺理成章了。在沙皇亚历山大二世时期，俄国人企图对识字率和经济状况更占优势的波兰实施"俄罗斯化"，并规定俄语为波兰的官方用语和包括大学在内的所有学校的教学语言。但这一切效果不佳，波兰语也未被取代。俄国人对乌克兰颁布了更严苛的法律，禁止出版所有以乌克兰语写作的书籍，要求所有斯拉夫民族统统使用俄语（Hosking & Geoffrey，1977：369）。所幸，当时说乌克兰语的加利西亚①不在俄罗斯管辖范围之内，聚集在这里约 20% 的乌克兰人最终将这门语言及所承载的文化保留下来。在波罗的海地区，俄国移民和俄语只对爱沙尼亚和拉脱维亚影响较大；而在其他国家，俄语的推行就受到了不同程度的抵制，芬兰的俄国总督也于 1904 年遇刺。迫于日俄战争的压力，俄罗斯人恢复了芬兰人使用自己语言的自由。在南扩时期，俄国人在武力上取得了成功，但在语言的推广上就不尽然了。俄语虽然成为整个外高加索地区的行政和教育用语，但只限于少数北部山区受过良好教育的格鲁吉亚人和南部的亚美尼亚人。从现在按以俄语为母语的使用者比例来看，俄语对这一地区的影响实在太小：亚美尼亚 2%，格鲁吉亚 7%，阿塞拜疆 6%。中亚穆斯林地区成为俄罗斯的领地之后，俄国人对语言和宗教采取了相对宽容的态度，允许将鞑靼语用作草原上的行政语言。后来，俄国当局不断向这个地方增加移民（1887 年为 20%，1911 年为 40%，1939 年为 47%）（Roy，2000：32），从而改变了这一地区的语言图景。此后，欧洲殖民者继续向哈萨克斯坦、土库曼斯坦、乌兹别克斯坦以及吉尔吉斯斯坦蔓延，但所占比例却不及 10%。

进入苏联时代后，当局推行了一种表面上平等的语言政策，宣称"不存在官方语言"。但实质上，俄语还是各联邦之间相互交流的唯一选择。迫于来自周边敌对势力的压力，原有的"平等"原则渐渐淡出，俄语的优

---

①　加利西亚当时在奥匈帝国境内，沙皇俄国无法染指。日后，这里成为乌克兰民族主义者的活动中心。

先性突出出来。莫洛托夫曾说，"社会主义就是苏联统治世界，而且全世界都要说俄语，用俄文"。（周有光，2010：54）于是，俄语在苏联及社会主义阵营的地盘上大行其道。作为母语，俄语在苏联借助学校教育得到了普及，截至 1970 年全苏 77.5%[①]的人懂俄语、用俄语；作为第一外语，俄语在华约成员国及观察员国、中国、古巴等被设为中学以上学校的必修课程。

1992 年 1 月 1 日苏联解体后，在其疆域内，俄语教育的前景以及长期作为前帝国各地通用语的中心地位随之丧失；其欧洲属国也很快弃用俄语，以英语或德语作为第一外语。苏联的加盟共和国"独立"后，人们迅速恢复使用各自的传统语言。波罗的海边有拉脱维亚语、立陶宛语和爱沙尼亚语，里海沿岸有亚美尼亚语和格鲁吉亚语，中亚有哈萨克语、吉尔吉斯语、土库曼语、乌兹别克语和塔吉克语。唯有偏远而闭塞的西伯利亚这个俄国人曾经大规模殖民的地方，别无选择地保留了俄语。

三 德国的崛起与德语的传播

1. 德意志人与德意志

德意志人生活在中欧地区，由撒克逊人、图林根人、阿雷曼人、巴伐利亚人、法兰克人、弗里斯人等日耳曼部落组成。3 世纪起，日耳曼人中出现了部落联盟。4 世纪中叶，日耳曼人随匈奴人涌入西罗马帝国，并于 476 年推翻了这一帝国的统治，在其境内建立多个日耳曼封建邦国。

第一个德意志帝国出现在公元 10 世纪，全称为"德意志民族的神圣罗马帝国"。10—13 世纪，德国东扩，同化了波拉布人、诺曼人和普鲁士人等部落，但神圣罗马帝国始终不是一个中央集权的统一国家。这种封建割据的状态一直持续到 1871 年。在这一年，德意志人取得了普法战争的胜利，三百多个小邦国联合起来，建立了统一的德意志帝国（史称"德意志第二帝国"）。在周边大国的压力下，德国宰相俾斯麦采取的是一种务实的"小德意志统一"方案，而非一个囊括了所有德语民族的"大德意志统一"方案。"此后的 43 年中，德国成了欧洲大陆最强的国家。"（赫伯特，2007：219）新近崛起的德国"要寻找一个太阳下的位置"，遂制定了建立强大军队和殖民帝国的世界政策。威廉二世早在 19 世纪末就积极扩军，尤其是海军，介入外国殖民地事务。1897 年德国占领中国山

---

① 另有 22.5% 来自抵制俄语的中亚和波罗的海国家。

东半岛，1898 年英德签订秘密协定，瓜分葡属非洲。1899 年乘美西战争的机会，出资购买关岛、加罗林群岛和帕劳。1903 年得到巴格达铁路建筑权后，推出 3B 计划，将德国势力渗入奥斯曼帝国。1911 年德国获得部分刚果领土。1914 年 6 月 28 日发生萨拉热窝事件，德国向奥国表示无条件支持，结果俄国向奥国宣战，德国向俄国宣战，第一次世界大战爆发。德国战败后，签订了《凡尔赛条约》。《凡尔赛条约》对战败国的空前苛刻性和掠夺本质，引发了德意志世界中强烈的民族主义。这种民族主义既有"民族复仇主义"的成分，也有普遍的"大德意志统一主义"的倾向，为纳粹党提供了历史机遇。1933 年 12 月 1 日，"德意志第三帝国"成立。纳粹党在实现了"大德意志统一"的民族国家之后，继续直奔欧洲主宰和世界霸权的权力方向。它所贯彻的霸权主义空间政策、民族压迫和剥削政策以及种族灭绝政策，使德意志民族的"大德意志统一"的组织形式失去了任何政治上的公信和道义上的名誉。因此，这个"大德意志第三帝国"便在它自身点燃的战火中毁于一旦。随之而来的是德意志这个民族统一体的解体，即东、西两个德国的分裂。从 20 世纪 60 年代末以来，不论东德，还是西德，所有德国人对民族统一的理想从未放弃过。勃兰特总理在华沙犹太纪念碑前的下跪，施密特总理在奥斯维辛集中营发表的演说，无不传递着一个清晰的信息：德国人已经洗心革面，忏悔过去，决心成为维护世界和平的稳定力量。在作出"促进两德统一，完善欧洲统一，为世界和平服务"（Kohl，1990：203）一系列保证后，两个德国终于在1990 年 10 月完成了这场德意志历史上的再次统一。

当然，两德的统一并不意味着"完全意义上的民族统一"。要让所有的德语民族都能生活在一个共同的政治屋檐下，理智的方法在于积极谋求实现联邦主义的"欧盟"一体化理想。"令人感到安慰的是，基督教文化圈中的欧洲人，首先是包括德意志在内的西欧、中欧与南欧人，早已在作'欧洲一体化'运动的伟大尝试了。"（王加丰，2007：129）

2. 德语的传播与现状

德语属印欧语系日耳曼语族西日耳曼语支，其母语使用者主要分布在德国、奥地利、瑞士北部、列支敦士登和卢森堡，此外还分布在欧洲许多地区（如意大利北部、比利时东部以及波兰等地）和作为原德国殖民地的纳米比亚等地。据欧洲语言管理中心 2013 年 9 月最新的数据显示，全球使用德语的人口大约有 1.2 亿。

　　虽说日耳曼人在公元 5 世纪时就自北而南地席卷了罗马帝国的整个西部，但德语的形成却是在中世纪以后。12—16 世纪，随着德国政治上王国的建立、经济上远程贸易的发展，思想上基督教的广泛传播，日耳曼各个部落的民间方言逐渐走向融合，从而孕育了作为日耳曼民族通用语的德语。对于标准德语的形成，从事拉丁文《圣经》翻译工作的马丁·路德功不可没。他从流传广泛的宗教读物中汲取营养，从民间话语中获得动力，将自身的"宗教感化力、语言创造力和对语文学的严谨态度融为一体"，创造了"朴实、有力而贴切的语言"（汉斯，2009：145）。通过宗教改革，路德《圣经》所使用的德语方言得到了广泛的普及，成为后来标准德语的基础。17 世纪，天主教会和新教相争引发"三十年战争"（1618—1648 年），德意志变成一片废墟。此时，"缔结威斯特法伦和平条约后，法国在欧洲大陆占尽优势……"（陈晓春，1996：63）法语也因此成为整个欧洲的高雅语言，继而成为当时流行世界的通用语言。但是，根植于民众的德语也在不断成长，而且这个民族在科学、文字、艺术以及各种学术上也随即迈入了黄金时代。18 世纪是莱辛、歌德和席勒，是莫扎特、贝多芬、赫德尔、洪堡兄弟、康德以及黑格尔的世纪，启蒙运动的许多重要思想最初都是用德语来表达的。据丹麦语言学家奥托·耶斯伯尔森估计，1800 年前后，用德语作为母语的人数已经超过了使用法语的人数。19 世纪末，德语已成为最重要的商业和科学用语之一，几乎与英语和法语平分秋色。假如德国在第一次世界大战战败后，海外殖民地没有被国际联盟剥除，德语在非洲（多哥、喀麦隆、纳米比亚、坦噶尼喀）以及太平洋地区（巴布亚岛和密克罗尼西亚群岛的大部）的官方地位就能延续。1939 年这个"一战"中输得精光的国家孤注一掷，发动了最后一次令人瞠目结舌的行动——第二次世界大战，将新"帝国"的疆域从大西洋海岸一直延展至乌拉尔的整个欧洲大陆中北部；但这种控制仅仅维持了六年，这对于一门语言的传播而言时间实在太短。随着战争的再次失败，大多数德意志族裔被赶出中欧和东欧，德语的使用空间被极大地挤压。"二战"后，德国的文化政策一直很低调，所表现出来的姿态十分谦恭。在国际场合，德国人总乐于改用英语，官方场合也从不坚持要用德语。这种自我克制的甚至自我轻视的政策，产生了无心插柳柳成荫的效果。1990年两德统一，东德的 1700 万日耳曼语使用者为欧共体增加了以德语为母语的人口。在中欧和东欧的前社会主义国家，俄语迅速蒸发，几乎痕迹未留。在欧盟，随着东德和奥地利的加入，1998 年以德语为母语的人数已达 9100 万人，为最大的语言集团；而英语和法语都只有 6300 万使用者。（艾布拉姆，2008：188）就国际通用性而言，德语尚无法与英语相比；但就语言在国际文化和科技方面的作用和影响来说，德语将一如既往受到人们的青睐。随着德国经济力量的增强和在国际事务中政治地位的加强，西方国家人民学习德语的热情会越来越高，东欧诸国也会竞相选择德语为学生们的第一外语，其他地区的人民对德语的兴趣也会与日俱增。可以预期，德语未来在欧盟及世界上的通用性还会再度提升。

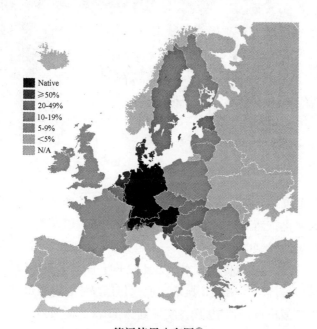

德语使用分布图①

四　"脱亚入欧"：日本国与日本语

日本国，古称"大和"，寓"日出之国"之意。19 世纪末称"大日本帝国"，二战后，改称"日本国"。日本列岛②上来没人，日本人的祖先主要来自亚洲大陆的古代中国。考古研究发现，在几十万年前来自中国

---

①　http：//zh. wikipedia. org/wiki/File：Knowledge_ of_ German_ EU_ map. svgowledge_ of_ German_ EU_ map. svg. png.

②　日本列岛原与亚洲大陆接壤，后因地壳运动于 1 万多年前最终与大陆分离。

东北的原始人类进入朝鲜半岛，有部分人在大约十万年前开始又迁徙到日本，此后又有东北亚游牧民族，阿尔泰语系的蒙古语族、满洲—通古斯语族等语族的人、古代汉人、马来人以及中南半岛的印支人分别自北部、西部和南部迁居而来。诸多民族的融合，构成了当今的日本民族。

日本大和人①

在文化上秉持开放态度的日本，历来就饱受外来文化的滋养，首先是中国的儒家文化，然后是以德国为主的西欧文化，以及美国的后资本主义文化。在中国的晋朝时期（公元 3—4 世纪），中国的汉字文言随同《论语》和《千字文》一道传入日本，自此拉开了日本学习中国文化的大幕。他们向中国学习儒学、佛教、典章制度，使用汉字。从 630 年起的 200 年间，日本先后派出遣唐使 19 次，实际到达 13 次，对日本古代的文化发展起到了重要的作用。以此为基础，日本发展出了自己的民族文化：首先，以汉字为基础创造日语字母，发展日本民间文艺；建立封建军阀的幕府政治，提倡武士道精神；模仿佛教，改良神道教。从 19 世纪开始，中国由盛及衰，日本弃华效欧。日本首先学习荷兰，后又学德国。明治天皇（睦仁，1867—1912 年在位）登基后，于 1868 年发起"明治维新"，步入"富国强兵、文明开化、殖产兴业"之途。1889 年，日本在钻研了西方主要国家的政治制度后，颁布了一部宪法，引进西方的君主立宪制。到 19

世纪末，在完成了自身的现代化之后，日本军国主义思想①成了主流。日本传统武士道精神与扩张要求相结合，成为日本法西斯军国主义思想的重要内容，国家神道成为日本军国主义的摇篮，宪法的民主思想被军国主义取代。日本的这种军国主义文化开启了 20 世纪日本民族扩张和军事侵略的机器。"二战"结束后，作为战败国的日本接受了联合国监督下全方位的民主化改革：破除天皇神权制、武士道军国主义传统和天皇专制主义观念，按照美国的方式，建立现代民主制度和机构，培育和普及现代民主政治的观念，实行农地改革，确立农民的土地所有制，建立资本与经验相对分离的经济体制，促进经济的民主化。这些深得人心的政策的实行，从根本上动摇了法西斯军国主义的社会基础，完成了现代日本文化新的转型。

　　日本语是日本国的官方语言，系属未定，但近年来有学者把它归入阿尔泰语系。日语的使用人数有 1.3 亿，主要分布在日本列岛，此外，在夏威夷和中南美洲（巴西、秘鲁、玻利维亚、多米尼加共和国及巴拉圭等）等地区还有数十万日侨和日裔通用日语②。截至 2009 年，125 个国家和 8 个地区开展了日语教学。在日本国外，将日语作为外语学习的学习者共计约 365 万人，东亚、东南亚学习者占了全部学习者的八成；在日本国内，日语学习者已达到约 17 万人，其中亚洲人约有 14 万。（维基百科，2014 年 7 月 1 日）在 2010 年 6 月的互联网使用语言排名中，日语仅次于英语、汉语、西班牙语，排名第四位。

　　日本属于儒教文化圈，或汉字文化圈，但这并不意味着日语与汉语完全的"书同文"。或许，中日之间曾经有过一段短暂的同文的历史，那是自汉字文言传入日本到假名字母发展成熟之前的期间。（周有光，2000：160）公元 4—5 世纪汉字传入日本时，日本人还没有自己的书面文字，于是他们就接受了汉字，称为"真名"。其后，在平安初期，日本借用了中国汉字的音、义、形，创造了日本的字母，称为"假名"，其中，采用汉字偏旁，结合日本语的发音，创造了日本的楷书字母，称为"片假名"；另一种仿照中国汉字的草体，创造了草体字母，称为"平假名"，日本文

---

　　①　日本军国主义鼻祖、东京帝国大学校长加藤弘之在他的《日本的国是》中表明，日本应该奉行"武国主义"方针，实行国家主义。另一个军国主义分子大川周明在其《日本文明史》中指出，日本文明是"全亚洲"的代表，理应成为亚洲思想和文明的保护者。

　　②　这一群体中很多人在经过三四代以后已经不再说日语，故而这一地区中使用日语的人数在逐渐萎缩。

字由此形成。日语为黏着语,汉语为孤立语,是两种截然不同的语言,汉字在日文中充当字母,共有 1850 个。日语也可用拉丁字母书写,但出于民族认同的原因,日本人坚守他们固有的文字体系。

　　日语的国际传播分为两个阶段:1895—1945 年为第一阶段,这一时期是日本民族对外扩张时期,其目的是使日语成为亚洲通用语,具有文化侵略的性质;1945 年以后为第二阶段,战后的传播服务于经济和科技发展的目的,建立在道德的基础之上。

葛饰北斋的浮世绘作品“神奈川冲浪里”①

　　“日本并不是一个欧洲国家,但它为自己赢取海外帝国的动机却是欧洲式的。”(尼古拉斯,2011:409)由于日本的崛起已处于欧洲建立殖民帝国的尾声,它的海外扩张就充满了冒险性、残酷性和紧迫性,从而决定了日语传播的缘由、方式和最终的虚无结局。从 19 世纪末起,在日本占领的台湾(1895)、朝鲜(1910)、满洲(1931)以及蒙古大部(“二战”前夕),日语成为这一地区居于中心地位的通用语言。然而,日本为其“大东亚共荣圈”构想所作的战略计划以及日语的传播思路,最终被军国主义者的政治胜利所打断,他们将日本拖入了太平洋战争。也许在这之前

---

　　① http://zh.wikipedia.org/wiki/File: The_ Great_ Wave_ off_ Kanagawa.jpg.

50 年来的和平殖民（相对而言）赢得了一点人心和好感，最终也在日本军队从东亚到东南亚的肆虐暴行中损失殆尽。尽管日本人一度占领太平洋的整个西部沿岸地区，但在 1945 年战败时又退回到 1868 年时所控制的范围，甚至还失去了北方的千岛群岛以及南方的琉球群岛。台湾归还中国，朝鲜独立，人口稀少的库页岛和密克罗尼西亚则分别归由苏联和美国管理，650 万日本人被遣返回国。在日本的前殖民地中没有一个国家将日语保留为行政语言。待日本对亚太地区的影响再度出现时，那已经是过了 15 年之后。此时的日本逐渐恢复了它在国际社会中的地位，并开始以外语形式开展日语的国际传播。在随后的几十年中，传播范围不断扩大，日语学习者人数不断增加；但是，进入 20 世纪 90 年代，随着日本经济出现困难，日语的国际传播举步维艰。此后长期持续低迷的日本经济，以及日本社会不时出现的军国主义思维的沉渣泛起，导致了今日日语国际传播空间的继续萎缩。

第五章

全球化时代的通用语
（1945 年至今）

　　人们一般认为，全球化始于地理大发现时期，加速于第二次世界大战结束之后。其实，全球化的进程起步于古人类诞生之后。如果说人类是从非洲走出来的，那么全球化的起点就该是人类迈出远征步伐的第一步。地球，就是一个小村庄，而人类又是那么年轻。宗教、信仰也就几千年，民族、国家也就短短几百年，意识形态的差异怎么阻碍不同区域、不同国家之间的交往？只要有交往，就能互相影响；只要有交往，先进的就能成为共识，成为主流，这是真理，也是趋势。如果文化实现了共享，思想就能融合，那么承载思想的工具——语言也必然在交往中走向趋同。总之，世界的一体化，终将带来语言的通用化。

第一节　美利坚的崛起与美国英语的形成及传播

一　美利坚，其国其民

　　美国，全称为"美利坚合众国"（the United States of America），其本土位于北美洲中部，东临大西洋，西临太平洋，北面是加拿大，南部与墨西哥接壤，国土面积为 962.9 万平方公里，人口约 3.1 亿人（截至 2012 年 2 月），名列世界第三①，是个多元文化和多元民族的国家。继 20 世纪 90 年代苏东剧变以来，美国依其强大的政治、经济、军事实力，已经成为全球唯一的超级大国。

---

① 美国人口总数排在第三位，位于中国和印度之后。

美国行政区划图①

　　美洲大陆的名称,取自一个叫阿美利哥·维斯普奇(Amerigo Vespuc-ci,1451—1512)的意大利人的名字。② 这里被欧洲人称为"印第安人"的原住民,有学者认为是在约 1.4 万—1.1 万年前由亚洲的云南地区迁徙而来的。(刘尧汉,1985:1)中国人最早发现并殖民美洲(冯翔,2000:3),但将这一地区引入现代的却是跨洋而来的欧洲人。欧洲殖民者的足迹从 15 世纪末开始踏上北美土地,但当时的移民人数很少,真正大规模的移民发生在 17 世纪。率先在北美建立定居点的是法国人和荷兰人,不过几乎同时向北美移民并构成 17 世纪移民潮主流的则是英国人。1607年,一个约 100 人的英国殖民团体在北美弗吉尼亚建立第一个殖民地;1620 年,"五月花"号载着 120 名清教徒来到马萨诸塞州;1673 年,他们获得荷兰人的殖民地新阿姆斯特丹,改名为纽约。到 1732 年,英国在北美洲的大西洋沿岸已经建立了 13 个殖民地。殖民地的原住民是印第安人,由于遭到殖民者大规模屠杀,人口由欧洲人到来时的 150 万,锐减至 18 世纪中叶的几十万,并被驱赶到西部的沙漠地带,取而代之的是以英

---

① 　http://zh.wikipedia.org/wiki/%E6%80%80%E4%BF%84%E6%98%8E%E5%B7%9E.
② 　阿美利哥·维斯普奇(Amerigo Vespucci,1451—1512 年)于 1504 年发现了美洲大陆,1567 年,德国地理学家沃尔兹·穆勒在《宇宙志导论》一书中,将它冠以阿美利哥的名字,今天美洲大陆的名字由此而来。

国人为主体的欧洲移民，有爱尔兰人、荷兰人、德意志人、法国人、瑞典人、犹太人等，此外还有大批作为奴隶被殖民者从非洲贩来的黑人。到18 世纪中期，白人有 1700 万，黑人有 450 万，但黑人大部分是奴隶。（齐世荣，2007：221）资本主义商品经济从欧洲移植到北美，使之一步迈入近代文明。经济飞速发展，贸易日益频繁，统一的民族市场逐渐形成。繁荣的商业带动了文化事业的发展，从 17 世纪 30 年代起，北美殖民地先后兴建了哈佛、耶鲁、普林斯顿、宾西法尼亚等大学，此外，这里还办起了图书馆、报馆等。公路、航运的开通和邮政事业的发展使各地之间的交通和通信联系日益密切。共同的地域、语言和文化，成就了北美殖民地居民共同的心理特征，塑造了一个全新的美利坚民族。

　　一个民族的文化传统和社会生活状况决定了它的心理特征和心理诉求。北美殖民地可以说是一个宗教社会，几乎人人信教。但是，北美的教会与欧洲各天主教派等有很大不同，它不是资本主义发展的阻力而是一种助力，与北美地区处于上升期的资产阶级的需要高度吻合，最终发展成为影响美利坚民族精神和文化的重要因素；再则，作为移民主体的英国人与其他欧洲移民的长久相处和深度融合，共同形成了以英格兰传统为基础的北美文化，使欧洲特别是英国的政治理念和制度在新大陆得到较好的发育滋长。北美得天独厚的自然条件确保了财产的普遍拥有，一个中间阶层人数居多的枣核型社会为北美社会广泛的参政意识、自治意识和自治能力提供了必要的物质基础和思想保障。与其他欧洲国家的美洲殖民地相比，英国的北美殖民地享有更多的民主。

　　作为宗主国的英国，历来把北美殖民地当作它的原料供应地和商品销售市场，并禁止北美殖民地与其他国家发生直接贸易。长期积累的民族矛盾终于以印花税的强征为导火索爆发出来了。1774 年 9 月 5 日至 10 月底，12 个殖民地在费城召开第一届大陆会议，通过了基调温和的《权利宣言》。英国政府将殖民地的行为定性为叛乱，决心以武力来镇压。1775 年 4 月 19 日在莱克星顿，英国军队与武装村民交火，由此拉开了美国独立战争的大幕。大陆会议于 1776 年 7 月 4 日通过了由杰弗逊起草的基于天赋人权、普遍民主原则和新国家基本原则的《独立宣言》。《宣言》以"在此集会的联合诸邦"代表的名义宣告：美洲 13 个殖民地正式脱离英国，成为独立和自由的国家。经过 8 年的战争，北美人民赢得了胜利。1783 年，英国承认北美殖民地的独立。

各殖民地的代表签订"独立宣言"时的场景①

美国的诞生，将在一个世纪后给世界以巨大的冲击！

二　美国文化的形成

美国是一个由移民组成、具有多元文化的国家。美国的居民中大多数来自英国，在一个以英裔居民为主的社会，所有非英裔移民们必然受到"英格兰方式"的影响，同时，他们所身负的文化因子，也在不知不觉中融入北美文化，加上不同族裔在该殖民地的迁徙和混合，无形中也就改变了"英格兰特征"的面貌，铸成了一种独特的文化样式——北美文化。简言之，北美文化是英格兰传统在"新大陆"转化和变异的结果，促成这种变化和变异的根本因素是多个种族和族裔人群及其文化之间的互动，而在这一互动中始终占据主导地位的是以英国居民为主体的欧洲居民。正是他们的制度、技术、观念和活动，支配了这期间北美历史的走向，为日后美国的民主试验提供了丰富的资源。（李剑鸣，2001：7—8）

北美的民主自觉意识产生于移民们在前往新大陆征程中所建立的"自治"意识。根植于北美社会的民主因素具体表现在：①拥有一个从

---

① http：//upload. wikimedia. org/wikipedia/commons/1/15/Declaration_ independence. jpg.

英国移植而来，且比英国议会更具民主性的议会。北美议会作为立法机关的下院，代表所有居民的利益。②经济生活中一定程度的民主。劳动者通过自己的辛勤劳作或一技之长，可以获得解放和升迁。③没有传统的封建特权和等级制度。人们创造和积累财富凭借的是自己的努力和才干，而不是特权和门第，这就使得全社会充满了无限的生机与活力。④地方的自治确保了人民一定限度的参政权。居民享有选举市镇官员及批准行政委员会做出的决议的权利。（齐世荣，2009：775）这一民主传统，结合广泛流行的平等自由的风气和趋向变动与革新的精神，为闻名于世的"美国梦"提供了前提和条件。到美国来的人，只要经过努力不懈的奋斗便能获致更好生活的理想，亦即通过自己的工作勤奋、勇气、创意和决心迈向繁荣，而非依赖特定的社会阶级和他人的援助。许多来自欧洲和亚洲的移民都是抱着这一梦想前往美国的。早年的移民来自英国和荷兰；从18世纪独立战争期间到19世纪中叶，先后有几千前

山姆大叔（Uncle Sam）①

---

① http：//baike. baidu. com/picview/174/174/0/ea85a945626a4a3ccefca37b. html。

受雇于英王乔治的德国雇佣兵，欧洲革命失败后来到美国的，数以千计的德国自由主义者，以及更多因马铃薯病虫害造成的食品贫乏而来的德国农民。与此同时，大量的爱尔兰人、法国人、北欧人、犹太人、东欧和南欧人以及亚裔移民，也纷至沓来。19 世纪末加州的淘金热和修建铁路的狂潮，吸引了大量华工来到美国。众多移民的到来，在改变美国人口构成的同时，也带来了不同的宗教、文化和社会习俗。天主教、路德教、加尔文教、犹太教以及各种各样的宗教派别和团体纷纷落脚于美国。保守主义、自由主义、社会主义等各种各样的政治思潮也随着移民一道流入美国，这一切连同美国西部固有的西班牙—墨西哥的牛仔文化和原为奴隶的非裔美国人保留下来的西非文化，造就了丰富多彩的美国社会生活和多元多样的种族文化。正是这一种族的多样和文化的多元，为美国赢得了"大熔炉"（the melting pot）的美誉。

三　美国的崛起及其影响

美利坚崛起的坚实基础在于其良好的民主制度和全民共享的美国梦所激发的进取精神。美国独特的自然环境，广袤的自由土地，规避了欧洲像那样因土地问题而激化的社会矛盾；同样的生活环境和创业经历，削弱了拓殖者之间社会的等级界限，增进了他们的平等意识；在拓荒生活中形成的习俗、积累的经验、培育的精神①，构成了美国民主制度的坚实基础，成为支撑美国宪法和制度的重要力量。"新世界的生活将从旧时饱受迫害的农民身上造就刚强的、自力更生的、能独立思考的公民。"这种传统和精神既使这个新生的国家赢得了政治和经济的独立，也使之通过短期的发展实现迅速地崛起。

美利坚民族国家一经形成，这种传统和制度所造就的精神便立刻释放出它巨大的能量。成千上万的移民越过阿巴拉契亚山脉向西挺进（即"西进运动"），这是一个集群体性移民、领土扩张和大规模经济开发于一体的运动。继 1803 年和 1818 年分别向法国和西班牙购得路易斯安那和佛罗里达之后，相继从墨西哥取得现今的德克萨斯、加利福尼亚、亚利桑那、内华达、新墨西哥和科罗拉多州等地。1846 年之后，美国与英国签订协议，独占了北纬 49 度以南的俄勒冈地区。在 1867 年，美国又从

---

①　美国"西进运动"所培育的拓展精神是"勇敢冒险、乐观进取、顽强自立、自由平等、务实"。

俄国手中购得阿拉斯加。此时，美国领土已从大西洋伸展到了太平洋，几乎占据了半个北美大陆。

19世纪上半期，美国已经进入工业革命阶段，至1860年时工业总产值已达18亿8千万美元，跨入世界工业大国之列。南北战争的胜利，扫清了资本主义发展的障碍，为新工业革命的开展提供了必要的政治条件。内战后的重建，不仅废除了奴隶制，恢复并扩大了统一市场，其间所采取的一系列政策和措施，全方位地促进了国家的农业、工业、交通和教育的发展，为内战后美国实现腾飞提供了巨大的推动力。到19世纪末，美国完成了由农业国向工业国、由自由资本主义向垄断资本主义的转变，工业革命在美国再次得到勃兴。第一次世界大战中，美国大发战争财，迅速从战前的债务国变成战后的债权国。战后，美国成为世界第一经济大国，世界金融中心随之从伦敦转移到了华尔街。第二次世界大战使美国再次从战时经济中大获其利。战后，以美元为中心的国际金融体系的建立，以及美国在联合国主导地位的确立，标志着美国作为一个大国已经崛起，"美国世纪"已经来临。凭借其政治、经济、文化及科技等领域的全面优势，美国在冷战中最终拖垮苏联，成为世界上唯一的超级大国。自2008年底至2012年，美国经济陷入次贷危机，经济遭受重创，不过，这并不足以撼动美国的世界强国地位。

美国自由女神像①

---

① http://pic1a.nipic.com/2008-10-31/20081031125535277_2.jpg.

四　美国英语的形成与传播

美国英语，是英国英语影响最大的地区性变体，也是"国际英语"（World English）产生的重要基础。作为世界上最大的英语民族群体，美利坚民族当仁不让地承担起向全世界推广英语的主要责任；作为世界上唯一的超级大国，美国的政治、经济、军事、文化实力是其向全世界推广英语的坚实后盾。

英语是由英国人从英格兰带到北美来的。1607 年 120 个殖民者携带英国国王詹姆士一世授予的"特许状"，跨过大西洋，来到北美大陆。他们建立起英国在美洲的第一个殖民地——弗吉尼亚殖民地，这标志着来自英国的语言文化开始在美洲大地上传播。与一个世纪前侵入墨西哥的西班牙人不同，英国人来到美洲的动机不是为了寻找金矿，不是为了传教，也不是为了统治，而是为了寻找土地。1620 年，又有 104 名英国人搭乘"五月花"号（the Mayflower）船移居北美。这些乘客中有 46 人是清教徒及其家属（其中包括 16 名男子、11 名妇女和 19 名儿童）。（Paul, 1985：6）这些清教徒受过良好的教育，又很重视对子女的教育。他们很快在这里建立起了学校，英语教育从此植根北美大陆。此后，移民到这里的英国人一批接一批。从 1650 年到 1700 年的两代人让新英格兰的人口翻了 4 倍，人口的增长势头保持不变，从欧洲涌入的移民源源不断。"对于语言的选择，关键的一点在于前半段时期中的移民大多来自英伦诸岛……他们使用的语言，其影响是决定性的，他们中绝大多数来自不列颠和爱尔兰，全部讲英语。"[①]

19 世纪是美国英语重要的成长和成熟期。美国早期领导人和民族主义专家学者在新中国成立之初就意识到，美国在文化方面的独立是美国在政治上独立的切实保证，而语言与国家具有不可分割的关系。在美国独立后的第四年，作为美国开国元勋和《独立宣言》的执笔人之一、第二任美国总统的约翰·亚当斯（John Adams, 1735—1826 年）目睹当时错综复杂的语言格局，呼吁"成立一个美国语言协会，承担起完善、纠正、规范和促进英语以及推广和统一新大陆语言的任务"（奥斯特勒，2011：

[①]　1664 年，北美地区的英国人的与荷兰人的比例是 1：4；1763 年时，与法国人的比例为 20：1。

113）。在美国国会的支持下，一个名叫"美国语言和纯文学研究院"的机构于 1820 年在纽约成立，其目标是促进美国英语的纯洁、规范和统一。美国的另一个开国元勋和《独立宣言》的执笔人之一、美国第三任总统托马斯·杰弗逊（Thomas Jefferson，1742—1826 年）充分肯定语言对一个民族文化形成的重要作用，指出：美国英语"是美国多民族语言的融合体，先后从印第安语和欧洲大陆诸语言中吸收了许多有用的营养，它不是英国英语的延续，而是新世界新国家民族融合与创新发展的共同结晶"。（蔡昌卓，2002：225）诺亚·韦伯斯特（Noah Webster，1758—1843 年）于 1783 年发表的《美国英语拼写手册》，行销 1 亿册，对美国的英语教学影响深远；1840 年出版的《美国英语词典》①，全面提高了词汇和词典的规范化水平。与此同时，美国文坛上一批批具有美国英语特色的文学作品相继诞生，极大地丰富了美国英语的文学词汇，有力地促进了美国标准英语的形成。在这一时期，美国向西班牙语区域的扩张和外来移民的大量涌入拓展了美国英语的空间、聚集了美国英语的人气。1808 年，美国人乘法国拿破仑占领西班牙之机，大批迁入佛罗里达，尔后廉价"购得"；1833 年墨西哥发生政变，美国移民宣布德克萨斯州独立；之后，美国通过武力像做买卖一样，将希拉河北部墨西哥太平洋地区延伸段（包括加利福尼亚地区）轻而易举地揽入怀中。今天，在前西班牙殖民地区（总人口 8300 万），有 1/4 的人依然乐意说西班牙语。而在这片土地上定居了五六代人的英裔移民者，很明显已经使英语成为这一区域的主流语言。（奥斯特勒，2011：449）对于印第安土著，英国移民最初采取的方式是驱逐，一次又一次地驱逐；后来他们为印第安人划出居留地，但实施的政策是：让他们放弃自己的语言，转而使用英语，"英语作为杠杆，通过这一杠杆他们可以将自己提升到不同的智力水平和道德水平"（1826）（Milner，1994：146）。这一政策实施的最终结果是：印第安部族与其他非英语民族一道接受了英语的同化。

　　经过 100 多年的经营，美国这个前英殖民地全面超过了不可一世的前

---

　　① 《美国英语词典》是第一部采用美国拼写法、标注美国发音、重视美国词语和用法、援引美国人士的著作为例证、富有美国民族文化和语言特色的词典，充分反映了美国新兴民族的鲜明特色，体现了美国民族主义的独立精神与创新观念，开辟了美国英语发展的新道路，并为美国英语后来的发展奠定了坚实的基础。

宗主国——英国。除一度统治菲律宾以外（1889—1934 年），美国没有建立大块的殖民地。美国影响力的形成和美国英语的传播，主要不是依靠土地的兼并，而是依靠政治、经济和文化活动。（周有光，2000：73）联合国总部设在纽约，无形中扩大了英语的影响。联合国工作语言有六种（英、中、法、西、俄、阿拉伯），但原始文件中 80% 用的是英文。特别是自 20 世纪 60 年代以来，美国在国际政治、经济、军事、科学技术方面一直处于超强的地位，雄厚的经济实力吸引了世界上众多顶尖的科学家，使美国科学技术水平在世界上一直遥遥领先。美国科学家在世界科技前沿的重大创新和突破，例如，人类对太空的探索，高精度计算机的研制，生物基因工程的最新发现，以及尖端武器的研发等，促使新的科技英语词汇每年数以万计地在美国诞生。美国的通俗文化借助美国开创的电影、电视进入千家万户，航空（英语是唯一通行的航空语言）使人们的交通变得快捷而轻松，国际互联网（90% 的文字是英文）把整个世界联在一起，世界各地国际会议的高效举行……这一切活动的开展使英语成为人们工作和生活的必需。当今英语在世界上的通行，主要推动力正是来自美国。美国英语作为美国的一种文化输出方式，其影响力和传播范围遍及世界每个角落。

对于"美式英语"，过去一些"纯洁主义"的英国文人认为它不是纯正的英文，但在第二次世界大战以后，由于美国的大众传播媒介迅速发展，美国英语的影响力反超英国英语，并逐渐成为国际英语的主流。

第二节　现行的全球通用语——英语

一　英语的全球通用语地位

冷战结束，世界进入了"全球化时代"。"全球化"，即全球的一体化，"指从孤立的地域国家走向国际社会的进程"。（陈家定，2004：3）随着交通和通信技术的不断革新，"过去那种地方的和民族的自给自足和闭关自守状态，被各民族的各方面的互相往来和各方面的相互依赖所代替了"（同上，2），世界俨然就是一个"地球村"。在这个地球村里，民族繁多，言语各异，一门能够为大家通用的交际工具就成了必需。

那么，什么样的语言才能够成为全球通用语（Global Language）？英国著名语言学家 David·Crystal 在他的《English as a Global Language》中

写道：一种语言成为全球通用语，并不取决于它是否结构简单、词汇丰富、文学遗产雄厚以及文化与宗教影响深远，因为这些因素并不能保证这种语言的万寿无疆。昔日曾经作为国际语言一度辉煌过的拉丁语，仅为少数学者和僧侣学习研究的古典语言。一种语言若要真正获得国际语言的地位，主要地取决于讲这种语言的人民的政治实力（political power），尤其是军事实力。而这种语言能否保持并扩大其国际语言地位，则要靠其经济实力。英国 19 世纪称霸，美国 20 世纪崛起，在国际政治和经济等方面居于主导地位。由于英语在国际事务中发挥着重要作用，它获取国际语言地位是顺理成章的事。（David，2001：7—8）对于英语是否已经具备了全球通用语的条件，至今尚存争议，不过总体上还是认同。我国著名语言学家周有光先生（1906 年—）为国际通用语规定的 5 个条件是"人口众、流通广、文化高、出版多、使用便"（周有光，2000：78）。英语具备了所有要素，已经是当今名副其实的国际通用语。

人口众：以英语为母语的国家分布极广，有：英国、爱尔兰、美国、加拿大、澳大利亚、新西兰、南非等国家。原英国殖民地遍布全球，独立后大都将英语用作官方语言或第二语言。据中国外交部网站 2010 年提供的资料，把英语作为官方语言的国家有 45 个，约 23 亿人；作为通用语的有 33 个国家，约 7.52 亿人；总计约 76 个国家，30.52 亿人。[①] 另外，保守地说，还有约 7.5 亿人把英语作为外国语学习和使用（David，1997：11），而且随着越来越多的国家将英语列为学生的必修外语，这一人数还可能增加。据英国文化协会估计，到 2030 年时，各国同时学习英语的人口总和将占全球人口的 1/3。（百度百科：2014 年 8 月 18 日）

流通广：从地域看，英语的流通遍及欧、美、非、亚及大洋洲的 69 个国家或地区。这些区域大多为前英殖民地，获得独立或归还后，原来的英语大都继续沿用。从领域看，英语在目前国际交往中广泛用于外交事务、商贸活动、学术交流、国际会议和旅游业、航空业等传统领域，以及全球的视听、卫星电视、互联网、文件处理软件、技术转让以及外语教学等新兴领域。联合国原始文件 80% 用英语。国际互联网 90% 用英语。"75% 的电视节目是英语、80% 以上的科技信息用英文表达、几乎 100%

---

① 笔者据 http://www.fmprc.gov.cn/chn/pds/gjhdq.［2011 年 4 月 5 日］显示的数字计算得出。

的电脑软件源代码用英语写成。"（牛道生，2008：348）全世界的学校普遍开设了必修的英语课程。

文化强：英、美国家人民具有勤奋好学的探索精神，善于吸取其他文明的优秀成果，在政治上开创了民主制度，在经济上开创了工业化生产方式。这两个开创改变了人类历史，发展出引领世界的现代文化。英、美以及加拿大、澳大利亚等以英语为母语的国家都有许多世界一流的大学，接收了来自世界各国大批的留学生或访问学者。在自然科学技术方面，许多先进的发明创造和尖端科学技术均来自英美科学家，他们的科技报告和资料都是用英语写成。今天的英语，已经成为现代科技的主要语言。另外，英、美国家文化典籍丰富，民众保持了良好的阅读习惯，整体文化素质较高，在世界上树立了较好的榜样。

出版多：世界上最大的国际传媒垄断集团大多数被美、英所掌控；国际电信以及全球网络通信业也大多数被美国所操纵；世界新闻出版领域中，英文书籍、报刊发行量最大，英语自然成为世界新闻、出版、通信领域的首选语言或主导语言。（牛道生，2008：4）英语出版物无论质，还是量，皆超过任何语言。据统计，在 20 世纪 90 年代早期各种语言出版图书在世界每年出版书目中的比率，排名第一的英语（28%）是位列第二的汉语（13.3%）的 2 倍还多。（David，1997：9）另外，美国继发明了电影、电视和录像之后，凭借高科技手段制作了大批畅销于国际娱乐市场的电影和电视音像制品。英语必然随着这些产品走出国门而实现全球的广泛传播。

使用便：英语用 26 个拉丁字母，不带任何符号，有丰富的单音节词，半数以上的词源自拉丁语，并吸收了大量的外来词，还能灵活地构成新词等（Barbara，2005：261）。英语采用的是自然性，而非文法性，因此它的语法比其他语言简单。（Eco，1995：68）英语的词尾变化不多，无阳性、阴性和中性之分……由于词尾和助动词简单而精确，表达具有权威性、活力性、丰富性，英语尤其易于推广。它简单、易学，包容性又极强，故而成为广受欢迎的全球性交际工具。

英语的母语使用者数量位列世界第三，居于汉语和西班牙语之后。上两个世纪英国和美国在世界上的主导地位将英语送上了全球通用语的宝座。当前，英语是最多国家使用的官方语言，也是世界上使用最广泛的第二语言，还是欧盟以及最多国际组织和英联邦国家的官方语言之一。当然，这种情况也不是一成不变的，"以前从法语变为英语，今后英语也可能被别的语言所代替"（周有光，2000：78）。目前，英语受到的挑战主要来自汉语和西班牙语，但"任何一种语言要想代替英语，必须有对等的有利条件"，而这些语言暂时地又难以具备这样的条件。

二　英语世界与世界英语

任何一种语言在向某一地域推广的同时，自身也必然随之经历一个与目标地语言之间互际化的过程。换言之，语言的全球化其实是若干种语言互际化过程的叠加完成。英语在为期两个世纪的全球化过程中，形成了多个互际中心，由之出现了多种英语变体。除作为母体英语的英国英语和作为新主流的美国英语外，（粗略分来）还有加拿大英语、澳新西兰英语、南亚英语、加勒比海英语和南非英语等。世界上所有地区的英语变体汇集在一起，就构成了一个既丰富多彩、又复杂纷纭的英语世界。人们不禁要问，长此以往，这些"英语"未来会不会发生裂变？有没有一种标准英语来整合这些杂乱的"英语"……如此等等。

今天的英语既是一种标准语言，也可视作包含许多不同变体的一个"语系"。众所周知，英语的世界性传播是英国在世界各地长期殖民统治和美国势力在全球扩张的结果。英语所到之处必然因与不同文化、不同语言的接触而出现各种地区性变体，具体分来有澳大利亚英语、爱尔兰英语、新西兰英语、苏格兰英语、加勒比英语、印度英语、牙买加英语、利比亚英语、汤加英语、南非英语、新加坡英语、马来西亚英语、香港英语、巴布亚皮钦英语等。这些变体具有独自的词汇、语法和发音特点，所以又被称为"新英语"（New Englishes）。这些新英语之间的差别主要表现在语音的地方特色和来自当地语言的借词上（——这恰好反映了英语作为国际语言所具备的丰富性和互际性特点），而拼写和语法方面的差别则较小，基本不影响不同地区英语使用者之间的正常交流。

尽管如此，英语在不同地域使用时也常常出现不可理解性。由于"我们没有英语科学院，也就没有一套可以认为具有权威性的规则……他们对于可接受性和得体性的判断各执己见，常常莫衷一是。"（夸克，1989：16）。于是，在20世纪后期的语言界就出现了"世界英语"的概念，意在为英语设立一种国际的英语标准规范。英国著名语言学家David Graddol对标准英语的定义是，"一种'权威性变种'，即被用做教育和供

大众使用的一种模式（例如，在医学方面），它具有人们认同一致的各种
语言标准和惯用语。标准英语（SE）这个术语也可以表示约定成章的一
种英语变体，这就像在各种词典和语法书中所表述的那样。这意味着各种
形式的标准英语如果有任何变异的话在表现形式上几乎是一致的"（Da-
vid，1997：25）。随着经济全球化的发展，英语向全世界传播的速度也
在加快，全世界的英语学习者和使用者也在标准英语多样化问题上很是
纳闷，希望能有一种全球通用的标准英语的诞生。目前在世界各地英语
印刷品的文字书写已有较为一致的标准，但语音则有英美两种体系，英
国的公认音（RP），美国的通用音（GA），或叫网络标准音（Nework
Standard）。鉴于美国人在政治和经济上的雄厚实力和压倒性的影响力，
美式英语成为主流已是大势所趋。

　　鉴于各种英语变体中基本要素几乎相同这一事实，英国《观察家报》
副主编、《全球语：英语如何成为世界性语言》的作者罗伯特·麦克拉姆
认为：未来英语将会演变为一种功能完美、适应力强、简单易学的国际混
合语——Globish（全球语）（即 Global 和 English 的混合词）。它以英语的
通用词法和句法为基础，借助 1500 个英语常用单词、手势和重复来表达。
我国学者周海中在《二十一世纪的英语特征》一文中指出：到本世纪末，
英语的拼写与读音将逐渐统一起来；词汇和语法方面的不规则变化被类推
法所改造；多用缩略词、省略句和简短句，造词经济；词性转换极为灵
活，表达方式更加简洁、简明；常用词语的重复率相当高；可数名词与不
可数名词、及物动词与不及物动词等之间的界限几乎消失。所有这些，将
极大地方便人们学习和使用英语这一交际工具。（百度百科，2014 年 8 月
18 日）

三　英语，永恒的全球通用语？

　　"英语是全球通用语"，这是一个不争的事实。它的地位来自以下几
个因素的作用：随着世界范围内英语殖民地的建立，英语走出大不列颠半
岛逐渐国际化；20 世纪两次世界大战的结果；英语国家巨大的经济成就
和美国雄厚的国力以及充满诱惑力的通俗文化的支撑。

　　"最近，当欧洲与北美还有整个世界发现可以通过石油燃料、科学还
有巨大的市场获利时，英语又成为了一种现有的、最容易操作的语言。"
（尼古拉斯，2011：490）在可期的未来，英语的全球通用语地位取决于

以下两个群体：鉴于目前互联网上 80% 的数据都使用英语，仅从互联网的发展速度判定，英语在 22 世纪保持现有的全球通用语地位不会改变；未来世界的经济和政治都以技术为基础，而技术都是使用英语并由英语定义。据此判断，英语的全球通用语地位至少可以再维持两个世纪。（斯蒂文，2012：172）纵然这种预测成立，那么以后呢？英语的全球通用语地位又会受到来自哪些方面的挑战呢？

就综合国力而言，世界首富的美国是新近（2010 年）跃居第二的中国的一倍还多。然而，始于 2007 年 8 月的美国次贷危机引发了美国，乃至整个西方世界的金融危机，持续时间之长远远超过了 20 世纪的"大萧条"（1929—1933），有经济学者认为"美国可能面临过去 76 年以来最严重的金融冲击"。现在的美国政府是困难重重，何时走出困境尚不得而知。如果美国经济继续恶化，它在全球的影响力就会随之减弱，而最终必然危及它在国际事务中的主导地位。英语的未来，根本地取决于美国能否永久保持其世界头号强国的地位。历史告诉我们，国力的强与弱决定着语言的命运，国势强则语言兴；国势弱则语言衰。

决定英语未来命运的另一个重要因素，就是主导美国文化精神的价值观念。美国虽然摆脱了早年西方殖民主义的行为模式，但那种源于生物进化论的（弱肉强食的）帝国主义思维却根深蒂固。美国的国家价值观是强权政治和霸权主义，他们对异己、异教往往采取绝对排斥和无情打击的态度。美国人喜欢树敌，即使没有敌人，他们也会创造出一个假想敌，对于语言也是如此。《英语语言帝国主义》的作者 Robert Phillipson 曾说："一个英语语言帝国主义的定义，意味着英语霸主地位的确立，通过建立和不断地重建，英语和其他语言之间结构上和文化上的不平等得以维持……这种结构上和文化上的不平等确保了更多的物质资源持续不断地配置给英语，惠及那些精通英语的人士……英语的进步，无论是在英国、北美、南非、澳大利亚还是新西兰，一定是建立在牺牲他者语言的基础之上。"（Robert，2000：47）这就是英语帝国主义的定义，也是其本质特征。这样的思维无疑会招致他者对美国观念，甚至美国语言的抵触，这种抵触的基本反映就是对英语国家和英语的消极态度。正如我们看到的那样，马来西亚在 20 世纪 50 年代反对将英语列入学校教育的课程中，而在许多别的国家也出现不重视英语的情况。如果这一势头继续蔓延，英语作为全球通用语的地位就将不保，乃至受到颠覆。

　　再一个重要因素就是人口的总量。现在世界上以英语为母语的人数呈负增长趋势，而第三世界国家的人口则持续增长，这些国家的人只说当地语言，这就使得英语的日常使用逐渐减少。"'据国情调查局估计，到2050 年，美国人口中将有 23% 是拉美裔人，16% 是黑人，10% 是亚裔人。'换言之，2050 年是欧裔白人从多数变为少数的临界点。"（李慎之，1997：3—7）在美国国内，对英语冲击最大的当属西班牙语。在西班牙语系的拉美族裔的强烈要求下，西班牙语已经取得与英语并用的合法地位，大街上的招牌与告示已双语并用，在有的社区甚至无人说英语。从世界范围看，能够支撑英语使用人数的国家只有印度（印度的人口数是英语国家人口数的两倍有余，2011 年的最新公布数为 12.1 亿人①），但自从获得独立以来，印度人一直在积极推进其母语——印地语——的使用，并且取得了重大的成就。事实上，在印度，英语的优势地位正在逐渐丧失。诚然，一门语言，仅仅因为拥有庞大的使用人群是不足以成为国际通用语的；但其母语人数的不断减少所隐藏的危机也是回避不了的。

　　最后一个因素是语言的裂变。英语向前英殖民地的传播不断导致英语多种变体的出现，繁衍出了若干新的英语种类，例如，美国英语，澳洲英语，新西兰英语，南非英语，加勒比海式英语，南亚英语，非洲英语，太平洋英语等。"在极端情况下，这使得那些英语几乎彼此不可理解……尼日利亚皮钦英语、印度英语和一些形式的英语正在被并入它们各自的本土文化，而且可以假定，它们将继续保持自己的区别，以便成为既有联系而又区别的语言，甚至会像各种罗曼语从拉丁语演变出来那样。"（塞缪尔，2010：41）

　　21 世纪，人类正在进入经济全球化和信息化时代。"随着中国、印度、巴西、阿拉伯等发展中国家经济的振兴，汉语、印地语、西班牙语、阿拉伯语等世界主要语言正在形成世界多元语言文化协调主导国际事务的格局。这种发展趋势极大地动摇着英语在国际舞台上称王称霸的地位，英语在国际媒体领域所遇到的竞争对手从来没有像今天这样强大。"（牛道生，2008：10）英语在 21 世纪的命运如何，它在各个领域里所扮演的主导国际媒体的角色究竟还能够持续多久，让我们拭目以待。

---

　　① 据［美］The Wall Street Journal（2011 April1 - 3），Vol. XXIX，No. 45，p. 7。

第三节　现代中国与现代汉语

中国随世界自 19 世纪末、20 世纪初进入现代社会①，其重要标志是（政治上）长达两千多年的君主制的结束和共和制的肇始，以及（语言上）古代汉语（文言文）向现代汉语（白话文）的转型。正如黑格尔所言，只有黄河、长江流过的那个中华帝国，是世界上唯一持久的国家，征服无从影响这样一个国家。（寒竹，2009：263）一场场劫难之后，这个文明古国依然挺立着、发展着，这个优秀的民族继续繁衍着、奋进着，这门古老的语言焕发出生新的生机，继续在世界上传播着、演进着。

一　现代中国的再度崛起及其文化优势

中国现代史开始于中华民族濒临亡国灭种最危急的时期。众所周知，中华文化在明代以前一直处于世界的领先地位，直至 19 世纪中国和西方的差距也不大。经济史学家麦迪森认为，在 1820 年时中国占世界 GDP 总量的 28.7%，为世界第一。只是到了 19 世纪中后期，中国的国际地位才逐渐下降。1890 年中国的 GDP 只占世界总量的 13.2%，1919 年占 9.1%，1952 年占 5.2%。（郭万超，2004：29）

19 世纪前夕的清帝国与崩溃前的罗马帝国十分相似，这个社会思想僵化、政治腐败、奢靡成风、妄自尊大。面临来势汹汹的西方列强，清政府只能采取闭关锁国的消极政策，但始终未能抵挡西方帝国主义的侵略。鸦片战争之后，中国逐渐沦为半殖民地半封建国家。清政府为了对付西方的侵略，开展了"洋务运动"。同时，中国人民还发起了维新运动，意在富国强兵。然而，这些运动由于未能触及封建制度的根基，一一失败了。直到遭到八国联军溃败之后，清政府才产生了立宪的打算，但为时已晚。武昌一响枪响，宣告了绵延两千年的帝制皇权的结束和中华民国的建立。然而，由于民国的势力只及南方，北方基本由北洋军阀控制。南北对垒，中国一片混乱。日本帝国主义趁机侵入，中华民族又陷入危亡之中。经过八年惨烈抗争，中国人民取得了抗日战争的伟大胜利。1949 年中华人民

---

① 我国史学界通常以 20 世纪作为世界进入现代史的起点，笔者认为这与中国当时发生的重大历史性事件完全契合，故中国进入现代社会的时间应与此一致。

中国革命的先行者——孙中山①

共和国成立,中华民族实现了民族独立,开始走向繁荣富强。从新中国成立到1976年,中国共产党领导全中国人民进行了社会主义革命和社会主义建设,取得了举世瞩目的伟大成就。但是由于外部帝国主义的封锁和内部政策上的失误,新中国也经历了种种挫折和磨难。到1978年,中国奉行改革开放政策,全力进行现代化建设。自改革开放以来,中国的经济建设成就卓著。在2002年,中国经济进入世界前六名。2011年中国超过日本,成为第二大经济体。根据国际货币基金组织预测,到2016年,中国占全球经济产值的份额将达到18%。中国将在这一年赶超霸主美国,成为世界第一大经济体。(尼尔,2012:v)据诺贝尔经济学奖获得者福格尔(Robert Fogel)预期,中国在2040年的国内生产总值将高达全球生产总值的40%,远超美国的14%和欧盟的5%。(Fogel,2010年1月4日)

---

① http://pic.sogou.com/d? query = % CB% EF% D6% D0% C9% BD&mood = 0&picformat = 0&mode = 1&di = 0&p = 40230504&dp = 1&did = 19#did18.

这意味着全球的经济中心将从大西洋转移到太平洋，"中国时刻"指日可待。①

现代中国的崛起，肇始于中华民族在文化思想上的与时俱进。鸦片战争后，随着西学东渐的加强、新文化运动的高涨、马克思主义在中国的传播，中国传统文化受到了猛烈的冲击，促使中国文化由过去儒释道文化为主体的多元结构，改变成为以中国传统文化、西方自由资本主义文化、马克思主义文化为基本结构的中国现代文化。这三种文化的撞击与冲突、融合与演变，成为中国现代文化运动的基本内容。在意识形态上，中国吸收了西方先进思想，形成了三民主义和形形色色的资产阶级思想以及其他各种思想，同时也接受了对中国产生了重大影响的马克思主义。1949 年中华人民共和国成立后，马克思主义成为中国社会主义革命和建设的指导思想，社会主义文化事业取得了长足的发展。虽然在 1966—1976 年的"文化大革命"中，社会主义文化事业遭受了挫折，但是在 1978 年后中国文化的发展又重新回到了健康的轨道。

回顾中国现代文化的发展历程，正是西方坚船利炮伴随下的文化冲击，才使中国文化有了对本土的专横体制反叛的自觉，有了对中国传统文化的深层反思和批判，开始了中国现代文化的重构和新生。正是通过对中国传统文化的反思性批判和对西方文化的接受、批判与扬弃，中国才找到了现代化的自主道路，才重新意识到传统与现代之间的桥梁与纽带，也才重新认识到孔子和中国传统文化在新的历史条件下所蕴涵的价值。（郝世伦，2013：339）这当中也集中体现了中国文化中奋发有为、与时俱进的内在精神品质。

文化的持续进步、国家的再度崛起得益于中国丰富的历史人文资源：崇尚德行，勤勉务实，革故鼎新，勇于担当。

中华民族是一个勤劳、智慧的民族。西方学者总结了近百年来对人类各种族的智力测试研究，得出的结论是：东亚人的智商是人类之冠，而且东亚人的脑容量也是人类各种族中较大的（优于欧洲人）。（梁柏力，2010：235）这表明中华民族具有领先的学习能力和创造能力。作为华夏文化主轴的儒家文化，以开放包容的胸襟博采众家之长，创立了以"仁"

---

① 尼尔和福格尔的估计可能过于乐观。笔者认为，中国的现代化将会遇到很多阻力，但工业化后的中国将会令世界经济的重心再次返回东方。如果不出大的变故，中国有望在 2050 年前后超过美国而成为第一大经济体。

为中心思想、以"礼"为行为准则的务实学说（不谈鬼神）。基于"仁"（即爱人）和"礼"（即典章制度和伦理道德），诞生了协和万邦、亲仁善邻的思想理念。它既能同化和融合四周民族，形成世界上人口最多的中华民族，也能同世界各国和睦相处，建立和发展和平友好的关系。中国文化中的另一个优势，就在于它具有革故鼎新、与时偕行的改革精神。"苟日新，日日新，又日新"，"穷则变，变则通，通则久"。在中国社会发展史上，每一次大的进步，无不张扬着改革的旗帜，显示着改革的力量。此外，中国还有一个源于传统的民本思想的政府。这个政府虽然并非按照西方民选方式产生，但却效率很高且能善解民意，这当中实际上已经包含了一定程度的民主成分。历史的经验告诉我们，一个正处于工业化过程中的国家的政府不适宜经由全民普选产生，特别对一个民族结构复杂的国家而言。全民普选是方向，但需要有序推进。

二　汉语的现代化革命

积贫积弱的近代中国屡遭劫难。甲午战争的挫败，八国联军的进犯，不仅使清廷颜面扫地，民族自信心尽失；继之而来的割地、赔款更使中国成了列强的俎上肉，变法图强的主张在知识界中日益高涨，终于酿就了以学生集体抗议、新文化运动、白话文运动为主要内容的著名的"五四运动"。自此，中国走上了救亡图存、改革奋进的道路，汉语也随之迈开了它的现代化步伐。

汉语的现代化运动在不同的时期"有不同的重点和名称：切音字运动、国语运动、白话文运动、注音字母运动、国语罗马字运动、拉丁化新文字运动、大众语运动、手头字运动等"（周有光，2004：20）。这一系列运动归纳起来，具体表现在如下四个方面。

1. 语言的通用化：语言是维系一个民族的纽带，也是一个民族的政治认同。因此，它必须通行于该区域的整个民族，既是学校的校园语言，也是公共活动的交际媒介。起初的国语，后来的普通话，海外华人的华语，名称各异，实则相同。因早年没有一致的标准，西方传教士在中国传教时，就得为各个方言区设计方言文字。清朝后期，教育家们为究竟采用哪种方言（汉口话、南京话、北京话）为标准而争执不休。海外华侨为下一代开设学校时也各自为政，彼此互不交流。

新华字典①

　　经"五四"以来的白话文运动、大众语运动和国语运动，通用语（也称"共同语"）确立了以北京语音为基础语音的地位。1950 年 8 月，国家出版总署组建新华辞书社，着手编写《新华字典》（1953 年正式出版）。《新华字典》的注音体系和《国音字典》是一致的，在文白异读上，较《国音字典》来说更注重口语音。在 1955 年 10 月召开的"全国文字改革会议"和"现代汉语规范问题学术会议"上，将汉民族共同语的名称正式确定为"普通话"，同时规定了它的基本定义，即"以北京语音为标准音，以北方话为基础方言"。1956 年 2 月 6 日，国务院发出关于推广普通话的指示，并补充了对普通话的定义："以北京语音为标准音，以北方话为基础方言、以典范的现代白话文著作为语法规范。"② 这个定义从语音、词汇、语法三个方面明确规定了普通话的标准。"普通话"一词开始以明确的内涵被广泛应用。"普通话"中的"普通"二字有"普遍"和"共通"的含义，不采取国语这个叫法实则出于对少数民族语言的尊重。对作为共同语的普通话的强化了中国人民的国家民族的整体

　　①　http://img34.ddimg.cn/66/10/20020044 - 1_ e.jpg.

　　②　北方方言区的优势在于，它在汉语中通行最广（约为汉族地区的 3/4）、使用人口最多（约为汉族总人口的 70% 以上）。

意识。

2. 文体口语化：以"五四运动"为高潮的白话文运动，被国际历史学界称为中国的文艺复兴。白话文运动之前所使用的书面语叫做"文言文"，是一种以先秦的汉语口语为基础而形成的书面语，也称"雅言"。这种有两千年历史的"雅言"，文字繁难，根本上是封建科举制度的附属品，而非"易于理解的、实用的通用语言"（斯宾格勒，2008：91）。因此，公众识字率普遍很低，以 1800 年的中、英国家的平均数为例，中国：16%—28%；英国：50%；苏格兰：40%。（梁柏力，2010：104—105）由此导致的直接后果就是全社会的生产力低下。白话文运动之后所推动的书面汉语通常被称为"白话"，即以北方官话为基础的现代书面语。"表面上它是文学革命，骨子里它是思想革命……从根本上动摇了君主专制的神圣性"（周有光，2004：21），促进了中国现代化的发展。

3. 表音字母化：汉字文化的一大缺陷是缺乏语音学，没有一套统一汉语语音的表音字母。西汉末年，受梵文注音方式的启发，古人发明了反切，即用两个字去拼合出被注音的字的注音方法。反切的出现，为韵书的产生创造了条件，加深了人们对汉语语音的理解，并在一定程度上起到了统一读音的作用，形成了一种流传于书面语的"读书音"。（李钢，2007：37—41）清朝末期，戊戌变法参与人之一的王照，受日本假名的影响，采用汉字的偏旁或字体的一部分，制定了一份汉字拼音方案，取名"官话和声字母"（1900）。1913 年教育部制定注音字母的时候，采用了简化古汉语字式字母。20 世纪 50年代制定《汉语拼音方案》（1958）时，通过对民族形式（汉字式）和国际形式（拉丁式）的反复比较后，最终选定后者。采用拉丁字母作为注音工具，为我国与世界各国的文化交流架起了一座方便的桥梁。

4. 文字简便化：文字简便化是世界文字发展的总趋势。黑格尔认为，"中国文字是科学发展的一大障碍……学习中国文字须学习几千个符号。"（黑格尔，2008—54）的确，汉字存在"四难"，即字数太多、笔画烦琐、读音混乱、检索困难。对此，文字改革运动提出的解决对策是"四定"，即定形、定量、定音、定序。

（1）定形：统一异体字，建立清晰、易认、易写的简化字规范。汉字在汉代以后在民间产生了大量的异体字，即意义相同而写法不同的字。1955 年文化部和文字改革委员会联合公布了《第一批异形字整理表》，淘汰了 1053 个异形字。1956 年国务院在《人民日报》公布了

《汉字简化方案》，简化字首次得到正式推行。方案规定了 515 个简化字和 54 个简化偏旁，后来（1964 年）类推成为《简化字总表》（1986 年修订为 2235 字）。简化字在中国大陆普遍得到应用，在东南亚各地的华人学校也先后采用。

（2）定量：汉字字数太多、字无定量是制约汉语推广的瓶颈。在难以减少字量的今天，"分层使用"是较为有效的办法。汉字虽有数万之多，但使用频率很不平衡，少数字常用，多数字罕用。"有人对一百万字的语言材料作了统计，有 3700 个基本汉字的出现频率为 99%。"（童之侠，2008：17）现在，汉字已经分为"初学用字"（1000 字）、"常用汉字"（3500 字）和"通用汉字"（7000 字）。"初学用字"沿袭了"千字文"的传统，用以应付日常基本生活所需；"常用汉字"用于小学教育；"通用汉字"用于一般出版物。再就是出现在古籍和专门性出版物中的"罕见用字"，不过，这一类字数量极少。

（3）定音：即是统一读音。这项工作开始于民国初年，字典一律用字母注明标准音，淘汰反切。20 世纪 50 年代开始"普通话审音"工作，统一"异读词"的读音，定音工作取得初步成效。随推普工作的常态化开展，字词的读音逾趋统一。

（4）定序：在信息化时代，汉字要实现快速检索，"定序"是关键。传统的"部首法"和"笔画法"都难以适应自动快速检索的时代要求。1918 年（民国七年）教育部公布了注音字母之后，诞生了按字母顺序排列的"音序法"。继《现代汉语词典》率先使用拼音字母的"音序法"排列正文后，所有大型出版物或正规出版物如《中国大百科全书》等也陆续采用"音序法"。（周有光，2004：1—38）

在百年汉字改革中，对汉字拼音化这个问题一直存在不同的观点。"五四"之后先后出现过"国语罗马字运动"和"拉丁化新文字运动"。主张走汉字拉丁化道路的人士中，不乏当时的大学者和大学问家，如钱玄同、鲁迅、蔡元培、吴玉章等，他们将中国的落后和国民的愚昧归咎于汉字。这种认为"汉字落后"而出现的"废除汉字"的倾向，是有失理性的。新中国成立后，中央人民政府开始考虑汉字改革的问题。在对汉字是否应该走拼音化道路的问题上，毛泽东和周恩来各执不同观点。毛持完全肯定的态度；周认为"现在还不忙作出结论"。1986 年的全国语言文字工作会议的文件没再提汉字拼音化的问题。进入 90 年代后，持汉字必须走

拼音化道路观点的人越来越少。实践证明，汉字是适应中国国情的，没有必要改变为拼音文字。(李梵，2009：137)

汉语拼音之父周有光先生①

三　汉语通用语的规范化建设与推广

一门语言是否拼音文字与一个国家的发达与否没有必然的联系②；但如果通用性不高，则必然制约该国的发展。以推行统一的语言文字、实现全国范围内的语言文字规范化和标准化为主要内容的"语言计划"的是任何国家在其现代化进程中必须实施的历史任务。

1. 汉语规范化建设

汉语的历史，是汉语不断走向统一的历史，但所取得的成就主要停留在书面语上。汉语覆盖的区域与英语相比，不算太广，但各地方言之间的差异很大。来自不同方言区（特别是华东及东南沿海一带）的人们交流

---

① http：//pic. sogou. com/d？query = ％ D6％ DC％ D3％ D0％ B9％ E2&mood = 0&picformat = 0&mode = 1&di = 0&p = 40230504&dp = 1&did = 15#did5.

② 西方学者普遍认为，汉字是具象的，且难以分类，因此不如拼音文字那样有助于科学思维。他们将旧中国的科技落后、思想保守统统归咎于中国文字系统（洛根，2012：50—51），而无视更加重要的制度方面的因素，也是对斯宾格勒"文化盛衰说"的无知。

起来十分困难，譬如内地人听沿海地区人讲汉语，就比听外语还难懂。鸦片战争打开了闭关自守的清帝国的大门，中华民族由震惊而觉醒，从此开辟了中国历史的新篇章，同时，掀起了中国语文现代化的新思潮。经过在清朝晚期 70 年的酝酿，中国语文现代化进入了第一个实行期（1911—1945 年），取得的主要成就有以下几方面。

"国语"取代"官话"："国语"规定了明确的标准音，为大众语言的建立和全民义务教育打下基础。自此，中国有了语言共同化建设的现代意识，逐步改变一国同胞见面不能互通的窘境。

"白话"取代"文言"：这从根本上认定了"语言第一性，文字第二性"的科学原理，所以它既是文体的现代化，又象征着中国的"文艺复兴"。名称随之由"国文"改为"国语"，后来又改为"语文"。

"字母"取代"反切"：1918 年公布了史上第一套用于注音的"汉语字母"，这是一套由简化的古汉字构成的"民族形式"的字母。1928 年又公布了"国语罗马字"，以国际通用字母代替"汉语字母"，完成了汉语注音技术的革命。

这一阶段的工作标志着中国语文完成了从古代到现代的转变。

从新中国成立（1949）到现在是第二实行期，主要成就为以下方面。

推广普通话：以体现民族平等的"普通话"称谓代替"国语"。以教育和公共服务机构为重点，结合广播、电视、宣传、出版等传播媒体，将普通话的应用扩展到社会生活的方方面面。

推进白话文：继续推进书面语由文言文、半文半白的"新闻体"向规范的白话文的转变，突出社论文章的示范性。

推行汉语拼音：在"国语罗马字"基础上，推行《汉语拼音方案》（1958）、《汉语拼音正词法基本规则》（1988）。字典、词典和教科书的注音一律采用拼音，统一全国的文字读音。

整理汉字：为了降低汉字的学用难度，文字改革运动以"四定"（定形、定量、定音、定序）为指针展开工作，先后推出了《第一批异体字整理表》（1955）、《汉字简化方案》（1956）、《简化字总表》（1964）、《现代汉语通用字表》（1988）、《中华人民共和国通用语言文字法》（2001）。为顺应科技时代的潮流，汉字由直行改为横行。字典及工具书的序列和索引除以"五笔查字法"编排外，增加采用了以拼音字母顺序进行排列的"音序法"。

中文的信息处理：过去中国语文现代化的成果，包括汉字的整理和拼音的设计，为今天的中文输入提供了前提条件。目前的输入法已由过去的"拆字编码法"，发展为"从拼音到汉字"的自动变换，此外，还有语音输入、手写输入等，输入单位也从最初的单个汉字输入，发展为语词、词组、成语和语段的输入。

清朝末年，不少有识之士立志推广国语，改革文字，唤醒了人们建立汉语通用语规范化的意识；民国初年，在政府层面也成立了相应的机构，制定了注音字母，审定了部分汉字的读音，形成了一定规模的国语运动，但由于当时社会生产力落后，且长期战乱不止，"语言计划"未能真正列入政府的议事日程，国语运动的成效并不显著。新中国成立后，随国家的统一、社会的进步和生产力的发展，加强汉语的规范化建设就成为了当务之急。

2. 汉语规范化推广

新中国成立初期，党中央、国务院提出了文字改革的三大任务，即简化汉字、推广普通话、制定和推行汉语拼音方案。1952 年 2 月 5 日，中国文字改革研究委员会成立。1955 年，召开了"现代汉语规范问题学术会议"和"全国文字改革会议"，确定了我国语言文字工作的基本任务。1956 年 2 月，中央推广普通话工作委员会成立，将推普工作确定为政府行为。在 20 世纪 50 年代后期，我国社会上兴起了学习和推广普通话的热潮。除教育部、高教部外，文化部、广播事业局、铁道部、交通部、邮电部、解放军总政治部、全国总工会、团中央等有关部门也都相继发出通知和指示，全面推动所属系统行列的推普工作。同年，普通话审音委员会成立，历时八年编成了《普通话异读词审音表初稿》及"续编""三编"，1963 年合并为《普通话异读词审音总表初稿》。文革（1966—1976 年）十年期间，虽然推普工作几近停顿，但是文革中形形色色的运动，如师生大串联、知青上山下乡、"五七干校"，以及各种形式的群众性政治宣传活动等，客观上却推动了普通话的广泛传播。"文化大革命"结束后，语言规划进入新的发展时期。1978 年 8 月，教育部发布了《关于加强学校普通话和汉语拼音教学的通知》，以学校为基地、师生为中坚力量，全力推广普通话。同年，商务印书馆正式出版了《现代汉语词典》和《新华字典》。1982 年中国文字改革委员会形成了《普通话异读词审音表》，此为普通话语音的现行国家标准。12 月 4 日，将推普纳入《中华人民共和国宪法》。12 月 21 日，教育部、文改会、解放军总政治部、团中央、全国总工会、全国妇联、公安部、商业部、铁道部、交通部、邮电部、城乡建设环境保护部、文化部、广播电视部、国家旅游局等 15 个部委联合发出《大家都来说普通话倡议书》，《人民日报》发表了题为《做推广普通话的促进派》的评论员文章，《光明日报》发表了题为《全国师生都要做大力推广普通话的模范》的评论员文章。1985 年 12 月 16 日，国务院将"中国文字改革委员会"更名为"国家语言文字工作委员会"。1986 年 1 月，全国语言文字工作会议使推普工作驶上了快车道。从 1986 年起至 20 世纪末，国家语委与国家教委（后称教育部），陆续发出 10 份关于中师、高师、小学、中学、高校等各级各类学校普及普通话工作的通知，使普通话成为校园语言。1997 年 12 月 23 日，第二次全国语言文字工作会议召开，会议确立了这一阶段语言规划各项工作的具体方针、目标。通过大力推行、积极普及、逐步提高，最终在 2010 年以前，普通话在全国范围内初步普及，21 世纪中叶普通话在全国范围内普及。2011 年 10 月 28 日，国家语言文字工作委员会新一届普通话审音委员会成立。

第四节　成长中的国际通用语——汉语

一　汉语的全球使用现状

汉语是联合国的六种正式语言和工作语言之一，亦为当今世界上使用人数最多的语言。汉语的标准语在中国大陆称为"普通话"，在台湾称为"国语"，在新加坡和马来西亚称为"华语"。以汉语为母语的人数达 13 亿之多（戴昭明，2004：4），其中包括中国台湾的 2000 万人、马来西亚的 500 万人、泰国的 500 万人、中国香港的 500 万人、新加坡的 200 万人、印度尼西亚的 100 万人、越南的 100 万人。

据联合国教科文组织统计会，说汉语的人数大约有 16 亿，约占世界总人口的 1/4（百度百科，2013 年 1 月 10），除中国大陆、香港特别行政区、澳门特别行政区和台湾省的居民以外，还包括遍布世界各地的华人华侨。目前，世界华人华侨总人数约 5000 万（新华网，2011 年 11 月 30 日），他们分布在新加坡、蒙古、马来西亚、印度尼西亚、越南、缅甸、老挝、朝鲜、韩国、日本、美国西部州和夏威夷州等 160 多个国家和地区（艾米·蔡，2010：252）。共同的语言与文化使海内外华人的联系与互动在全球化时代的今天更趋活跃。许多的海外华文报纸、华语广播、华语电视节目既是海外华人了解祖国发展状况的主要渠道，又是维系所有华人情感的重要纽带。

随着我国国际地位的日趋提高，世界各国了解中国、增进与中国交往、学习中国语言文化的需求与日俱增，由此掀起的"汉语热"持续升温。至2008年，全世界有100余个国家的2300多所大学开设了汉语课程，另有难以计数的中小学和社会办学机构也在开展汉语教学，学生总数近3000万人。汉语已成为美国的第三大语言、澳大利亚和加拿大（魁北克省除外）的第二大语言。在日本有100万人学习汉语，95%以上的大学把汉语作为最主要的第二外语。韩国开设中文系的大学已达140余所，以各种方式学习汉语的人数也有几十万，来华留学的人数超过两万人，为各国之冠。在国外"汉语热"升温的同时，中国吸纳外国留学生的规模以每年5000人的速度递增，仅2002年一年就吸纳6万多人，2003年前的10年累计吸纳41万人，这些人中有一半以上是来学汉语的。"对外汉语教学"目前已成为国内发展最快的学科专业之一。我国目前开展对外汉语教学的高校有330余所。累计37万人次参加国内外近200个考点的被称为"中国托福"的用于测查外国人汉语程度的"汉语水平考试"（HSK）。国家汉办最新资料显示，截至2013年年底，全世界已经有120个国家（地区）建立了440所孔子学院和646个孔子课堂，共计1086个。其中，美国开办的孔子学院数量最多，共97所。据中国文化传媒网数据显示，2010年约有1亿外国人学习汉语，2013年学习汉语的外国人达到1.5亿人。虽然这个数据是否准确尚待定论，但一个不争的事实是，学习汉语的外国人数逐年递增。（人民网，2014年4月21日）民间力量也积极介入汉语的传播事业，海外华人华侨举办各种汉语课程班、汉语报纸和书刊、电视广播节目等，既促进了汉语的传播，也发展了相关产业。目前，中央电视台第四套节目（中文国际频道）已经覆盖中国香港、澳门、台湾地区和亚洲、大洋洲、俄罗斯、东欧、中东和非洲的80多个国家和地区。从伦敦到纽约，从东京到悉尼，汉语在世界舞台上逐渐走强，正在成为人气颇高的新兴通用语言。

随着中国经济的飞速发展、综合国力和国际声望及国际地位的不断提高、与国外政治、经济、文化交流的日益频繁，国际社会对汉语学习的需求正在迅猛增长。当前，我国公派汉语教师已经遍布五大洲，而来自世界各地的留学人员也长期保持增加，这充分表明，汉语成长，势头正盛！

二　汉语国际化之路

根据斯宾格勒的文化盛衰三段论，人类文化，不管是何种类型，都要经过这样三个阶段：前文化阶段、文化阶段和文明阶段。三个阶段周而复始，每个周期为 1400 年。斯宾格勒在分析比较埃及、印度、希腊、阿拉伯、中国、西方等众多文化世界后，得出的结论是：西方将于 2000—2200 年没落。（斯宾格勒，2008：10—12）在中国民间，也有"三十年河东，三十年河西"和"皇帝轮流做，今年到我家"之说。历史规律也好，历史宿命也罢，事实却是：自 2008 年美国次贷危机引发的整个西方世界的经济危机，致使西方经济长期持续的低迷；而中国自 20 世纪 70 年代末以来进行的经济改革取得了令人瞩目的成就，经济高速增长，发展势头强劲。国势强，则语言兴。中国国际地位的提高，为汉语走向世界提供了良好机遇。

近年来，随着内部经济的高速增长和规模的不断扩大，中国已由改革初期的"请进来"过渡到了现在的"走出去"。今天，世界对中国无论是需求还是供给都为中国全方位走向世界提供了巨大的动力。随着中国产品、服务、投资等业务向海外扩展，中国的企业家、工程技术人员、学者、留学生、旅游者纷纷走出国门。在这种情况下加速汉语的国际化进程便成了客观的需要，这种需要既来自走出国门的中国人，也来自与中国发生接触的外部世界。不过，这只是问题的一个方面；问题的另一面则是：汉语的推广还必须以中国文化的伸张作为根据。反观英语的国际化历程，可以发现：语言的国际化进程存在着客观的市场需求和主观的语言和文化推广两个方面。不列颠帝国和美利坚帝国的崛起，促使其商品和资本走向世界，作为交际工具的英语随之迅速渗透到世界的各个角落，这是出于与外界交流的客观需要；英语要实现真正全方位的国际化还需要英、美国家向世界推销其价值观念，使其文化获取并保持主流地位。同然，汉语的国际化，也存在这样一个将满足国际需求与语言推广和文化伸张融为一体的自在、自为的过程。

语言的国际化，实质上是不同语言之间的互际化，始于单向的语言推广和文化输出，归于语言的本土化和文化之间的双向性。语言的推广、文化的输出需要与不同语言和文化之间的互动结合起来。具体来讲，就是：

①语言的深度传播需要以语言所承载的文化价值为本质内容，通过语言的推广形成普遍的文化向心力；②语言的国际化不能仅仅通过单向的语言和文化输出完成，还需要通过不同文化之间的互动。这是因为，一种语言在另一个文化区域的传播，本身必然受到该区域语言和文化的影响。在汉语走向世界的同时，我们需要整合自己的传统文化资源，通过与外来文化的交流与融合，创造出代表时代潮流的、为世界人民所认同的中国新文化，使汉语所承载的价值观念、思维方式和价值观念在世界新秩序的建构中发挥主导作用。换句话说，中国既要输出自己的产品，也要提出自己的文化主张，还要积极吸纳异质文化的精华和先进理念，为世界提供重要的文化资源。具体而言，就是要将当今世界主流价值观融入中国文化的核心价值观，使之形成世界性影响力，还要将国外大量的经典著作，以及先进的科技成果和优秀的人文研究成果转换为汉语文本，建立涵盖所有人类文明的知识宝库。只有在世界优秀文化表达上占据相当比例的时候，汉语作为世界强势语言的地位才能脱离经济的支撑得以确立。（金立鑫，2006：97—103）

文化的双向性体现在语言上，就是语言的互际化。一门语言要向异域传播必须适应当地的社会环境，这种适应既包括表达方式上的调整，也包括语音符号、文字符号、新的词汇与范畴的创设，以及对当地语言、文化的吸收与消化。在今天的汉语世界中，已经出现了多种变体汉语，有大陆汉语、台湾汉语、香港汉语、新加坡汉语。在未来汉语的国际传播中，通过与各地文化、语言的交汇和交融，必将在双向的互动中带回新的文化视角与价值观，也必将产生新的词汇与表达方式。可以预见，在未来国际化基础上的汉语本土化必将导致各区域之间语言分蘖的出现，如越南汉语、韩国韩语、欧洲汉语、美洲汉语乃至非洲汉语等语言变体。这种全球范围内汉语本土化的出现，将标志着汉语国际化时代的真正来临。届时今天的"国家语言委员会"将升格为"国际语言委员会"，将各地区出现的本土化汉语进行整合，形成一致的国际标准汉语。国际层面使用标准汉语，区域层面使用本土化汉语。两种汉语形式的并存，既顾及了汉语的多样性，又确保了汉语的规范性，从而规避了当今国际英语出现的某种混乱状态。

全球化时代汉语的国际传播是中国经济发展、综合国力上升后形成的一种文化态势，它折射出这样一种现实：世界正以新的目光审视中国，中国文化的感召力正在加强，汉语的影响面正逐步扩大。但是，汉语的国际化程度与英语、法语和西班牙语等语言相比，仍存在很大差距，它所担负的传播中国文化的使命才刚刚开始，汉语国际化任重而道远。（苏前辉，2013：30）

三　汉语的再出发

汉语，自诞生之日起，就一直处于变化和发展之中。在过去的两千五百年间，汉语经历的变化有春秋的雅言，秦代的书同文，两汉的废篆书、改隶楷，唐代的反骈俪、用散文（"古文运动"），清代的废除八股文，历代石经的字形规范化。20 世纪，汉语发生了历史性的现代化革命，语言从方言到国语，文体从文言到白话，注音从反切到字母，字形从繁体到简化，并且开始了它全球化的历程。汉语由于华人华侨的移居海外以及中华文明的影响，从当初的国语衍生出了大陆的普通话、台湾的国语、新加坡的华语、日本的中国语等变体。"在 21 世纪，全世界的华人将显著地提高文化，发展理智，重视效率，由此，华语和华文将发生更大的时代变化。"（周有光，2010：168）

1. 汉语的优势　经过时代的洗礼和现代文化的冲击，汉语完成了它的现代转型。汉语，这一古老的语言又青春焕发，活力无限。

字量小，易学习

汉字总字量的有效控制主要得益于"复合构词"。所谓"复合构词"，就是将多个具有独立意义的单音词结合构成两个音以上的双音词和多音词。这些"词组"都是新产生的"生词"，而这些单个的字却是早已学过的"熟字"。这样一来，汉语的词量可以一直增加，而基本字量却保持不变，从而使汉字的总量得到有效控制。据专家研究，当今所有主要语种日常实际使用的词，大致保持在 5 万个左右。实行一次构词为主，"字画一律"的英、法、德、俄等语言的书面词形就达 5 万个；而以二次构词为主的汉语，其书面语只由 4000—5000 个汉字组成，仅为英文的 1/10，俄文的 1/12。这就使汉语学字用字的难度大幅度降低。

空间小，便识认

与拼音文字相比，汉字所占空间极小。"根据全苏印刷科学研究所的统计，印刷同一内容，以一个汉字与一个俄文字母大小相同的铅字排印，汉字本仅为俄文本的 1/5。若用拉丁化拼音汉字印书，比用汉字印书要多花一倍半的印张、印工和阅读时间。"（李梵，2009：146—150）汉字的识认特点是依形知义。汉字的形声字占 90%，其形旁与字义紧密关联。形旁是对汉字的初步标义，从而把学习识字由"学形知义"变成"见形知义"，这就极大地缩短了学习识记的过程。汉字字与字之间区分明显，个性突出，特征明显，加之汉语的语法精炼、句子短悍，极利于"一目十行"地高速阅读。

由于汉语中充斥着大量的同音异义词，只有通过汉字的字形，而非通过拼音形式，才能解决混淆的问题。也就是说，汉字的每一个字，既是一个音的单位，又是一个义的单位。一个汉字作为一个意义的单位具有其抽象性、概括性和综合性；而汉字作为一个独立的单位，又是具体的、直观的、形象的，汉字的特色就在于以其形表其意。汉字的认知需要同时兼用语音、字形、语义等多重编码，这就决定了汉字的"复脑文字"属性，即左、右脑并用；而拼音文字是偏向左脑的"单脑文字"，只需要动用语音编码，这就是中国人智商超过欧美人的原因之所在。

借拼音，畅网络

20 世纪中叶美国诞生了第一台电子计算机，此后世界进入了一个文字信息处理电脑化的新时代。汉字的电脑输入经历了三个发展阶段："整字输入法""拆字编码法""拼音变换法"。第一阶段的"整字输入法"接近机械输入，已经弃用；第二阶段的"拆字编码法"①十分繁复，不易普及，被人们戏称为"万码奔腾"。第三阶段的"拼音变换法"，也叫"音码输入法"，也就是输入拼音，由计算机自动转换为汉字。20 世纪 80 年代初就有了拼音自动变换汉字软件，双打全拼、不用编码，无须记忆任何特殊规则，简便快捷。以分词连写的语词和词组为输入单位，大量"词素字"不发生同音干扰。白话文中的"同音词"为数不多，通过"高频先见"和"用过提前"等软件处理，同音选择可以减少到 3% 以下，特别是搜狗等"联想输入法"发明之后，汉字的输入速度远超英文。这显示了一个令人振奋的可能性：如果以汉语为基础进行文字的编码化，中国人在信息时代的思维效率可能会超过西方人。也就是说，以汉语发音为基础进行编码，比以英语发音为基础进行编码更高

---

①　拆字编码法：将汉字拆成"笔画"或"部件"，称作"码元"；将"码元"编成"代码"，在键盘上输入"代码"，变成汉字。如王永明的五笔字型编码法、李金锴的笔形编码法等。

效。可以预见，在21世纪将有更多的智能化软件，利用拼音帮助汉字，使华文在网络上便利流通。

2. 汉语的未来

汉语字母化，此路不通

一百年来，"汉字落后论""废除汉字论""汉字拉丁化"思潮甚嚣尘上，以废除或取代汉字为目标的汉字拉丁化运动几度形成高潮，其规模之大、持续时间之长、动员人力物力之巨、影响之深远，堪称史无前例。汉字是一种最具知性力量的文字；若弃之，是对世界的不负责任。"最西化、最发达的日本，'认为汉字乃是文字形式之最优者'，汉字是日本'实现近代化的最好媒介'，'近代意识与科学思想之所以能在日本如此迅速地传播，就是因为汉字作为传播的工具，得力于汉字词义的高度明确'。"（胡双宝，1998：97）从理论和实践上看，汉字拉丁化没有可行性，因为汉语中充斥着大量的同音异义词，只有通过汉字的字形，而非通过拼音形式，才能有效解决混淆的问题；而且，中国是个方言众多的国家，要创造一种无法大规模试验的拉丁化中文，势必越治越紊，最终导致整个民族走向分裂。

对此，周有光先生的观点是"与其有文字之名而无文字之实，不如无文字之名而有文字之实"（周有光，2010：172）。拼音不是拼音文字，汉字与拼音其实互为一体，前者为形，后者为声，在互联网上往往结伴而行。在这种情况下，扩大和改进实际运用不失为一条有现实意义的道路。拼音助推汉字，信息化与拼音化并驾齐驱，将是21世纪广为接受的一种方式。

汉字的定型与定量

当前在华人社会存在着三种华文变体：大陆中文、台湾中文、香港中文。大陆用简化字和普通话，台湾用繁体字和国语，香港用繁体字和广东话。繁简并用，字无定形阻碍了汉语的统一和发展，这就使汉字改革成为当务之急。对于汉字改革中的汉字简化，今天仍然有人持反对态度。他们认为"放弃繁体字（正体字），就是丢掉了中华传统文化"，"汉字简化革命，制造了文化的断裂"，其理由是使用繁体字的香港和台湾就比使用简化字的大陆先进发达。其实，发达与否主要取决于经济政策和经济体制，与文字的简与繁没有必然的关联；相反，繁体字的运用只会降低文字的使用效率，增大这种文字的学习难度。中国人很长时间里是世界上文盲比例最高的国家，不能说与繁体字和文言文的使用没有关系。大陆的文字改革走在其他华人社会前面，并且发挥了事实上的先导作用。东南亚多国先于港台接受了大陆的简化方案，"大陆和台湾的同胞默默等待两岸当局在 21 世纪提高效率意识之后来改正这个时代错误。统一规范是历史的必然，删繁就简是文字发展的规律。等着吧，聪明的华人在 21 世纪一定会解决这个问题。为了提高工作效率，增强屏幕上的清晰度，21 世纪后期可能对汉字还要继续一次简化。"（周有光，2010：169）

汉字改革的另一项内容就是汉字的定量。字符由多到少，从无定量到有定量，是文字进化的规律。现代通用汉字有 7000 个，其中半数为常用字。按照"汉字效用递减率"，最高频 1000 字的覆盖率是 90%，此后每增加 1400 字覆盖率提高百分之十。汉字的规律是利用常用字，淘汰罕用字。21 世纪极可能出现一种"千字文"加"拼音"，甚至再加常用英文缩略词（红网，2014 年 4 月 27 日）的"现代基础华语"。在 21 世纪后期，讲求效率的华人将把一般出版物的用字控制在 3500 个常用字范围之内，实行字有定量，辅以拼音。（周有光，2010：170）

汉语的全球化

汉语的全球化自早年华人踏上异国的土地之日就已经开始。由于华人是一个爱好和平的民族，汉语的传播相对于借助炮舰政策的西方语言，所经历的历程就更漫长一些。汉语国际传播真正取得重大突破的时期是 20 世纪。20 世纪初期，推翻清朝，建立民国，北洋政府开始提倡国语。1945 年，日本投降后，台湾光复，国语开始在台湾普及。大约十三年后，国语成为了全岛学校、商业、交通等领域的通用语言。1965年，新加坡独立，实行英语和华语并行的双语政策。经过十年的努力，在约占总人口 74% 的新加坡华人社会中，方言的使用逐步收窄，作为当地标准语的华语获得了越来越广泛的受众。继 1979 年"讲华语运动"之后，新加坡华语在新加坡华人圈中广泛的使用开来。到 2000 年，有 82% 的新加坡华人能够讲华语。随着近年新加坡与中国大陆的频繁接触，新加坡华语已逐渐向中国大陆的普通话靠拢，采用了汉语拼音和简体字等。普通话里的许多词汇也逐渐融入新国华语。香港（1997）和澳门（1999）回归中国之后，普通话成为了那里的官方语言。20 世纪 70 年代后期中国实施改革开放政策之后，国际上出现了第一波"汉语热"。近 20 年来中国致力于稳定的对外开放政策，中国的经济实现了腾飞，影响力不断增强，加之过去大量移民至东南亚及欧美各地所形成的海外华人区、新移民或出国定居人员与家庭，还有看好中国庞大市场的外商跨国企业，这几股力量的推波助澜，又催生了新一波的"汉语热"。截至 2014 年年底，全球已有孔子学院 476 所，孔子课堂 851 个。（刘奕湛，2015 年 1 月 13 日）目前在海外共有 52 个国家和地区出版华文报刊，累计共 4000 多种，海外华语广播电台 70 多家，华语电视台几十家，网络媒体则不计其数。在中国内地媒体、台港澳地区媒体以及海外华文媒体的共同作用下，世界性"汉语热"盛况空前，经久不衰，标志着汉语已经迈上了全球化的征程。

语言学界判断一门语言的全球化程度通常有三个指标，即该语言的"通用性、交流性、开放性"（喜多村和之，1984：122）。就汉语的"通用性"而言，我们需要研究世界各地区的汉语使用情况。当前在世界各地汉语是以多种变体的形式出现的，有分布在世界各地的各种"区域华语变体"，还有一种与现代汉语普通话最为接近、为各地华人普遍接受的"华人通用语"。（吴英成，2009 年 9 月 24 日）根据"大汉语圈"划分理论，"大汉语"可以划分为现代汉语和现代华语。现代汉语包括普通话与规范汉字、汉语方言及周边少数民族语言；现代华语包括华语与华文、区域华语。华语是向普通话靠拢的、以普通话为核心的海外华人共同语。区域华语指来自国内不同地域的汉语方言，和所在国家或地区的语言影响所形成的变异形式。由此看来，在这个大汉语圈中，普通话为内圈，华语为中圈，域外华语变体和汉语方言、周边少数民族语言为外圈。在这个大汉语圈外还有学习和使用汉语的外国人群体作为它的有效外延。

但是，就现阶段来说，汉语在海外的传播主要体现在传承中华文化和实现经济价值两个方面，这显然是不够的。汉语的国际化或全球化，必须建立在以发达的科学技术为支撑、以先进的文化精神为核心内容的基本思维之上。只有当中国标准成为世界规范，中国理念成为全球奋斗的共同目标，世界上重要的科技文献皆使用汉语发表，那么汉语的学习才能成为普遍需求。也只有当这一切的条件皆具备之后，汉语才能最终成为全球的通用语。

英国人在 200 年前普及了英国共同语——英语，后来使之成为事实上的国际共同语；全世界的华人有望在 21 世纪末期普及华夏共同语——华语，继而在 22 世纪成长为全球共同语。

"大汉语圈"示意图

第六章

立足当今看未来

世界已经驶入全球一体化的快车道。或许，深度的全球一体化尚需时日，但在加速度的作用下，到21世纪中叶人类必将迎来一个更加美好的未来。可以期许，未来世界将会出现新的、更合理的政治经济格局，作为文化载体的语言格局也必将发生相应的变化。

第一节　当代世界文明区域的划分与语言新格局

文明通常被看作是文化的实体。文明和文化都涉及一个民族生活的方方面面，文明是放大了的文化。文明是动态的，它们兴起又衰落，合并又分裂。它们从不停歇地演变着、调整着，给当代世界留下了中华文明、西方文明、伊斯兰文明和印度文明，或许还应加上东正教文明、拉丁美洲文明和非洲文明。

一　当代几大文明区域的划分

1. 中华文明　中华文明是一种超越了儒教和作为政治实体的中国的一种文明。（塞缪尔，2010：24）长期以来，中国经济一直都是自给自足的自然经济，朝廷按传统文化和价值观来治理国家。然而到了19世纪，由于帝国主义的侵略和清政府的政治腐败，中国沦为半殖民地半封建的国家。辛亥革命后，清政府崩溃，民国建立。由于南北对峙，军阀混战，中国处于战乱之中。日本帝国主义趁机侵入，使中华民族处于危亡之中。从1949年到1976年，中国人民在中国共产党的领导下进行了社会主义革命和社会主义建设，取得了辉煌的成就。1978年，中国奉行改革开放政策，全力进行现代化建设。目前，中国正在成为世界瞩目的新兴强国，这个古老的民族正在实现着伟大复兴。

　　与此同时，现代中华文化也发生了革命性的变化。鸦片战争后，随着西学东渐的加强、新文化运动的高涨、马克思主义在中国的传播，中国文化由过去的儒释道文化为主体的多元结构，逐渐改变为中西混合的以中国传统文化、西方自由资本主义文化、马克思主义文化为基本结构的中国现代文化。正是在西方文化的猛烈冲击之下，中国文化才产生了对自身传统文化的深刻反思，才有了对本土专制体制反叛的自觉，才开始了对自身文化的重构。正是在对中国传统文化的反思性扬弃和对西方文化的批判性接受中，中国才找到了现代化的自主道路，才正确意识到传统与现代之间的关系，也才重新认识到孔子和中国传统文化在新的世界历史条件下所蕴涵的价值。中华文化在借鉴西方民主思想与制度建设的同时，正以自身伟大的人道理想影响着世界的现在，为世界构想着一个光明未来。

　　2. 西方文明　　"西方"原本被用来指欧洲基督教世界的那一部分，后来西方殖民活动的开展使大批的欧洲人移居海外，"西方"这个概念就涵盖了欧洲、北美，加上其他欧洲人居住的国家，如澳大利亚和新西兰。"从历史上看，西方文明是欧洲文明。在现代时期，西方文明是欧美文明和北大西洋文明"（同上，25—26）。

　　西方文明的历史发展最为典型。它从黑暗的"中世纪"逐步走向光明的现代，经历了文艺复兴、宗教革命、产业革命、民主革命；政教合一改为政教分离，强制信教改为信教自由，君主专制改为民主选举，贵族教育改为平民教育；铁路、汽车、轮船、飞机的发明，通信技术的进步，使地球概念大为缩小；自然科学和社会哲学发展为自然科学和社会科学。得益于这一系列方兴未艾的发明和创造，人类文明才得以由近代迈入现代。

　　西方文明向世界的扩张，在客观上有积极的一面。它将先进的科学技术和生产方式带到殖民地，一定程度上带动了落后国家和地区的进步和发展。但从本质上讲，帝国主义传播西方文明的根本目的是奴役、剥削和掠夺，因此它又是消极的和反动的。建立在西方文明基础之上的"现代性"，其历史的正当性和合理性不断受到人们的质疑和抵制。

　　3. 伊斯兰文明　　伊斯兰文明是一种较为独特的文明。它起源于公元前 7 世纪的阿拉伯半岛，然后迅速蔓延，跨越北非至伊比利亚半岛，并向东延伸到中亚、南亚次大陆和东南亚。结果，在伊斯兰文明中出现了许多独特的文化或次文明，包括阿拉伯、土耳其、波斯和马来文化。

伊斯兰文明的现代化与中东局势密不可分。在现代文明的冲击下，中东各国从 19 世纪中后期开始，掀起了伊斯兰现代化改革运动。面临西方文化对伊斯兰世界政治和宗教的双重挑战，伊斯兰世界的反应各不相同：一种是（官方的）亲西方的态度，希望以西方模式改造伊斯兰传统社会，推动社会的世俗化，实行政教分离；另一种是（民众的）固守伊斯兰传统，对西方文化采取拒绝、对抗和敌视的态度。西化改革由上层阶级发起，出于强化统治的目的，而非反映民众的利益诉求，故而缺乏广泛的社会基础。由此导致的结果是，这些国家殖民地半殖民地的命运非但没有得到改变，反而造成了传统伊斯兰社会的两极分化。从这种分化中，脱颖而出了世界观各异的两类人物：一类是少数受过现代教育，倾向西方的知识精英，另一类是占绝对多数的坚守伊斯兰文化传统的下层民众。在现代化进程中，知识精英们逐渐掌控了政府、教育和司法界的重要职权，世俗化日益增强，原来在这些领域享有重要地位和权力的宗教领袖的权威逐渐削弱，传统的伊斯兰基础和穆斯林社会的合法性出现了危机。终于，引发了 20 世纪 60 年代末 70 年代初的"伊斯兰复兴运动"①。

伊斯兰教是中东地区的文化基础，现代中东文化基本上沿袭伊斯兰教传统的宗教文化。当中东卷入世界现代化运动之后，所出现的伊斯兰现代改革主义文化强调以坚持伊斯兰信仰为前提，力图使宗教观点理性化，使科学与宗教协调，重现人的价值和自由意志。这种从复古的原教旨主义中寻找文化改革力量的思维，原本就注定了其实践的不可行性。当今诸多中东国家期望自强而又找不到出路，原因正在于此。其实，伊斯兰世界也非铁板一块。继土耳其之后，东南亚和非洲多个新兴国家的民主改革已取得成功，这从他们文字的拉丁化运动中得到了充分的印证。不可否认，由西方规定的"现代性"存在着诸多的不合理性。或许，当这种"现代性"在 21 世纪的今天为更具普适性的"后现代性"所取代的时候，整个阿拉伯世界就能困惑尽释。

4. 印度文明　印度文明源远流长，继早年从与伊斯兰世界接触中吸

---

① 从本质上说，现代伊斯兰复兴运动，是在西方现代化道路的幻想破灭之后伊斯兰世界转而从传统文化中寻找精神支柱的过程中对西方文化中的极端个人主义、道德沦丧等社会弊病的一种矫枉过正。

收了阿拉伯文明的许多成分后，到近代又受到西方文明的深刻影响。在英国人统治期间，印度的社会和文化发生了广泛而深刻的变化。但是，印度的文化传统并没有因外来文化的渗透而绝迹；相反，它在变化着的社会生活中、在反对殖民统治的民族独立运动中，不断汲取营养，改造并丰富自己的内涵，从而发展成为独具特色的现代印度文化。

现代印度文化中，有许多西方文化的因素。尼赫鲁说："西方文化对印度的冲击，是一个能动的社会和一种现代意识对墨守中世纪思维习惯的静止的社会的冲击，英国人正当世界掀起一阵新冲击浪潮时来到我国，他们代表着他们自己也没有意识到的强大历史力量。"（郝世伦，2013：333）英国的殖民统治客观上促进了印度传统社会的历史转型，给印度人带来了一种政治语言的统一，从而为民族主义意识的产生营造了一种必需的社会条件。一个多世纪的英国统治通过行政、立法、贸易、交通网络的建设和工业化、城市化等多个渠道，深刻地影响了印度人生活的方方面面，使印度的传统文化发生了根本性的变异。

现代印度文化，既不同于英国文化，也不同于印度的传统文化，而是两者的矛盾结合体。在现代文明背景之下，印度人践行着自己的宗教思想。"对永恒不变的精神追求""对幻想世界的极度关注""业报轮回"和"非暴力"等思想，造就了印度国民不务实、不进取、安于现状、重精神轻物质、重个人轻集体的性格特征。其结果就是印度在独立40年后依然有一半人口生活在贫困线以下，文盲数量占总人口的一半以上。这种状况导致了印度民众一直没能培养出一个民主社会应有的责任感，倒是将民主制度所有的缺点继承了下来。

5. 其他文明　除上述影响较大的文明种类外，还有东正教文明、拉丁美洲文明和非洲文明等。以俄罗斯为中心的东正教文明源自拜占庭文明。虽说它隶属于西欧传统文化，但受文艺复兴、宗教改革、启蒙运动等西方重大事件的影响十分有限。这一区域信奉不同于西方的宗教，长期实行君主专制制度。1917年"十月革命"建立了马克思主义的苏联，曾尝试创造马克思主义科学抵制资本主义科学。但科学是世界性的，不以意识形态为转移。最终，庞大的苏联为僵化、教条的马克思主义所断送。

作为欧洲文明的后代，拉丁美洲文明具有区别于西方的独特认同。拉丁美洲的宗主国——西、葡两国原来是半奴隶半封建的君主国家，曾被阿

拉伯人征服，文化中不免含有伊斯兰教的基因，难怪有人戏称西班牙为
"地处欧洲的亚洲国家"。当欧洲和北美发生宗教改革，将天主教和信教
文化结合在一起，诞生伟大的"工业革命"的时候，以天主教为灵魂的
拉丁美洲文明结合了一些本土文化，创制了社团文化、独裁主义文化，致
使整个社会发展缓慢、文明程度较低。今天拉美地区的发展状况跟北美地
区相比存在着天壤之别，原因正在于此。

再就是非洲文明。非洲大陆的北部及非洲的东海岸属于伊斯兰文明覆
盖区域。19 世纪末，欧洲列强瓜分了非洲，控制了除埃塞俄比亚以外的
几乎整个非洲，随即将基督教带到了撒哈拉沙漠以南的大部分大陆。非洲
文化在欧洲和亚洲宗教文化的冲击下，再度重构"可以想象，由于南非
可能成为撒哈拉以南非洲的核心国家，这个地区可能会粘合成为一个独特
的文明"（塞缪尔，2010：26）。

二　现代世界语言版图

世界上有数千个语言集团，共同构成了一个井然有序的世界语言系
统。经过数千年的嬗变，这个语言系统今天迈入了一个全新的阶段。与
现代四大文明相对应的语言集团代表了当今的主流，也昭示着未来的
走向。

地区	语言	宗教
西方文明	英语、西班牙语等	基督教文化
东亚文明	汉语普通话	佛教文化
西亚文明	阿拉伯语言	伊斯兰教文化
南亚文明	印地语言	印度教文化

1. 英语，还是其他西方语言？

在今天的世界上，率先进入工业化时代、规定了现代性概念的西方国
家依然占据着文明和文化的制高点。在西方语言中，从母语人数看，西班
牙语第一（为 3.5 亿人），英语第二（为 3.2 亿人），其次是葡萄牙语
（1.8 亿人）、俄语（1.4 亿人）、德语（1 亿人）、法语（0.8 亿人）；但
从影响力和通用性看，英语则遥遥领先。上两个世纪英国和美国凭借在文

化、经济、军事、政治和科学上的领先地位，使英语获取国际语言的地位。英语不仅广泛用于全球外交、贸易、科技、文化和旅游等传统领域，而且在全球视听市场、卫星电视、互联网、文件处理软件、技术转让以及英语教学产业等新兴领域也占有绝对优势。从地理分布看，英语也是首屈一指的。在英国、美国、加拿大、澳大利亚、新西兰、爱尔兰、南方以及若干个加勒比国家，英语是第一语言，或称"本族语"即官方语言。此外，世界上有 70 多个国家给英语以官方地位，覆盖人口大约 6 亿。即使在英语不具备官方地位的国家，它也在这些国家的外语教学中占有优先地位，即第一外语。这类国家在世界上有 100 多个，包括中国、俄罗斯、德国、西班牙、埃及和巴西等，覆盖人群有 1 亿—10 亿（Crystal，2001：F26，54）。正是由于英语在世界上极高的通用性，在国际交往中，人们通常都会非常自然的选择这一媒介。

　　所有这一切能否说明英语将在世界语言系统中永久占据着这一绝对的优势地位？当然不是。"实际上，随着向北美、澳大利亚及南非殖民，英语作为母语的扩张早在一个多世纪前就已经达到了顶峰。此后，英语传播迅猛，但只是作为第二语言，也即外语。"（艾布拉姆，2008：215）在美国国力持续衰退、帝国主义思维逐渐变得不合时宜的今天，英语的国际认可度也在下降。那么，在西方语言中有没有哪种语言能够接过英语的接力棒呢？通观经济活跃的八国集团（G8）[①] 和金砖国家组织（Brics）[②]，唯有俄罗斯的俄语和巴西的葡萄牙语存在潜力。当前的俄罗斯在西方世界的高压之下，尚处于文化的重构时期，其全面复兴尚需时日。而且继苏联解体后，俄语区域大为萎缩，故一时难成气候。巴西近年来经济发展态势较好，但要成为世界性强国，政治实力和军事实力明显不足，其文化中先天缺乏工业革命精神，故葡萄牙语还暂时无力承担此任。

---

① 八国集团（G8，Group 8，Group of Eight）是指八大工业国，美国、英国、法国、德国、意大利、加拿大、日本及俄罗斯的联盟。

② 金砖国家（BRICS），也被称为金砖五国，代指全球五个主要的新兴市场，分别为巴西、俄罗斯、印度、中国、南非，其人口和国土面积在全球占有重要份额，并且是世界经济增长的主要动力之一。这五个国家的英文名称首字母合起来是 BRICS，发音类似英文的"砖块"（brick）一词，故称金砖国家。

八国集团①

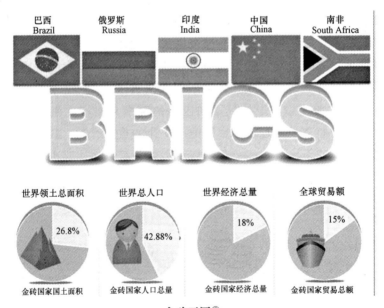

金砖五国②

① http：//pic. baike. soso. com/p/20140314/bki-20140314144146-163947725. jpg.

② http：//imgl. imgtn. bdimg. com/it/u = 1079296006，3748741615&fm = 21&gp = 0. jpg.

2. 汉语，在路上！

历史的经验证明，只有世界强国的语言才具备成为全球通用语的条件或者潜力。而一个国家是否有条件成为世界强国则取决于其综合国力的强或弱。根据国内外学者对综合国力的研究，可以将世界强国的基本条件归纳为：①"洲际性的大陆国家，例如俄罗斯、美国和中国，而不能是大陆边缘性的国家和岛屿国家，例如法国、英国和日本"（喻希来，1999：6）；②拥有5000万以上人口（郭万超，2004：25），例如中国、印度、美国、印度尼西亚；③超过2000亿美元的GDP，例如美国、中国、日本、德国；④具有较大的政治和军事实力，例如美国、俄罗斯、英国、法国、中国；⑤丰富的历史文化资源，如中华文化、印度文化；⑥有可以充分利用的战略机遇期，如东亚、非洲和南美。相比之下，中国具备了发展成为世界强国的基本要素——世界第三领土大国、世界第二大经济体，联合国常任理事国和负责任的国际政治建设大国；"中国具有丰富的历史文化资源——悠久的文化、独特的文明、博采众长的气魄、兼收并蓄的风格、协和万邦的精神、亲仁善邻的智慧——这些都是建设中国的软力量和宝贵财富；有可以充分利用的战略机遇期——这是一个经济全球化的发展加速期，可以集中精力进行经济建设的安宁期，重新确立中国在世界新格局中的战略地位的孕育期，在世界科技新高潮中加速腾飞的推进期，利用世界性产业转移调整我国经济结构的成熟期。"（郭万超，2004：2）当然我们也需要清醒地意识到，纵然在经济指标上接近或达到世界第一，但这并不意味着中国就已经成为世界经济强国。中国仍然需要坚持以经济建设为中心，继续发展经济，不断增强综合国力，逐步缩小与美国的差距，从而跻身于世界强国之林。

中国的故事、中国的主张为中国赢得了越来越广泛的认同。随着中国国际话语权的逐步加强，汉语本身作为一种中国信息，将赢得世界越来越广泛的关注。自2004年以来，世界性的"汉语热"急剧升温，除传统的"请进来"学习汉语，"走出去"的积极主动的汉语传播方式得到了来自国家层面的高度重视，如在世界各地建立孔子学院，外派汉语教师及志愿者等。此外，大众传播手段在汉语国际传播过程中也得到了广泛运用，如汉语学习的报纸、杂志、书籍，汉语节目的广播，华语电影电视。国内专门针对汉语国际传播的大众传媒不胜枚举。中国国际广播电台的《学汉语》、《空中汉语课堂》、远程汉语视频教学节目等，已成为向世界传播汉语及中华文化的重要传播渠道；华语电影通过汉语和影视画面向国际社会展现中华文化特色。据统计，"在海外共有 52 个国家和地区出现华文报刊，累计总数 4000 多种，海外华语广播电台 70 多家，华语电视台几十家"（李洁麟，2013：45—50）。多媒体网络的应用，进一步丰富了信息传播方式。汉语传播与网络的结合，打破了传统汉语教育与传播的时空限制，实现了人际传播、组织传播与大众传播中各种汉语资源的高度融合，同时，也极大地拓展了汉语国际传播的规模和范围。

中国在发展，中国的影响力在增强；汉语在成长，汉语的传播在延伸……

3. 阿拉伯语乎？印地语乎？

阿拉伯语即阿拉伯民族的语言，是联合国六大官方语言之一，主要通行于中东和北非地区，现为 19 个阿拉伯国家及联合国、阿拉伯国家联盟、伊斯兰会议组织、非洲联盟等 4 个国际组织的官方语言。以阿拉伯语作为母语的人数超过 2.1 亿，在全球范围使用者总计目前已经突破 4 亿。而且，在世界语言中，阿拉伯字母是除拉丁字母外，应用最广泛的一套字母。

在阿拉伯帝国和奥斯曼帝国的鼎盛时期，阿拉伯语曾经覆盖了亚、非、欧的广大地区。阿拉伯帝国，特别是奥斯曼帝国覆灭之后，整个伊斯兰世界四分五裂，一蹶不振，阿拉伯字母的使用地区随之出现萎缩。近年来，在团结一致信念的驱使下，中东地区说阿拉伯语的人数有所增加。碍于由来已久的收入与权力的不公和近年来愈演愈烈的暴恐事件，阿拉伯社会的统一举步维艰。鉴于阿拉伯语的宗教属性，在广袤的伊斯兰教区阿拉伯语自第二个千年再也没有走出清真寺，这是制约阿拉伯语成为阿拉伯世界普通民众之间通用语的一大瓶颈。不过，在阿拉伯世界中有一种语言或许最终能够统一所有伊斯兰民众，那就是突厥语。我们注意到世界上有 1.47 亿说突厥语的人（主要为土耳其人、乌兹别克人、土库曼人、哈萨克人、吉尔吉斯人）。"作为一个完整的团体，突厥语的使用人数远超于说德语、法语或日语的人数。绝大多数突厥语都能彼此听懂，所以一旦有了良好的沟通，他们就会把自己看成是一个整体。"（奥斯特勒，2011：495）

印度于 1947 年从英国治下获得独立时，便确立了印地语（Hindi language）为国家共同语。由于印度的主体民族印地族只占到总人口的 33%，它没能赢得印度讲其语言的人的承认，因此只好与英语分享官方语言的地位。

　　共同起源于印度斯坦语的印地语和乌尔都语（Urdu）加起来是世界上第二大语言，使用人口超过 5 亿人，仅次中文。1997 年的调查发现，66%的印度人会说印地语，77%的印度人把印地语视为国家的共同语言。在印度，4.22 亿的人把印地语当作自己的母语，另外 3 亿人把印地语当作第二语言使用。

　　语言是一种软实力，是一个民族国际地位的直接反映。联合国五常都很重视语言的作用，印度自然也希望有所作为。2007 年 4 月 19 日，时任印度外交国务部长的夏尔马在新德里表示，印度将加快推动印地语成为联合国官方语言。（汉网，2007 年 4 月 20 日）虽然印度政府不遗余力地推动印地语的国际地位建设，但印地语在印度社会生活中尚未形成强势地位，这里的强势不是指绝对数量，而是指影响力。印地语成为全球通用语也许在久远的将来存在着某种可能。

第二节　语言的区域一体化趋势

一　文明区域与区域组织

　　随交通和通信技术的发展，不同国家、不同地域、不同民族之间在政治、文化、科技、军事、意识形态、生活方式、价值观念等多层次、多领域的相互联系不断增强，随之产生了普遍的全球意识，这就是人们通常所说的"全球化"。由于全球化现象是 20 世纪 80 年代以来才在世界范围日益凸现出来，全球化这个词的广泛使用也是近年出现的事，因此，有很多学者更习惯使用"国际化"而不是"全球化"。他们认为国家的边界还远没有达到要消失的地步，完全的全球化还没有开始。

　　国际（International）是一个非常常见的政治用语，其直接意思是"国家之间的"。不论是在传统帝国、王国，还是在民族国家时期，国家与国家之间的联系和往来一直存在着，并且铸就了共同的或相似的文化，而思维和表达方面的相似或相通使彼此的语言朝着同一个方向发展、变化，最终形成一种共同的语言。国际化的继续延伸和扩展就产生了另一种现象——"区域一体化"（或称"地域化趋势"）。如果说在今天全球化还为时尚早的话，区域一体化则是实实在在的存在。其实，区域一体化代表了国际化的延伸和全球化的先声，是一个重要的历史阶段。

　　据考证，"区域一体化"这个词语的使用是 1942 年之后才出现的。到 1950 年，经济学家开始将其定义为单独的经济整合为较大的经济的一种状态或过程。区域一体化常常被描述为一种多国经济区域的形成，在这个多国经济区域内，贸易壁垒被削弱或消除，生产要素趋于自由流动。这样一来，"区域一体化"就被赋予了经济的内容，随之也就产生了"经济区域一体化"的概念。因此，区域一体化的形成往往以同一文化背景、同一文明区域为根据，以经济的共赢为动力，以全球一体化为最终走向。事实上，经济的区域一体化必然具有文化的内容，也不可避免地带上一定的政治和军事的色彩。

　　区域一体化的实施和管理，需要从契约上、制度上、组织上建立一个一体化的行政机构。这样，在不同地区就诞生了形形色色的区域性组织机构。在欧洲，先是"欧洲经济共同体"（1957），后来是"欧洲共同体"（1967），最后是"欧洲联盟"（1993），另外还有"北大西洋公约组织"（1949）和"华沙条约组织"（1955），"独联体"（1991）等；在亚洲，有"阿拉伯国家联盟"（1945），"石油输出国组织"（1960），"亚洲开发银行"（1963），"东南亚国家联盟"（1967），"南亚区域合作联盟"（1980），"亚太经济合作组织"（1989），"上海合作组织"（1996），"亚洲基础设施投资银行"（2015）；在美洲，有"美洲国家组织"（1948），"北美自由贸易区"（1992），"南美洲国家联盟"（2004）；在非洲，有"非洲统一组织"（1963），"非洲联盟"（2002）。从以上国际组织的数量和区域来看，亚欧（特别是亚洲）是最重要的，同时也是最活跃的区域。这些区域性组织都有一个显著的特点，那就是相同或相似的文化背景，大多共处同一文明区域，而且这些区域既是历史上，也是当今世界上最为重要的文明区域。

二　文明区域内通用语的形成

　　耐人寻味的是，这些区域与当今世界使用人数排在前 20 位的语言（参见附表 4）所处的区域完全重合。若我们将这前二十强语言的母语使用人数相加，得到的数字占到世界总人口的 57%，超过一半；而且在这二十强语言中，大多数的语言都发源自南亚、东亚和欧洲。没有一例起源于美洲、大洋洲，或者（最令人惊讶的是）非洲。这表明，语言的扩散往往随着文明的成长和发展而得以实现。

　　语言的扩散有两种形式：其一，由内核向外延发散性的"有机增长"；其二，在"联合与习得"中完成对他者的整合。前者主要通过语言核心区人口数量的增长，包括对邻近地区的和平同化或武力侵占实现的人口增长，二十强中的大多数属于这种类型，如汉语、古典阿拉伯语、俄语、德语和意大利语等。后一种类型则是通过海上入侵和殖民定居的手段将核心区语言传播到世界其他不连续的各个地区，这些语言的源头都在西欧，为拉丁语系的子语言，如英语、西班牙语、葡萄牙语和法语。随民族独立运动的兴起，欧洲殖民行为彻底退出历史舞台，在公元第二个千年的后半部分，这些前二十强很少有哪种语言再度通过帝国侵略来实现增长的。有一个值得注意的现象是，大多数属于"有机增长"的语言，除西欧的意大利语和德语，至少都经历过上千年的中央集权统治。这些语言的标准语，往往就是该国家首都所使用的方言。从语言的政治经济意义上看，"有机增长"盖过了"联合与习得"；若从贸易的角度看，情况就不同了，英语的增长就是一个显例。当今全球语言布局大体上都是这两种扩散方式传播及其演化、演进的结果。根据这一结果，结合当今较为活跃的几大文明区域板块，我们或许能够揣摩未来语言的大致走向。

　　衡量某一语言成功与否的基本标准过去是、现在是、将来仍然是该语言使用人群的总体数目。中国是当今世界的第一人口大国，"遥遥领先的汉语（如今分别是英语、印地—乌尔都语、西班牙语的 3 倍），仍将是世界上使用最广泛的语言"（尼古拉斯，2011：480），这种状况还将维持 50 年。之后，"人口第一大国"的名称可能旁落印度次大陆，以 1995—2000 年的妇女生育率（中国 1.8，日本 1.4，印度和孟加拉国 3.1，巴基斯坦 5.0）为参照，印度的全民人口在 2050 年将超过中国。如果一直不采取人口控制政策①，印地语的使用者人数将在现有基础上翻一番，达到 14 亿人②。由于历史的和民族的因素，英语至今仍然通行于印度各邦。"在最近的一次民意测验中，71% 的受访者称他们'懂'印地语，31% 说他们'懂'英语。"（艾布拉姆，2008：92）。不过，从趋势上看，印地语成为

---

　　①　由于国土面积有限，印度不会永远放任人口无序增长。

　　②　1997 年的调查发现，66% 的印度人会说印地语，77% 的印度人把印地语视为国家的共同语言。在印度，4.2 亿的人把印地语当作自己母语，另外 3 亿人当第二语言使用。

这一人口大国的通用语是迟早的事。

阿拉伯国家的人口出生率普遍很高，在未来的半个世纪里，其人口不止增长一倍，这样也许能让阿拉伯语跻身五强。但要做到这一点，前提是必须要能够从25种方言中整合出一种类似古典阿拉伯语那种广受接纳的共同的标准语，而目前尚无任何这方面的迹象。非洲也属于人口正增长的区域之一，但那里的语言在未来的50年里仍然不能进入二十强。或许经过更长的时间，作为非洲使用人数最多（5500万人）的斯瓦希里语能够有所作为。据东非权威性的《语言研究学报》报道，不少语言学家根据语言发展趋势推测，认为斯瓦希里语极有可能成为整个非洲地区的通用语言。在苏联地盘上，大多数前加盟共和国相继恢复使用各自的传统语言，使得俄语使用者的人数大为缩减。在其中亚新独立出来的穆斯林共和国中，土耳其语和英语正在蚕食原俄语的区域。得益于公元第二个千年的后500年里对全球的殖民占领，欧洲的几大主要语言如英语、西班牙语、葡萄牙语和法语获得了现有的重要地位。除法语外，其他三种语言的海外使用者人数都超过了本国：美国使用英语的人数是英国的4倍以上，墨西哥是西班牙的近3倍，巴西是葡萄牙的17倍。在未来的50年里，墨西哥的西班牙语和巴西的葡萄牙语使用者人数将增加50%。在美国，25%的人口增长主要来自于西班牙语族裔。近日（2014年7月中旬）在巴西召开的"金砖国家峰会"为拉美国家带来了重大的发展机遇，有朝一日拉美崛起，西班牙语势必将取代英语，而成为整个美洲地区的通用语。在欧洲，法语人口与德语人口的比例大约是7：9，法语人口少于德语，相差不大。欧洲各大企业在业务中原来使用法语超过德语，但是1996年的调查表明，情况发生了变化，一贯低调的德语首次超过了法语。（周有光，2000：58）可见，法语的国际流通性开始萎缩，而德语则逐渐走强，未来很可能一统欧洲。

仅从人口统计学的角度看，英语的前景并不乐观，因为它的母语使用者所处国度的人口显示了一种平稳发展甚至衰退的趋势。鉴于英语在很多地方已经实现了本土化，更主要的是由于它"建立在一种财富感的基础上，这种财富是源于科学进步与理性运用的"（尼古拉斯，2011：491），英语国家至少还将在今后的30—50年里保持最强大的影响力。不过，一门语言的流通性或通用性，往往与一个国家的国势紧密相连。"随着西方实力相对于其他文明逐渐衰落，其他社会中使用英语和其他西方语言，以及用它们来进行各社会间交流的情况也将缓慢减少。假如在遥远未来的某一天，中国取代了西方成为世界占优势的文明，英语作为世界共同语言就将让位于汉语普通话。"（塞缪尔，2010：42）从当前发展的趋势看，这种情况的发生非但可能，甚至还会提前。

第三节 文化多样性与"双语制"

一 现代国际文化新走向

2007年4月3日，美国前国务卿基辛格在由中国科学院研究生院主办的"中国科学与人文论坛"发表讲演时，曾经预言：中国的崛起不可避免，世界重心将转向太平洋。（张维为，2008年1月7日）时隔七年后的今天，中国崛起已经成为不争的现实。中国崛起不仅体现在中国自身的经济成就以及对世界的经济贡献上，它还为世界（特别是发展中国家）提供了一种新型的发展模式[①]及其背后的指导思想，更重要的是它使中国赢得了话语权，这对重新思考如何共同应对人类面临的诸多挑战（如消除极端贫困、防止不同文明冲突、消除恐怖主义威胁等）是极为有利的。

一种文明的崛起，根据在于其文化思想的深厚积淀及其对人类社会文明进步的积极贡献。公正地说，西方在崛起的阶段给世界带来了资本主义、民主政治、宪政体制、公民社会和福利国家等现代思想资源，西方的成就是巨大的，对世界影响是深远的，但同时给世界带来的灾难也是不可忽略的。与崇尚权力和力量的西方文化不同，"'中国文化是一种具有强大思想能力的文化，向来就有追求精神生活，将道德置于崇高地位的深远传统。中国文化保留着极其巨大的空间，足以展开人与自然的和解，调节理性思维与精神信仰、物质追求与审美情趣、自然科学与人文关怀之间的裂断。'（乐黛云，2008：10—14）如果将这些中国文化固有的文化基因与现代诠释结合起来，面向当代多元文化的世界，就能够创造出全新的概念体系、话语体系和知识体系，为世界展开一个'想象的空间'"。（苏前辉，2014：170—174）。20世纪中期以后，包括西方学者在内历史学界和社会学界对西方定义的"现代"纷纷提出质疑，对"后现代"的探索和思考逐渐扩散，

---

① 相对于西方主导的发展模式（如国际货币基金组织在非洲推行的"结构调整方案"和美国在苏联推行的"休克疗法"），中国的发展模式更具良性、示范性和可行性。

至今"形成全球性的文化反思运动，甚至竟可能引发了全球文化发展的大转折"（许倬云，2009：371）。英国著名历史学家汤因比（1889—1975 年）告诫说，西方在经济和技术上影响和征服了全球，但是却留下了政治上的民族国家林立世界的超级难题，这个政治真空将由中华文明来补足。而只有这个"有宗教情绪而无强烈的一神信仰"（许倬云，2006：208）的中华文明，才能真正给予世界永久的和平。汤因比对未来人类社会开出的药方不是武力和军事，不是民主和选举，不是西方的霸权，而是文化引领世界，这个文化就是博大精深的中华文明。（传统政商智慧，2014 年 4 月 28 日）

阿诺德·约瑟夫·汤因比①

　　整个 20 世纪，世界的绝大部分都在奋力追求原来由西欧北美引领的现代化。而当这种现代化实现以后或者即将实现之际，却发现现代化的社会并非那么完美。于是，人们对现代化，乃至"进步"的概念本身产生了疑惑。面对"财富积累了，人却堕落了"的西方社会现实，人们不禁要问：难道单纯物质生活水平的提高，就是进步的全部？

　　在亚洲，深受中华文化滋养的日本、新加坡、中国台湾、中国香港、韩国等地，经过数十年的发展建设，形成了一套优于欧美国家的价值标准。这里社会安定、和谐，经济稳定、繁荣，人们勤奋、守纪、道德高尚。1993

---

　　① http://baike.sogou.com/v56131880.htm.

年 11 月 16 日，美国前总统布什在香港发表演讲时说："我们经常大谈我们的自由市场和民主制度……但是事实上，世界在变，当力量和财富扩散以后，我们可以也必须向你们学习，而这可能是我们时代最有希望的一点。""在西方世界，我们一直只谈权利，但是你们在亚洲，在香港这里以及其他地方，提醒我们，繁荣与和平都有赖于个人责任。"（李慎之，2000：25）用理查德·埃里克斯的话说，"我们已经进入一个病态的、只注重自己的时代……西方现代文化正在危害我们的精神健康，这使我有充分的理由来建立一整套新的价值观和信仰体系"。（《未来学家》1993 年 11—12 月）（同上，第 33 页）

对此，出现了"亚洲价值"之说。"亚洲价值"，源自马来西亚总理马哈蒂尔与日本国会议员石原慎太郎合著的《亚洲能够说"不"》（1994 年出版）。该书认为亚洲的文明已经超越了欧美现代文明史的限度。它抨击了欧美的政治制度和价值观念，认为欧美社会以个人主义和享乐主义为中心的价值观已造成家庭的解体、社会冲突的加剧和经济效率的下降，这和亚洲地区强调集体主义、重视家庭伦理和尊重传统的价值观大相径庭，高呼"现在是亚洲创造取代欧美近代文明的新范例的时代了"。由于作者之一的石原慎太郎在字里行间流露出了日本要恢复当年的"大东亚共荣圈"的意愿，这里的"亚洲价值"故而遭到了广泛的质疑。韩国前总统金大中（1998—2003）十分推崇儒家"天视自我民视，天听自我民听"的"民本政治"思想，和"修身、齐家、治国、平天下"的哲学，称："所以说我们的民主是全球性的，是因为要以仁爱遍施于天下万物。""在过去几百年中，全世界为希腊与犹太——基督教观念与传统所支配，现在已经是世界转向中国、印度和亚洲其他地方寻求智慧以进行另一场思想革命的时候了。"（同上，第 30 页）

新加坡前总理李光耀被称为亚洲价值观的头号代言人。李光耀维护、奉行和倡导的亚洲价值观实际上是以儒家文明为主体的价值观，即"国家至上，社会为先；家庭为根，社会为本；社会关怀，尊重个人；协商共识，避免冲突；种族和谐，宗教宽容"（吕元礼，2007：91—94）。尽管也有新加坡政府领导人认为它不够完善，但总体而言，仍然较好地归纳了东亚地区人们的思想意识。简言之，在个人价值层面，注重勤奋、教育、诚实、勤俭、自律和履行义务；在个人和国家层面，强调社会的秩序、和谐、对权威的尊敬和社会道德；在国家、社会和经济发展层面，重视国家的领导作用，看重国家利益和集体利益，强调文化和传统在社会和经济发展中的作用等。

马哈蒂尔（1996）说得好，"亚洲的价值观是普遍的价值观，欧洲的价值观是欧洲的价值观"（塞缪尔，2010：89）。这里所说的"亚洲价值观"，其精髓就是中国文化。它既是全球价值标准的重要组成部分，又对这种价值标准的形成提供弹性和原则。（孔子）"和而不同"，"己所不欲，勿施于人"，（周易）"大德敦化，小德川流"，"道并行而不悖，万物并育不相害"，无疑是具有普遍而永恒意义的价值标准。

1978 年邓小平会见李光耀①

二　文化多样性与"双语制"

文化包含了语言，而语言表现着文化。文化，有全球文化和民族文化之分，相应地也就有了对应的全球通用语和民族语言。文化多样性表现为全球文化和民族文化的并存；语言多元化表现在全球通用语与民族通用语的并用，即"双语制"。

1. 文化多样性

文化，一如川流不息、滚滚向前的长江水，发源于高山峻岭，由涓涓细流汇成。文化因自身的先进性和政治力量而扩大，军事力量可以是推

---

① http：//img3. imgtn. bdimg. com/it/u＝1988232784，1843039535＆fm＝23＆gp＝0. jpg.

手，但形成不了障碍。流动和融合丰富了文化的内容，也使其分布范围不断扩大，部落文化扩大为民族文化，民族文化扩大为区域文化，最后形成全球性的现代文化———一种进步的、永远走向未来的文化。

全球文化具有普遍性，民族文化具有特殊性。民族文化是形成全球文化的重要依据和资源，因此，全球文化与民族文化之间将长期并存、互为影响。全球文化是多元的，各民族的文化都有其特殊性。鉴于不同文化之间存在着形式、发展水平和思维模式的差异，出现价值观方面的摩擦或冲突就在所难免，或因发达而傲慢，或因自我为中心的作祟而偏执，或因抱残守缺而拒绝进步……虽然冲突是融合的成因，但冲突必须是理性的、有限的，任何毁灭性的冲突都是全球文化统一性发展的灾难，因为全球文化统一性的实现不是通过摧残文化的个性特征，而是通过对文化多样性的充分认识和肯定来实现的。

"多样性是自然生态的基础，多样性也是人类社会和平与发展的基础。多样性是创造力和发展活力的源泉，多样性的汇聚和融通会形成人类文明的整合，同时会在更高层次上升华为新的多样性。"（郝时远，2013：359）多样性意味着差异性，而差异性是人类社会最普遍的现象。人类社会的差异性，使人类本身在生物学意义上的统一性之外表现出广泛的多样性，具体表现在种族、民族、国家、文化、语言、宗教、生活习俗等方面。从民族这种人类共同体的角度看，语言、地域、经济生活、风俗习惯、心理意识等方面的差异性又包含在各民族的统一性之中。民族特征是在该民族形成过程中吸取了之前众多民族群体融合而成的，这种统一性是在对多样性的整合基础之上完成的。各民族自身特征的统一性所构成的民族大千世界的多样性，在全人类层面上构成了新的统一性的基础。这里所说的统一性，不是指人类社会民族过程的融合阶段已经到来，而是指在当今全球化的时代人类需要树立一种超越种族、民族差异性的对人类自身统一性的新观念（同上书，357—358）。这样就能避免民族沙文主义和民族极端思想的发生，从而保证人类各民族在良性的互动中走向融合。

近代西方资本主义借助殖民掠夺实现了商业扩张，虽然客观上促进了落后地区国家的文明进步，加速了世界各文化间融合的进程，但这是以剑与火的方式实现的，代价是不发达国家和地区人民的血和泪；人类文化融合的另一种方式，是在平等基础上通过贸易和文化交流等手段来实现的，中国丝绸之路建立的模式便是成功的典型范例。

"万物并育而不相害，道并行而不相悖。"多样性文化是全球文化重要的资源，理应万般珍惜；任何以某一文化一统天下的企图，都是不现实的，注定要失败的。

2. 双语言时代

语言是文化的衍生物，也是文化的重要认同，因此语言与文化是一对休戚相关的命运共同体。不同的文化必然有与之对应的语言，一种文化消失了，这种语言也将不复存在。不同文化之间的竞争、演化与融合形成了全球文化，其中某一主导性文化旗下的语言经过长期的成长和传播最终成为了全球通用语；作为全球文化重要资源的民族文化代表着这个民族国家的认同，这个国家的共同语将随这个民族国家的存在而存在，随之兴而兴，随之衰而衰，随之亡而亡。

全球通用语的产生不是由推选或协商确定的，而是历史自然形成的。从全球的角度讲，法语是最先出现的全球通用语。"一战"中，法国的失势动摇了法语的国际地位，英语取得了与法语平起平坐的资格。"二战"中法国的再次失败，使法语彻底让位于英语。在联合国原始文件所用的语言中，英语占80%，法语占15%，不到英语的1/5。今天的英语已经失去了英国特色。它既无阶级性，也无国界，谁都可以不受限制地使用，并从中获取方便和机会。

随着罗马帝国的解体和民族国家在欧洲大陆的出现，欧洲原有的共同语——拉丁语衍生出了若干子语言，这就是不同国家的民族语言。第二次世界大战之后，有一百多个殖民地相继独立成为新兴国家，随之诞生了各自国家的民族语言。在语言工作上，他们面临两项历史任务：一是建设自己国家共同语，它们或恢复使用自己的传统语言，或重新创制代表自己文化认同的民族语言；二是使用全球通用语。日常生活和本国文化使用国家共同语，国际事务和现代文化使用全球通用语。其实，文化和经济发达的国家早已实行了双语制。全球化时代的今天和今后相当长的一个时期都将是双语言时代：作为民族识别和民族认同重要标志的国家共同语在同胞之间使用；作为与世界保持沟通与交流工具的全球通用语用于跨民族、跨文化的交际活动之中。

英语作为现行全球通用语，其母语国家的确在语言经济学中占有极大便利。通常来说，以全球通用语为其母语的人往往会有一种语言优越感，他们关注其他国家的人怎样使用自己的语言，而他们自己却不再学习其他民族的语言。这就给外界留下一个普遍印象，觉得他们不善于学习外语。但作为地球村村民的一员，任何觉得自己不用再学习其他国家语言的态度，都毫无例外地遭到了包括英美学者在内的学者们的一致批评。"英联邦前秘书长 SridathRamphal 爵士在 1996 年感叹：'我们对学习其他语言变得懒惰。……我们必须作出更大努力。'"（David，2001：F27）Facebook 创始人马克·扎克伯格以一口流利的汉语在清华大学演讲深受公众好评，连比尔·盖茨也非常钦佩，表示"自己会的只有英文，很笨"。① 复旦大学杰出教授陆谷孙说：在这个世界上，"我不相信有人会自恋到认为可以不学习外语了"。任何一门现存的语言都经过了漫长的历史考验，都能为人类认识世界提供一种不一样的思维方式，都是人类重要的文化资源。学习外语，有助于我们克服自身民族的偏见和妄自尊大。因此，学习外语非但必须，而且必要。

事实上，英语国家的人士早已开始重视外语学习，例如 20 世纪中后期的日语、21 世纪的汉语以及西班牙语等，这就是英美国家的双语言现象。由于法国国力特别是科技实力的衰退，法语圈急剧萎缩。虽然这不是法国人情感上愿意接受的，但今天的法国人已经没有人不学英语了，也就是说，法国早已是双语言国家了。

"东南亚"各国政治制度不同（民主制度、社会主义、军人专政），宗教传统各异（佛教、伊斯兰教＼基督教）。但这些歧异并不妨碍他们结成经济联盟，在国际事务中采取协调一致的政策。东南亚实行英语和本国语言的双语言政策，是他们迈上一体化道路至关重要的第一步。荷兰语和法语的退出，使东南亚得以实现统一的英语化。英语不仅在东南亚的国际事务中发挥了重要作用，而且也部分地融入了该区域的民间生活。

被英国殖民统治长达近 200 年的印度，在 1948 年独立之初规定"印地语"为唯一的国语，准备在 15 年后完全弃用英语。半个世纪以后，由于种族杂、语言多，又无一个人口占绝对优势的主体民族，印地语始终未能取得唯一官方语言的地位，英语仍然悄然地继续流通着，充当着事实上的国家通用语的角色。到了 70 年代，印度的国际关系和语言情感发生了变化。"英语从帝国主义的语言，摇身一变成为印度人有利可图的商品"（周有光，2000：61），使印度人从国际事务、国际贸易和软件开发中大

---

① 据参考消息网 2015 年 1 月 30 日报道。http://www.cankaoxiaoxi.com.

获其利，在印度保留了无冕之王的地位。印度是一个英语和本国（本邦）语言相结合的双语言国家。

日本向来是一个善于学习、择优而从的国家。"二战"后，日本从英语中吸收了大量的外来语。为了让职员能够直接阅读外文资料、提高生产技术水平，日本企业要求职员必须英语过关，并经常举行英语测试。自1997 年起，日本小学生从三年级开始学习英语。在今天的日本，英语与日语并行不悖，相得益彰。

作为文明古国的中国，面临着"国内双语言"和"国际双语言"的双重挑战，也就是在一个时期要赶上两个时代。前者指国内通用语（即普通话）和地方方言（乡土语言）；后者指国内通用语（即普通话）和全球通用语（英语）。作为一个后发国家，中国的现代化需要同时追赶两个时代，工业化时代和信息化时代。这就需要一方面改进汉语教学，一方面提高英语水平。在这种情况下，就必须大力发展教育，全面提高全民的语言素质和水平。目前，随着我国多媒体电脑的普及，国际互联网的接入标志着中国双语言时代的来临。

周有光先生说："双语言不是独立于社会之外的附加物，而是现代社会的一个职能。"（同上，66）双语言时代的最大特征就是语言的民主性。"人们有权使用任何自己愿意使用的语言，尤其是自己的母语。言论自由的权利不仅意味着可以畅所欲言，还意味着可以选用任何语言来畅所欲言。"（艾布拉姆，2008：223）在全球化时代的今天，为了融入自己身处的这个社会，人们需要掌握自己的本族语（母语）；要接触国际社会，就需要借助于全球通用语的使用，因为那是打开世界之门的唯一钥匙。

第四节　新型全球通用语与未来趋势

一　中国、美国，谁主沉浮？

自世界历史上第一个帝国阿契美尼德帝国以来，在文明之间、帝国之间、王朝之间不断上演着"尔方唱罢我登场"的大戏，正所谓"各领风骚几百年"。1500 年西方世界强势崛起，标志着阿拉伯文明和中华文明从此堕入低谷。时至今日，西方世界主导世界已经长达 600 年之久。但进入21 世纪，历史的天平似乎开始朝着东方倾斜。

自 19 世纪末期美国超越英国以来，一直稳居世界第一。今天的美国，无论在军事上还是经济上都是世界上唯一的超级大国。可是，世纪之交，美国染指伊拉克、伊朗、阿富汗，每年消耗的费用超过全国预算的 1/3，负担本已十分沉重；2008 年又爆发了一场后来演化为整个西方世界金融危机的次贷危机，致使美国经济长期低迷不振。如今的美国，失业率居高不下，经济复苏步履维艰。严峻的经济形势，从根本上动摇了美国的国际主导地位。美国国势的式微减损了它在海外贯彻自身价值观及利益的能力，致使 20 世纪 90 年代时任美国总统的乔治·W. 布什所倡导的"世界新秩序"化为乌有，也动摇了以国际法庭、人权的承认、国际司法、自由贸易和投资为四大支柱的美国话语体系。作为世界第一霸主，美国肯定不乐意接受这样的现实。2014 年 5 月 28 日，美国总统奥巴马在纽约西点军校发言时表示，美国打算成为未来 100 年内的世界领袖。其实，从他的演讲中人们不难察觉到这样一个事实：美国，正"无可奈何花落去"①。

　　而在世界东方的中国，却是"风景这边独好"。从 1978 年到 2002 年，国内生产总值平均增长 9.4%，为同期世界各国之最。Angus Maddison（1998）按实际购买力平价（PPP）计算，1978 年中国 GDP 相当于美国的23%，到 1995 年上升为 52%，2000 年为 60.6%，2011 年达到 87%。（郭万超，2004：18）据国际货币基金组织计算得出，中国经济在 2011—2014 年增长了 24%，相比之下美国同期增长率为 7.6%（陈文坤，2014年 5 月 4 日），这个区别让中国在今年（2014 年）超越全球第一大经济体美国成为可能。"日前，世界银行（World Bank）国际比较计划（ICP）更新了各国基于按照购买力平价（PPP）的国内生产总值（GDP）数据，结果发现中国今年将超过美国成为世界头号经济体。"（凤凰财经，2014年 5 月 4 日）必须承认，世界领袖角色的更替并不会瞬间完成。这需要相当长的时间，有时往往以数十年为计。美国在 1872 年时的经济总量首次超过英国，其主导世界的地位直至 1945 年"二战"结束时也才最终得以确立。当下的中国是一个经济大国不假，但要取代美国成为"世界一号强国"，要走的路途还很长，集中体现在：①从人均看，美国仍比中国富数倍；②以购买力平价计算的人均 GDP 指标，中国在全球位列第 99 位，

---

　　① 成语。出自于宋代晏殊《浣溪沙》词："无可奈何花落去，似曾相识燕归来。"意为对春花的凋落感到没有办法。形容留恋春景而又无法挽留的心情，后来泛指怀念已经消逝了的事物的惆怅心情。有意思相近的词无可奈何、百般无奈。

而美国排名第 12 位；③在联合国人类发展指数（Human Development Index）排名中，中国位列 186 个国家中的 101 位，而美国排第三位；④人民币的国际地位还没有建立起来，中国的外向型经济仍然在美元机制下运行；⑤中国的军力远逊于美国，美国的年度国防预算是中国的三倍，且它的硬件与科技实力的储备大大领先于中国；⑥中国在资源和技术进步方面对其他国家的依赖性较强，还必须接受西方主导的国际准则。⑦中国仍是一个不全面的超级大国，在诸多方面尚有很大差距需要弥补。（国际在线，2014 年年 5 月 6 日）

随着 2015 年的到来，在世界范围内出现并越来越广泛地使用"中国世纪"的提法。"这一提法的实质是人类社会承认这样一个事实，即在人类历史长河中，美国在全球各领域占有绝对领先地位的时代逐渐结束，世界领袖角色逐渐转移给中国的时代已经开始。在与美国的角逐中，中国的优势将逐渐拉大。"（参考消息，2015 年 3 月 2 日）因此，俄罗斯科学院远东研究所高级研究员、中国问题专家雅科夫·别尔格尔将 2015 年称为

约瑟夫·施蒂格利茨①

① http：//baike. baidu. com/picture/236745/236745/0/f6428f8fd100a1b4503d9218. html？ fr = lemma&ct = single#aid = 0&pic = f6428f8fd100a1b4503d9218.

"中国世纪元年"。最近，诺贝尔经济学奖得主约瑟夫·施蒂格利茨（美）在美国《名利场》杂志 2015 年 1 月号（提前出版）刊登他的《中国世纪》一文，称"2014 年是美国能够号称自己是全球第一大经济体的最后一年。中国经济以拔得头筹之势进入 2015 年，并很可能长时间执此牛耳，即使不能永久保持。中国已经回到了它在人类历史上大多数时间里所占据的地位"（参考消息，2014 年 12 月 21 日）。

二　新型全球通用语成就之道

众所周知，语言的发展本身不可避免地要受到社会发展的制约，因此，语言发展的历史过程与人类社会构成单位的发展过程基本上是同步的。人类社会的发展要经历四个阶段，即由氏族到部落，到部族，再到民族，最后民族之间的差别消亡于人类的大融合中；语言的发展也是如此，从氏族语言到部落语言，到部族语言，再到民族语言，最后是全球语言（或称"人类语言"）。人类社会的初级形式和最小单位是氏族，所以氏族语言是通用范围最小的语言。在氏族语言里没有方言分歧。较氏族更大的单位是部落，部落由若干血缘相近的氏族联合而成，因此人数更多，语言通用的范围更广，此时就出现了方言的分歧。接下来是由若干部落合并而成的更大的社会单位——部族，现在血缘关系已被打破，语言的通用性更强，方言的分歧比较明显，通用语开始形成。近代工业和农业的发展导致了经济中心和文化中心的形成，一定范围内的社会生产群体逐渐发展成为具有一致认同的民族。现阶段的民族语言达到了语言发展的新高度，其通用范围空前扩大，方言的分歧也更严重；出于交际的需要，各个民族都形成了自己的民族通用语；为了自身的利益，各个民族都努力扩大自己语言的通用范围，赢取自己的话语权。由于现代媒体的兴起，地球上各种语言的词汇中将会出现普遍的借用现象。随着经济全球化和文化全球化的不断深入，各民族之间的深度合作促使他们寻求一种共通的语言。当人们形成了通用语言优于民族语言的共识后，民族之间的差别就会逐渐消失，各种不同的民族语言就会被人类共通的全球语言所取代。

文明的扩张在于其进步性和融合能力，语言的推广在于其开放性和吸纳能力。历史上从来就没有哪个帝国或王朝长盛不衰，也没有哪个帝国的语言能够永远保持其广泛通用的地位，因为"任何地方都没有一项法令能够停止一种语言潮流衰退的趋势"（尼古拉斯，2011：496）。
"在整个历史上，不断出现通用语言，在古代世界和中世纪世界是拉丁
语，在西方几个世纪中是法语，在非洲的许多地区是斯瓦希里语，20
世纪后半叶，在全世界的大部分地区是英语。"（塞缪尔，2010：39）
英语的成功，归因于一种源于科学进步与理性运用的财富与美国超级权
力相结合所产生的"魅力"。（尼古拉斯，2011：490—491）俗话说，
"成也萧何败也萧何"。美国的成功在于其霸权文化和人才战略。美国
人鼓吹民主，其实在美国人主宰的国际事务中，乃至在美国社会中难见
真正的民主，唯有霸权，这肯定是不得人心的，难怪拉美地区乃至许多
亚、非国家普遍盛行反美意识。当然，它的人才战略是成功的，"因为
还是有那么多世界上最优秀的人才，前赴后继地到美国去追寻并实现他
们自己的梦"。（同上，25）但是当前在美国严峻的经济形势下，其人
才战略的正常实施困难重重。试想，如果哪个国家能为人才提供更好的
保障，将世界顶尖的人才吸引过去，美国就将失去支撑。一旦某一个新
兴国家成为世界科学交流的中心，英语的优势就会丧失，最终被其他语
言所取代。"随着西方实力相对于其他文明逐渐衰落，其他社会中使用
英语和其他西方语言，以及用它们来进行各社会间交流的情况，也将缓
慢减少。"（塞缪尔，2010：42）

　　事实上，"潜在的新的世界文明之都已经崛起，它们具有不同的语
言背景。在东亚以及东南亚，由于华人投资商的关系，或者至少为了能
在迅速崛起的中华人民共和国与中国人共事，汉语共同体逐渐壮大起
来"。（尼古拉斯，494）中国的崛起和汉语的走强有其深厚的文化积
淀。中国属于这个世间的信仰，而非属于另一个世间的信仰，或说这个
世界与另一个世界是统一的，所以中国人能够容忍各种宗教，不必非皈
依某个宗教不可。由于中国人的世界观是入世的，他们自古以来就具有
尊崇仁爱、兼容并包、勤劳务实、奋发有为的精神和传统，"中国奇
迹"的出现根据就在于此。在当今这个矛盾重重、冲突不断的时代，中
国思维对于全球新秩序的塑造无疑能够提供有益的启示，中国的发展模
式也能够为更多的国家提供良好的借鉴。或许当代的超级大国美国依然
还站在世界之巅（尽管它已经开始走向衰落），但是中国仍在高速发
展，经济持续向好。一旦中国理念成为世界共识，中国标准获得世界认
同，中国模式受到世界效仿，美国时代就将终结。当中国取代了西方成

为世界的文明中心之时，便是英语作为全球通用语让位于汉语普通话之日。

汉语是一门古老而又年轻的语言。古老，在于它历史悠久；年轻，因为它活力无限。半个多世纪以来，在经历了列强的蹂躏、长期的战乱、持续的政治运动之后，中国方才走上健康的发展之路。经过30余年的高速发展，中国的国际地位得到大幅提升。作为世界第一人口大国，中国的发展既是为自己，也是为世界；作为世界第一大发展中国家，中国需要为其他发展中国家探索一条可资借鉴的发展之路；作为世界文明古国之一，中国应该也能够为世界提出一套优于西方价值观的价值理念。这就为汉语的国际推广设定了全新的模式，即："中国故事，汉语讲述"，"中国的世界理念，借助汉语来表述"。它与西方语言的殖民定位、推广手段和推广动机最大的不同，在于汉语采用的推广模式是人道的、人性的、友好的、进步的、共赢的；而非居高临下的、掠夺其他国家的、欺凌其他种族的。

语言从来就是人类社会最变化无常的特征之一：只要有人类存在，语言就会存在，而且它始终处于变化之中。世界上现有的语言仍然还会沿袭以往的方式改变，但是传统的语言维度已经时过境迁。自古以来，语言就意味着地理疆域——领土。但到了全球化时代的今天，语言地图逐渐失去意义。"关于语言，最重要之处在于它能够产生想象的共同体，能够建造有效的特殊纽带。"（Anderson，1991：133—134）全球通用语提供的方便是多重的：它不仅方便说话者向世界传递消息，也方便倾听者学习更多有用的知识。总体而言，它帮助人类实现彼此的沟通和理解，促进世界的大同。

三 文化的再融合与未来全球通用语格局展望

米格尔·德·乌纳穆诺说："语言是灵魂的血液。"不同种族和宗教的人们往往彼此争斗，但如果他们有相同的语言，他们就可以彼此交谈和进行书信往来。正如卡尔·多伊奇在他的经典著作《民族主义和社会交流》一书中所说，民族是能够彼此广泛深入交流的群体。（Carlos，1992：164）如果没有共同的语言，交流即使不是不可能，也会是困难的。作为命运共同体，人类共同的语言——全球通用语的形成，影响着、甚至决定着人类共同的未来。

　　1500 年对世界来说具有划时代的意义。1500 年之后，在早期形成的民族国家的影响下，世界范围内经历了长达 400 余年的民族独立运动，在这个时期全球的语言发生大的裂变。古罗马帝国的拉丁语在欧洲衍生出了若干的民族语言，之后的殖民帝国纷纷解体后又诞生了若干的民族国家，出现了殖民语言的变体，或地方民族语言。说这个年份重要，还在于这一时期的地理大发现①开启了全球化的历史进程，其后交通和通信的革命性进步，使得国际间的交往愈加便捷而频繁，世界变小了，成了一个"地球村"。随全球化趋势的加剧，民族国家的意义似乎变得越来越淡化，人们的国家民族意识又渐渐出现了弱化，地区国家联合体逐渐走强。此时，人类的语言随之出现了聚变的端倪。毫无疑问，这是一个人类文化即将发生大融合的时代，在此过程中，全球化和全球通用语的形成相辅相成，全球通用语促进了全球化的进程，而全球化的形成过程又反哺了全球通用语，使之走向成熟。

　　回望世界历史，在西罗马帝国覆灭后，建立一个囊括整个基督教欧洲的集权政治组织仍然是欲复兴古代罗马帝国的基督教会的强烈愿望。由于缺乏有效的帝国权力，中世纪的欧洲出现了若干地区性的国家。这些国家后来建立了越来越有效的政治组织，直接的后果就是一个又一个的殖民帝国将自己的势力延伸海外，形成了各自的语言帝国。"民族国家是欧洲的发明，至今只有两个世纪的历史。直到 1945 年，民族国家的观念使人们产生属于自己国家的强烈归属感"（德尼兹，2000：611），促进了经济和社会发展，但同时也导致了极端民族主义的产生，直接酿就了第一次和第二次世界大战的灾难，而且今天还继续祸害着人类。也是欧洲人率先进行了反省，在欧洲实现彻底的民族国家化不到一个世纪的 1948 年，欧洲一体化思想就得以付诸实践。经过约 40 年的成长，到 20 世纪 90 年代初，欧洲完成了由欧共体向欧盟的转变。此后，加盟国家不断增加，欧洲联盟不断壮大，截至 2013 年 7 月 1 日成员国达到 28 个，实现了政治、经济、军事、文化的全面一体化。欧洲在自愿的基础上联合起来，各国人民尽管彼此存在差别，但是他们决定集合起来造就共同的命运。继欧洲国家组织（欧盟）出现之后，在

---

　　①　地理大发现是指 15—17 世纪（又称大航海时代，即新航路的开辟），欧洲航海者开辟新航路和"发现"新大陆的通称，它是地理学发展史中的重大事件。

世界各地也出现了多个类似的地区组织，如东盟、阿盟、非盟、美洲国家组织，而且还出现了多个跨地区的国家组织，如八国集团、20 国集团、金砖国家组织等。当前在所有的地区国家组织或跨地区国家组织，通用语皆为英语，如果美国的影响力持续减退的话，就可能发生去英语化运动。在欧盟，未来有可能是德语独大；在东盟，可能是马来语通行；在阿盟，土耳其突厥语可能脱颖而出；美洲很可能成为西班牙语的世界。

当然，未来哪种语言能够取代英语的全球通用语地位，取决于这门语言所代表的文化能否引领世界的走向。当前的世界是三分天下，首先是北美，然后是欧洲，再则是东亚。三者各具优势，也存在自身问题：北美经济实力强大，但仍未走出近年来持续的经济危机；欧洲文化底蕴更加深厚，但人口出生率低、老龄化严重；东亚发展潜力巨大，但科技竞争力不强。仅从语言看，作为单一通用语——英语的美国，以及单一通用语——汉语的中国，与具有英、法、德语三门通用语的欧盟相比，具有更大优势，而且英语和汉语的覆盖区域更广。试想，如果美国经济持续低迷，中国经济增长势头继续强劲，待追赶上美国之后，中国依其和平、合作、诚信、共赢的人文精神就能登上世界之巅，汉语作为未来全球通用语将大有可为。

20 世纪 50 年代，莱斯特·皮尔逊曾指出：人类正在进入"一个不同文明必须学会在和平交往中共同生活的时代，互相学习，研究彼此的历史、理想、艺术和文化，丰富彼此的生活。否则，在这个拥挤不堪的狭小世界里，便会出现无解、紧张、冲突和灾难"。（Lester，1955：83 - 84）这就是说，人类今天所处的时代是一个同生共荣的时代，不同文化，特别是强势文化之间正在从冲突走向融合，从表层融合走向深层融合。在这一背景下，民族国家的意识将为世界主义所取代，人类最终将获得共同的语言，即全球通用语。它不是某一特定民族的"纯洁"语言，不是单纯的英语，也不是单纯的汉语，抑或其他，而是（横向）融合和（纵向）继承了所有强势文化语言要素的混合语言，也就是说它具有了多元素特征。

全球通用语的出现最本质的动因首先是人的需要，是人们按照人性的最佳状态去追求语言的理想世界；其次，在需要的基础上，某个诱因——如强势文化——的出现导致了和促进了全球通用语的形成，或者说是加速了全球通用语形成的进程；再则，强势文化并非因为某个民族国家在经济和军事上的强大而形成的霸道作风，而是因为其文化先进才促进其强势的形成。

结　语

　　语言是人类最宝贵的资源。它定义我们的生活，宣示我们的存在，规定我们的思想，成就我们的梦想。但它不是恒定不变的；相反，它如历史的长河一般，流动着，演变着，永远存在着各种可能性：生长、突变、替代、消亡、复活。

　　从人类文明发展的历史长河中，人们不难发现：在全球通用语出现之前，大量的语言已经消亡。事实上，谁也说不清世界上到底有多少语言种已经消亡，或者即将消亡。据英国语言学家戴维·克里斯特尔（David Crystal）估计：在21世纪，全世界6000余种现存语言中将有80%消失。Krauss的估计更为悲观，认为很可能"90%的人类语言将会消亡"。（David，2001：F26）造成语言消亡的原因主要是讲这种语言的民族被讲另一种语言的民族同化。这在一定程度上反映了语言演化与发展的规律，即落后的文化永远向先进的文化妥协，落后地区的语言必然接受先进地区语言的同化。这种同化的发生往往是在很多非语言因素（包括经济转向、民族或民间运动、大规模人口迁移、大国骤然崛起、新技术诞生、社会时尚形成以及许多其他现象）作用下，"由无数的个人决策（以及非决策、放弃和顺从）累计造成的"。从长远来看，这是一个不断整合的进程，极大地增进了人类的整体融合。（艾布拉姆，2008：216）

　　进入21世纪，意识形态上的冲突已经让位于不同文化间的冲突。意识形态的冲突更多地表现在政治上的博弈，而文化上的冲突则是文化融合之前必然出现的常态反应。出于各种不同的原因，文明会发生更替和消亡，语言同然。回溯世界语言发展史，未来的语言种类会随着一些语言的消亡而减少。这种情况的发生，对于语言多样性来说是灾难，但从社会进步的意义看却是幸事。灾难也好，幸事也罢，这是必然。

关于全球语言的未来走向，吕思勉先生一语蔽之："今日无论何种文字，皆非终极通行之文字。今后之文字，变化孔多，必至各国之语言，汇合成一世界语，而作一种文字以表之，乃其少息之时耳。"（吕思勉，2011：378）语言的融合始于文字的统一。近年来出现的国际拉丁化浪潮或许可以看成是这种融合的一个可喜的开端。在世界五大文字系统中，印度字母、阿拉伯字母和斯拉夫字母流通圈皆受到拉丁字母的挤压而出现大面积萎缩。就远东地区而言，中国在1982年以"汉语拼音方案"建立了汉语拉丁化的国际标准（ISO 7098），日本在1989年将日语的法定罗马字"训令式"确定为日语拉丁化的国际标准（ISO 3602），朝鲜南北双方在1997年共同制定了一个朝鲜语拉丁化拼写法。语言学家们普遍认为，未来的语言变化在很大程度上会发生在语音、构词法、句法、词汇和语义等五个方面。"因为下两个世纪毫无疑问将会见证史无前例的语言替代现象的发生：一些语言和方言不断地均质化和趋同化，直至只有屈指可数的几种语言留存下来。"（斯蒂文，2012：166）费谢尔认为，在未来300年里只有三种语言可能会保存下来：汉语普通话、西班牙语和英语。出于文化原因，小而富的社会（如德语国家，日本、法国、意大利和其他）可能会保有它们的语言。出于宗教原因，拉丁语、阿拉伯语和希伯来语等还会被继续使用很多世纪。

在未来的全球社会中，随民族国家的不复存在，大量的语言必将最终退出历史舞台。由于这些种类繁多的语言的消亡，人们之间的交流在效率和效益上将会达到一种前所未有的程度。地球上文化的同一性取代了多样性，共同的世界语言将使人们产生一种新的归属感，"一个新的世界秩序以及在更大的宇宙中对自身所处的位置的一种全新理解"。（斯蒂文，2012：173）到那个时候，五洲四海皆兄弟，人们又将心贴着心，肩并着肩，以更高的智慧、更高的效率、更宏大的构思，继续建成那座通往人类最高理想的巴别"通天塔"。

参考文献

一　中文

［荷］艾布拉姆·德·斯旺：《世界上的语言——全球语言系统》，花城出版社 2008 年版。

［美］艾米·蔡：《大国兴亡录》，刘海青、杨礼武译，新世界出版社 2010 年版。

北京大陆桥文化传媒编译：《记录世界变迁的七大文字》，中国发展出版社 2006 年版。

［英］伯纳德·科姆里：《语言共性和语言类型》，沈家煊等译，北京大学出版社 2010 年版。

［美］布龙菲尔德：《语言论》，袁家骅等译，商务印书馆 1985 年版。

蔡昌卓：《美国英语史》，北京大学出版社 2002 年版。

曹志耘：《语言差异与文化心理——中外语言的文化学透视》，河北人民出版社 1994 年版。

程工：《语言共性论》，上海外语教育出版社 1999 年版。

陈国华：《导读》，*The Seeds of Speech*：*Language and Evolution.*，外语教学与研究出版社 2004 年版。

陈家定：《全球化与身份危机》，河南大学出版社 2004 年版。

陈良志：《思维的构建与反思》，中国人民大学出版社 1989 年版。

陈晓春：《德语在世界上的作用和影响》，《外国语》1996 年第 1 期。

陈原：《社会语言学》，商务印书馆 2000 年版。

［英］大卫·克里斯托：《英语：全球通用语》，外语教学与研究出版社 2001 年版。

戴昭明：《汉语究竟怎么了——全球化浪潮中的汉语地位问题》，中国教育部，2004 年 4 月 3 日，4。

戴昭铭：《文化语言学导论》，语文出版社 1996 年版。

德雷仁：《世界共通语史》，商务印书馆 1999 年版。

［法］德尼兹·加亚尔等：《欧洲史》，蔡鸿滨等译，海南出版社 2000
　　年版。

董恩正：《人类与文化》，重庆出版社 2004 年版。

杜维明：《全球化与多样性/哈佛燕京学社》，载《全球化与文明对话》，
　　江苏教育出版社 2004 年版。

恩格斯：《劳动在从猿到人转变过程中的作用》，人民出版社 1953 年版。

冯翔、李达：《中国人发现美洲》，国际文化出版社 2000 年版。

傅华：《全球认同与民族国家文化认同》，《光明日报》，2006 年 4 月 18
　　日，12。

高岱等：《殖民扩张与南北关系》，江西人民出版社 2011 年版。

高建平等：《汉语发展史》，哈尔滨工程大学出版社 2007 年版。

高一虹：《语言文化差异的认识与超越》，外语教学与研究出版社 2000
　　年版。

顾嘉祖、陆昇：《语言与文化》，上海外语教育出版社 2002 年版。

桂诗春：《新编心理语言学》，上海外语教育出版社 2000 年版。

国际中文版：《不列颠百科全书》（第 9 卷），中国大百科全书出版社 1999
　　年版。

郭万超：《中国崛起———一个东方大国的成长之道》，江西人民出版社
　　2004 年版。

［德］汉斯·约阿西姆·施杜里希：《世界语言简史》，吕叔君等译，山东
　　画报出版社 2009 年版。

寒竹、文扬：《中国力》，江苏人民出版社 2009 年版。

郝时远等：《世界民族（第一卷历史与现实）》，中国社会科学出版社
　　2013 年版。

郝时远等：《世界民族（第二卷种族与语言）》，中国社会科学出版社
　　2013 年版。

郝时远等：《世界民族（第四卷文明与文化）》，中国社会科学出版社
　　2013 年版。

［英］赫伯特·乔治·威尔士：《大国的崛起》，陕西师范大学出版社
　　2007 年版。

［德］J. G. 赫尔德：《论语言的起源》，商务印书馆 2011 年版。

何俊芳：《语言人类学教程》，中央民族大学出版社 2005 年版。

［德］黑格尔：《历史哲学》，张作成、车仁维译，北京出版社 2008 年版。

胡双宝：《汉语·汉字·汉文化》，北京大学出版社 1998 年版。

黄卫平：《全球化的悖论》，中央编译出版社 1998 年版。

［美］杰里·本特利等：《简明新全球史》，北京大学出版社 2009 年版。

［澳］杰弗里·布莱恩：《世界简史》，国际文化出版公司，2008 年。

金立鑫：《试论汉语国际推广的国家策略和学科策略》，《华东师范大学学报》（哲学社会科学版）2006 年第 4 期。

［英］夸克：《英语语法大全》，王国富译，华东师范大学出版社 1989 年版。

李梵：《汉字的故事》，陕西师范大学出版社 2009 年版。

李钢、王宇红：《汉语通用语史研究》，中国广播电视出版社 2007 年版。

李黄、马汉亭：《圣经故事》，中国致公出版社 2003 年版。

李剑鸣：《美国的奠基时代（1585—1775）》，人民出版社 2001 年版。

李洁麟：《传播学视野下的汉语国际传播》，《新闻爱好者》2013 年第 2 期。

李慎之：《数量优势下的恐惧——评亨廷顿第三篇关于文明冲突论的文章》，《太平洋学报》1997 年第 2 期。

李慎之、何家栋：《中国的道路》，南方日报出版社 2000 年版。

李世安、孟广林等：《世界文明史》，中国人民大学出版社 2002 年版。

李宇宏：《读懂中国》，江苏人民出版社 2013 年版。

李智：《文化外交：一种传播学的解读》，北京大学出版社 2005 年版。

梁柏力：《被误解的中国——看明清时代和今天》，中信出版社 2010 年版。

［澳］罗伯特·迪克森：《语言兴衰论》，朱晓农等译，北京大学出版社 2010 年版。

［加］罗伯特·罗根：《字母表效应：拼音文字与西方文明》，复旦大学出版社 2012 年版。

刘奎林：《思维科学导论》，中国人民大学出版社 1989 年版。

刘润清：《西方语言学流派》，外语教学与研究出版社 1995 年版。

刘尧汉：《中国文明源头新探》，云南人民出版社 1985 年版。

［澳］罗伯特·迪克森：《语言兴衰论》，北京大学出版社 2010 年版。

吕元礼：《新加坡为什么能（下）》，江西人民出版社 2007 年版。

马景仑：《汉语通论》，江苏古籍出版社 2002 年版。

默父：《阿拉伯帝国》，三秦出版社 2000 年版。

［苏］列宁：《列宁选集》（第 2 卷），人民出版社 1972 年版。

［英］尼古拉斯·奥斯特勒：《语言帝国——世界语言史》，上海人民出版社 2011 年版。

聂作平：《圣经故事》，四川民族出版社 2002 年版。

牛道生：《英语与世界》，中国社会科学出版社 2008 年版。

平洪、张国扬：《英语习语与英美文化》，外语教学与研究出版社 2000 年版。

［法］让—雅克·卢梭：《论语言的起源》，上海人民出版社 2003 年版。

荣开明：《现代思维方式探略》，华中理工大学出版社 1989 年版。

齐世荣：《世界史（古代卷）》，高等教育出版社 2006 年版。

齐世荣：《世界史（近代卷）》，高等教育出版社 2010 年版。

齐世荣：《英国，从称霸世界到回归欧洲》，三秦出版社 2005 年版。

齐世荣：《15 世纪以来世界九强兴衰史》（上、下卷），人民出版社 2009 年版。

钱乘旦：《英国通史》，上海社会科学院出版社 2007 年版。

［英］乔治·威尔斯：《袖珍世界史》，卿光学、胡长明编译，人民日报出版社 2007 年版。

［美］塞缪尔·亨廷顿：《文明的冲突与世界秩序的重建》，新华出版社 2010 年版。

［德］斯宾格勒：《西方的没落》，韩炯编译，北京出版社 2008 年版。

［苏］斯大林：《斯大林选集》（下卷），人民出版社 1979 年版。

［新］斯蒂文·罗杰·费希尔：《书写的历史》，中央编译出版社 2013 年版。

［新］斯蒂文·罗杰·费希尔：《语言的历史》，中央编译出版社 2012 年版。

司显柱：《从语言与思维关系的角度论英语在现代汉语形成过程中的作用》，《江西社会科学》2002 年第 6 期。

苏前辉：《文化全球化时代汉语国际化之路初探》，《六盘水师范学院学报》2013 年第 2 期。

苏前辉：《我国新人文精神建构路径的基本思维》，《广西社会科学》2014
年第 1 期。

苏新春：《文化语言学教程》，外语教学与研究出版社 2006 年版。

童之侠：《世界主要语言手册》，商务印书馆 2008 年版。

王加丰：《强国之鉴》，人民出版社 2007 年版。

王斯德：《世界通史》（第一编），华东师范大学出版社 2001 年版。

王斯德：《世界通史》（第二编），华东师范大学出版社 2003 年版。

［德］威廉·冯·洪堡特：《洪堡特语言哲学文集》，商务印书馆 2011
年版。

［美］威廉·麦克尼尔：《世界史（第四版）》，中信出版社 2013 年版。

［英］H. 韦尔斯：《世界史》，九州出版社 2008 年版。

［美］希提：《阿拉伯通史（上、下）》，商务印书馆 1990 年版。

［日］喜多村和之：《大学教育的国际化》，玉川大学出版部，1984 年。

夏树芳：《人类起源》，南京大学出版社 1997 年版。

夏征农：《大辞海》（语言学卷），上海辞书出版社 2003 年版。

徐通锵：《历史语言学》，商务印书馆 2008 年版。

许倬云：《历史大脉络》，广西师范大学出版社 2009 年版。

许倬云：《中国文化与世界文化》，广西师范大学出版社 2006 年版。

杨金海：《全球化研究的历史、现状和热点问题/新兴学科》2000 年第
1 期。

闫文培：《全球化语境下的中西文化及语言对比》，科学出版社 2007
年版。

［法］约瑟夫·房德里耶斯：《语言》，商务印书馆 2011 年版。

乐黛云：《21 世纪的人文精神》，《学术月刊》2008 年第 1 期。

张静：《语言简论》，河南人民出版社 1985 年版。

张弘、贾春明：《世界通史》（第一卷），中国画报出版社 2002 年版。

张琦、倪新玉：《世界通史速读》，中国书籍出版社 2004 年版。

周有光：《现代文化的冲击波》，生活·读书·新知三联书店 2000 年版。

周有光：《周有光语言学论文集》，商务印书馆 2004 年版。

周有光：《学思集》，上海教育出版社 2006 年版。

周有光：《朝闻道集》，世界图书出版公司 2010 年版。

周有光:《世界文字发展史》,上海教育出版社 2011 年版。

朱跃:《英语与社会》,安徽大学出版社 2002 年版。

二 西文

Aitchison, J. & Lewis, D. 1996. *The Mental Word-web*: *Forging the Links.* Swedish Academy.

Anderson, Benedict, 1991. *Imagined Communities*, London and New York: Verso.

Anderson, J. M. 2000. *The History of Portugal*, London.

Barbara, A. F. 2005. *A History of English——A Sociolinguistic Approach*, Blackwell Publishing.

Brady, J., Thomas, A., Oberman, H. A. & Tracy, J. D. 1996. *Handbook of Uropean History*, *1400—1600*, Volume 1, Michigan.

Carlos, A. M. 1992. "*Talk English-You Are in the United States*" in James, Crawfo. ed., Language Loyalties. Chicago: University of Chicago Press.

Comrie, B. 1981. *The Language of the Soviet Union*, Cambridge University Press.

Crosby, A. W. 1972. *The Clumbian Exchange*, Westport, CT: Greenwood Press.

Carruthers, P. 1998. *Thinking in Language? Evolution and A Modularist Possibility.* In Catruthers, P. & Boucher, J. (eds). *Language and Thought*: *Interdisciplinary Issues.* Cambridge: Cambridge University press. p. 7.

Charles Barber. 1993. *The English Language*: *A historical Introduction*, Cambridge University Press.

Clark, A. 1998. *Magic words*: *How Language Augments Human Computation.* In Carruthers, P. & Boucher, J. (eds). Language and Thought: Interdisciplinary Issues [M] Cambridge: Cambridge University press.

David, C. 2001. *English as a global language*, Beijing: Foreign Language Teaching & Research Press.

David, G. 2000. *The Future of english?* the English Company (UK) Lid.

David, G., Dick, L. & Joan, S. 1997. *English—history, diversity and change*, The Open University.

Dennett, D. C. 1995. *Darwin's Dangerous Idea* [M] . New York: Simon and Schuster.

Dennett, D. C. 1995. *Darwin's Dangerous Idea.* Oxford University Press.

Eco, Umberto. 1995. *The Search for the Perfect Language.* Oxford: Blackwell Publishers.

Falk, D. 1980. Language, Handedness and Primate Brain: Did the Australopithecines Sign? *American Anthropologist.* (82): 72 – 778.

Frayer, D. W. , Wolpoff, M. H. , Thorne, A. G. , Smith, F. H. , and Pope, G. G. 1993. *Theries of Modern Human Origins: The Paleontological Test. American Anthropologist.* (95): 14 – 50.

Fordor, J. 1975. *The Language of Thought* [M] . Thomas Y. Crowell Company, Inc.

Hermut, K. 1990. *Deutschlands Zukunft in Europa,* Herford.

Holloway, R. 1983. Human Paleontological Evidence Relevant to Language behavior. *Human Neurobiology.* (2) . 88 – 100.

Hosking & Geoffrey. 1977. *Russia: People and Empire,* London: HarperCollins.

Karl, W. 1966. *Deutsch, Nationalism and Social Communication.* Cambridge: MIT Press,

Krauss, M. 1992. The World's Language in Crisis. *Language,* (68): 1.

Leakey, R. 1994. *The origins of humankind.* London: Weidenfield and Nicolson.

Lester, P. 1955. *Democracy in World Politics,* Princeton: Princeton University Press.

Lynn, R. 2006. *Race Differences in Intelligence: An Evolutionary Analysis.* Augusta, Georgia: Washingtong Summit Publishers.

Paul, W. 1985. *A History of American Higher Education,* Charles C. Thomas Publisher.

Quirk, R. 1985. The English language in a global context, in he and H. G. Widdowson (eds) . *Eglish in the World: Teaching and learning the language and listerature.* London, etc. : Cambridge University Press.

Renan, E. 1862. *Grammaire générale et comparée des langues sémitiques,* Paris.

Robert, P. 2000. *Linguistic Imperialism*, Oxford University Press.

Roudet, L. 1911. *Eléments de phonétique générale*, Paris.

Roy, O. 2000. *The New Central Asia: the Creation of Nations*, London and NewYork: I. B. Tauris.

Wilkins, Windy K. & J. Wakefield. 1995. Brain Evolution and Neurolinguistic Preconditions. *Behavioral and Brain Sciences*. (18): 18 – 30.

三　网络

CNN: sheed. 2009 – 10 – 11　11: 51: 35. 穆斯林人数接近全球总人口的四分之一.

http: //www. douban. com/group/topic/8278920/? type = like. ［201 4 – 08 – 08］.

维基百科. 英语.

http: //zh. wikipedia. org/wiki/File: Anglospeak (800px). png. ［2014 – 08 – 09］.

维基百科. 法语.

http: //upload. wikimedia. org/wikipedia/commons/2/26/Map-Francophone _ World. png. ［2014 – 08 – 09］

维基百科. 俄语.

http: //zh. wikipedia. org/wiki/% E4% BF% 84% E8% AF% AD. ［2014 – 08 – 10］.

维基百科. 德语.

http: //zh. wikipedia. org/wiki/File: Knowledge _ of _ German _ EU _ map. svgowledge_ of_ German_ EU_ map. svg. png. ［2014 – 08 – 10］.

维基百科, 日语.

http: //zh. wikipedia. org/wiki/% E6% 97% A5% E8% AF% AD. ［2014 – 07 – 01］.

百度百科. 山姆大叔.

http: //baike. baidu. com/picview/174/174/0/ea85a945626a4a3ccefca37b. html. ［2014 – 05 – 05］.

百度百科, 英语.

http: //baike. baidu. com/subview/1458/1458. htm。［2014 – 08 – 18］.

Fogel, Robert. "Why China's Economy Will Grow to ＄123 Trillion by 2040."
Foreign Policy, January/Februrary 2010. Http：//www. foreignpolicy. com/
articals/2010/01/04/123000000000000. ［2013 - 05 - 05］.

百度百科. 汉语.
http：//baike. baidu. com/link? url = QcryAG_ k-eUfF2GwM53VN-_ ICsi-
iK7m-VOrrNFH1OuXIqXcM3EwJY0h5ePbYrF50 ［2013 - 01 - 10］.

新华网. 2011. 约 5000 万：全球华侨华人总数首次得出较明确统计数字.
http：// news. xinhuanet. com/overseas/2011 - 11/30/c_ 111206719. htm
［2011 - 11 - 30］.

人民网. 2014. 全球已建立 440 所孔子学院及 646 个孔子课堂，美国最多.
http：//www. hanban. org/article/2014 - 04/21/content_ 533047. htm ［2014 -
04 - 21］.

红网. 2014. 汉语"纯洁性"之争背后的文化不自信.
http：//news. 163. com/14/04/27/00/9QQ1SUJP00014AEE. html ［2014 - 04 -
27］.

刘奕湛. 孔子学院：目前仍有 70 多个国家 200 多所大学正在积极申办.
http：//news. xinhuanet. com/2015 - 01/13/c_ 1113975778. htm ［2015 -
01 - 13］.

吴英成. 2000. 全球华语的崛起与挑战. 联合早报.
http：//www. zaobao. com、Chinese. 2000. 09. 24 ［2009 - 09 - 24］.

喻希来. 1999. 新兴世界大国的成长之旅：光荣与梦想. 战略与管理，(6).
http：//www. usc. cuhk. edu. hk/PaperCollection/Details. aspx? id = 94 ［2013 -
09 - 09］.

汉网. 2007. 印度将加快推动印地语成为联合国官方语言.
http：//www4. cnhan. com/gb/content/2007 - 04/20/content_ 786827. htm
［2007 - 04 - 20］.

张维为. 2008. 中国崛起的多重意义.
http：//news. xinhuanet. com/world/2008 - 01/07/content_ 7380112. htm
［2008 - 01 - 07］.

陈文坤. 2014. 外媒对比中美经济涨与消世行送中国"全球第一".
http：//finance. gog. com. cn/system/2014/05/05/013470168. shtml ［2014 - 05 -
05］.

凤凰财经综合 . 2014. 世行报告称中国将成世界头号经济体外媒：远非世界首强 . http：//finance. ifeng. com/a/20140504/12252895 _ 0. shtml ［2014 – 05 – 04］.

国际在线 . 2014. 外媒：中国难担"头号经济体"的 7 个理由 . http：//finance. qq. com/a/20140506/014085. htm#p = 1 ［2014 – 05 – 06］.

传统政商智慧 . 2014. 【论道】汤因比预言：中国文明将赢得未来 .

http：//mp. weixin. qq. com/s? _ _ biz = MzA3OTQ0NTcxOQ = = &mid = 200149751&idx = 4&sn = 643231d73c714230aabbbdf1185a8d6c&3rd = MzA3MDU4NTYzMw = = #rd ［2014 – 04 – 28］.

http：//column. cankaoxiaoxi. com/g/2014/1221/604637. shtml.

诺奖得主施蒂格利茨：中国世纪从 2015 年开始。

附　　表

人类文字史示意表

公元前	西方	南亚	东亚	美洲
−3500	−3500 西亚丁字头			
−2500	北非圣书字			
−1500			−1300 甲骨文	
−1000				
	−900 希腊字母			
	−700 拉丁字母	−600 婆罗米字母		
−500		−500 佉卢字母		
公元 0				
公元后				328 玛雅字
500	500 阿拉伯字母		650 藏文字母	
	850 斯拉夫字母	600 天城体字母	900 日本假名	
1000			三十六个字母	
			1200 越南喃字	
			1310 蒙古字母	
1500	1500 拉丁字母国际化		1446 朝鲜谚文	1500 美洲拉丁化
1900			1918 注音文字	
			1928 国语罗马字	
1930			1937 日本训令式罗马字	
			1945 越南拉丁化	
			1949 朝鲜全用谚文	
1950				
			1956 汉字简化方案	
			1958 汉语拼音方案	
1970			1981 日本常用字表	
1990			1986 中国台湾新国语	

附表 2　　　　　　　　　　**人类各种族智商测试的总结**

种族	居住地	测试次数	智商（中位数）	高低差幅
东亚人	东亚	58	105	100—120
东亚人	美国	26	101	96—109
欧洲人	欧洲（不含南欧）	63	99	87—107
欧洲人	美国	6	100	99—103
南亚人	南亚	17	82	78—88
南亚人	英国	12	90	83—97
非洲人	非洲	57	68	59—89
非洲人	美国	29	85	77—93

资料来源：Lynn（2006），表 13.1 及有关章节。

附表 3　　　　　　　　　　**东亚的智商测试**

地区	测试次数	智商（中位数）	高低差幅
中国大陆	10	105	101—113
中国香港	9	108	103—122
中国台湾	10	105	100—110
新加坡	2	110	107—114
日本	23	105	100—113
韩国	4	106	100—113

资料来源：Lynn（2006），表 10.1。

附表 4　　　　　　　　　　**使用人数排名前 20 位的语言**

次第	语言名称	使用人数	次第	语言名称	使用人数
1	汉语	1052	11	乌尔都语	104
2	英语	508	12	韩语	78
3	印地语	487	13	汉语，吴方言	77
4	西班牙语	417	14	爪哇语	76
5	俄语	277	15	泰卢固语	75
6	孟加拉语	211	16	泰米尔语	74
7	葡萄牙语	191	17	汉语，粤语	71
8	德语，标准语	128	18	马拉塔语	71
9	法语	128	19	越南语	68
10	日语	126	20	土耳其语	61

资料来源：［英］尼古拉斯·奥斯特勒《语言帝国——世界语言史》图 11，2011：476。

后记　心路

　　著书立说需要有丰富的积淀和扎实的功底，从某种意义上说，就是"媳妇熬成婆"，这一情形学习中医的人士最能体会。

　　作者萌生著书这一念头，是在 2006 年获公派留学英国利兹大学期间，时年已是四十有七。按孔老夫子"三十而立，四十不惑"之说，我本人未"立"且"惑"。外语专业出身的我碰上的"惑"可能尤其大，有人挖苦外语专业的人是"从事识字教学"的工作者。进入新纪元转机终于出现，昔日同窗王庆奖赴南京大学研读"美国文化研究专业"博士归来，一番交流，困惑尽释；再则，我们同年都获得国家公派资格出国留学，他去美国，我去英国，期间网上交流不断，收获颇丰。初次出国，在名校研修，其兴奋劲儿可想而知，与 1978 年初迈入大学校园时不相上下。如此丰富的学科设置，如此高水平的学者，如此浓烈的学术气氛，我一头扎入其间，尽情吮吸，本书的雏形也就形成于那一年。

　　在利兹大学访学期间，留意到英语学院的课程中没有开设"语言学""翻译"等课程，倒是把"英语研究"搁在首要的位置，本科阶段开，硕士阶段还开，上学期开"English in time"，下学期开"English in space"。当初只打算将两个内容整合一体，编成一部供我国英语专业学生学习的通识材料，故而在国外搜集了大量资料。同年底，获知央视二套正热播纪录片"大国崛起"，甚是欣喜，重温数遍，颇受鼓舞。祖国在自信满怀地大踏步发展，远在异国的我自然十分欣喜。的确，"只有出了国才知道什么是爱国"，这话我不止一次地讲。

　　2006 年的这两件大事在很大程度上确定了我今后的研究方向。2007年回国后，特别在着手原计划之际，偶然一个机会，在书店见到国内同行编著的《世界英语概论》，此书由外研社出版，书中所用资料大多与本人搜集到的雷同，虽构思有异，但已觉无味，罢手！夙愿未了，于心难安。2010年有幸赴北京大学历史学系访学，接受《大国崛起》英国篇撰稿人、英国史知名专家高岱教授的指导。身处北大浓厚的人文学术氛围之中，广涉政治、经济、外交、历史、马哲、法学、文学、语言、艺术诸学科，聆听世界级学术权威们的讲座，受益匪浅。在高岱教授的指导下，完成了研究论文《国际通用语的成因与变数》。此文的发表，激励我旧梦复发。接下来，遂一边整理思路，一边收集资料，终于在2011年年中启笔。是时，2012末日论甚嚣尘上。我本人倒全然不信这个，不过，有时自己也在想，倘若面临世界毁灭，人类会不会一如圣经故事中那样再度铸造一艘新的"诺亚"来拯救自己呢？如果那样的灾难不会降临，人类又能不能创造一艘精神的"诺亚"，使人类自己冲破种族间的隔阂，彼此真诚相拥呢？也就是将语言的政治、经济的功用，还原为沟通人类情感、传承人类良知、拓展人类胸怀的功能。我想，这样的"诺亚"，即新型的"全球通用语"，一定广受欢迎，"灿烂光芒照大地，人人团结成兄弟"的全球梦一定能够到来。

基于这个认识，一路走来，历时三年有余。三年多的日日夜夜，思索着、创作着、修改着、折腾着……放弃了很多，付出了很多，也收获了很多。年过半百的我，经过多年的积累，终于孕育了较为成熟的思想，在该书即将付印的当儿，自然是"不亦乐乎"！

回顾此书形成的这个过程，首先要感谢来自英国利兹大学英语学院的资深教授Clive Upton、北京大学历史学系的高岱教授的潜心指导；再则更要感谢我情同手足的学友——昆明理工大学美国问题研究所的王庆奖教授，是他的鼓励为我的撰写增添了动力，是他为我提供了不同的视角才使我的认识更趋全面；此外，还要深切感谢中国社会科学出版社的编辑宋燕鹏博士。正是他们的鼎力支持和悉心帮助，方才成就了小书的问世。

全球通用语的研究在英美国家甚是热闹，但在我国至今仍未引起学界足够的关注。我撰写此书的目的，主要在于引起同行的重视。或许，这本小书的出版能够激发大家的思考，乃至争论。若真能产生那样的效应，本人将不胜欣慰。

鉴于本人才疏学浅，水平有限，书中存在遗漏和不完善之处肯定在所难免，恳请专家、读者、同行们批评指正。

苏前辉

2015 年 1 月于昆明世博园